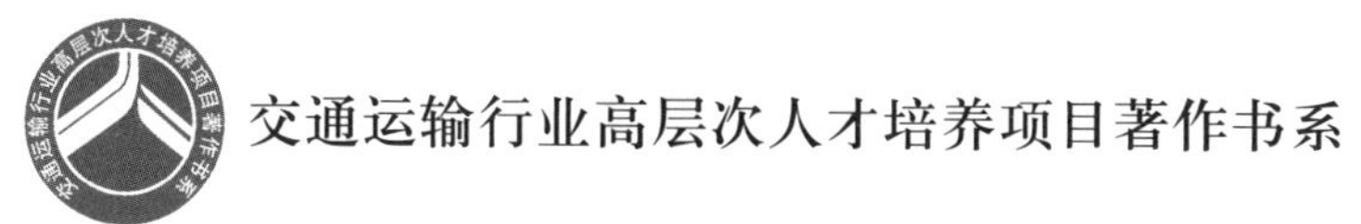

交通运输行业高层次人才培养项目著作书系

申俊敏　孙志杰　员康锋　杨烜宇　编著

重载作用下黄土路基全寿命周期性能研究

Study on Life Cycle Performance of Loess Subgrade under Heavy Load

人民交通出版社股份有限公司

北京

内 容 提 要

本书针对黄土路基工作机理复杂、设计依据单一、施工难度较大及病害修复技术针对性不强等问题，依托重载作用下黄土路基工程，通过工程调研、理论分析、数值仿真、室内试验和现场试验监测等手段相结合的方法，从黄土形成机理出发，深入探讨影响黄土工程特性的主要因素（如湿陷性、动力特性、冻融循环特性和微观结构特性），建立了黄土湿陷性与结构性的关联模型；重点研究了黄土路基设计指标（承载力、回弹模量、CBR及压实度）的发展演化规律及重载条件下黄土路基的工作特性，讨论了压实度作为评判回填地基或路基压实施工质量唯一重要指标的不合理之处，为路堤填筑方案、变形控制方法以及分析路堤边坡稳定性提供理论依据；建立了对称黄土路基力学模型，揭示了重载黄土路基变形演化机制；选取依托工程，建立了重载黄土路基全寿命周期监测系统，深度挖掘基础数据，建立预警机制，并对可疑病害区采取防治措施，最终形成重载黄土路基病害精准处治技术。

本书可供从事公路、铁路和水利工程科研、设计、施工和管理相关人员参考和借鉴。

图书在版编目(CIP)数据

重载作用下黄土路基全寿命周期性能研究 / 申俊敏等编著. — 北京 : 人民交通出版社股份有限公司, 2021.11

ISBN 978-7-114-17411-7

Ⅰ.①重… Ⅱ.①申… Ⅲ.①黄土区—路基—寿命—研究 Ⅳ.①U416.1

中国版本图书馆CIP数据核字(2021)第117985号

交通运输行业高层次人才培养项目著作书系

Zhongzai Zuoyongxia Huangtu Luji Quanshouming Zhouqi Xingneng Yanjiu

书　　名： 重载作用下黄土路基全寿命周期性能研究

著 作 者： 申俊敏　孙志杰　员康锋　杨烜宇

责任编辑： 牛家鸣

文字编辑： 闫吉维

责任校对： 孙国靖　魏佳宁

责任印制： 张　凯

出版发行： 人民交通出版社股份有限公司

地　　址： (100011)北京市朝阳区安定门外外馆斜街3号

网　　址： http://www.ccpcl.com.cn

销售电话： (010)59757973

总 经 销： 人民交通出版社股份有限公司发行部

经　　销： 各地新华书店

印　　刷： 北京交通印务有限公司

开　　本： 787×1092　1/16

印　　张： 9.75

字　　数： 210千

版　　次： 2021年11月　第1版

印　　次： 2021年11月　第1次印刷

书　　号： ISBN 978-7-114-17411-7

定　　价： 80.00元

书系前言

Preface of Series

进入21世纪以来,党中央、国务院高度重视人才工作,提出人才资源是第一资源的战略思想,先后两次召开全国人才工作会议,围绕人才强国战略实施做出一系列重大决策部署。党的十八大着眼于全面建成小康社会的奋斗目标,提出要进一步深入实践人才强国战略,加快推动我国由人才大国迈向人才强国,将人才工作作为"全面提高党的建设科学化水平"八项任务之一。十八届三中全会强调指出,全面深化改革,需要有力的组织保证和人才支撑。要建立集聚人才体制机制,择天下英才而用之。这些都充分体现了党中央、国务院对人才工作的高度重视,为人才成长发展进一步营造出良好的政策和舆论环境,极大激发了人才干事创业的积极性。

国以才立,业以才兴。面对风云变幻的国际形势,综合国力竞争日趋激烈,我国在全面建成社会主义小康社会的历史进程中机遇和挑战并存,人才作为第一资源的特征和作用日益凸显。只有深入实施人才强国战略,确立国家人才竞争优势,充分发挥人才对国民经济和社会发展的重要支撑作用,才能在国际形势、国内条件深刻变化中赢得主动、赢得优势、赢得未来。

近年来,交通运输行业深入贯彻落实人才强交战略,围绕建设综合交通、智慧交通、绿色交通、平安交通的战略部署和中心任务,加大人才发展体制机制改革与政策创新力度,行业人才工作不断取得新进展,逐步形成了一支专业结构日趋合理、整体素质基本适应的人才队伍,为交通运输事业全面、协调、可持续发展提供了有力的人才保障与智力支持。

"交通青年科技英才"是交通运输行业优秀青年科技人才的代表群体,培养选拔"交通青年科技英才"是交通运输行业实施人才强交战略的"品牌工程"之一,1999年至今已培养选拔282人。他们活跃在科研、生产、教学一线,奋发有为、锐意进取,取得了突出业绩,创造了显著效益,形成了一系列较高水平的科研成果。为加大行业高层次人才培养力度,"十二五"期间,交通运输部设立人才培养专项经费,重点资助包含"交通青年科技英才"在内的高层次人才。

人民交通出版社以服务交通运输行业改革创新、促进交通科技成果推广应用、支持交通行业高端人才发展为目的，配合人才强交战略设立“交通运输行业高层次人才培养项目著作书系”（以下简称“著作书系”）。该书系面向包括“交通青年科技英才”在内的交通运输行业高层次人才，旨在为行业人才培养搭建一个学术交流、成果展示和技术积累的平台，是推动加强交通运输人才队伍建设的重要载体，在推动科技创新、技术交流、加强高层次人才培养力度等方面均将起到积极作用。凡在“交通青年科技英才培养项目”和“交通运输部新世纪十百千人才培养项目”申请中获得资助的出版项目，均可列入“著作书系”。对于虽然未列入培养项目，但同样能代表行业水平的著作，经申请、评审后，也可酌情纳入“著作书系”。

高层次人才是创新驱动的核心要素，创新驱动是推动科学发展的不懈动力。希望“著作书系”能够充分发挥服务行业、服务社会、服务国家的积极作用，助力科技创新步伐，促进行业高层次人才特别是中青年人才健康快速成长，为建设综合交通、智慧交通、绿色交通、平安交通做出不懈努力和突出贡献。

交通运输行业高层次人才培养项目
著作书系编审委员会
2014 年 3 月

作者简介

Author Introduction

申俊敏，男，博士，正高级工程师，现任山西交通科学研究院集团有限公司副总经理。长期从事重载路面修建及路基工程长期性能观测和研究工作。负责项目曾获省科技进步一等奖2项、二等奖8项；中国公路学会科学技术一等奖2项、二等奖3项；中国交通运输协会科学技术一等奖1项。出版著作2部、发表论文30余篇、授权专利20余项，参编行业标准及地方标准10余部，2项成果列入交通运输部“交通运输建设科技成果推广目录”。获得交通部青年科技英才、全国公路优秀科技工作者、中国公路青年科技奖及山西省学术技术带头人等荣誉称号。兼任长安大学、太原理工大学专业学位研究生指导教师。

前　　言

Foreword

黄土在我国分布广泛，总面积64万km^2，横跨青海、甘肃、宁夏、陕西、山西等7省区。天然黄土质地疏松，孔隙发育，极易受水侵蚀，而黄土地区往往又降雨集中，经长期水流侵蚀作用逐渐形成黄土高原所特有的千沟万壑、地形支离破碎的地貌特征，使得在该地区修建公路时出现了大量规模巨大、设计影响因素复杂、施工条件困难的黄土路基工程。同时，黄土颗粒组成均一，作为路基填料工程性质较差，碾压密实困难。在以上不利因素的影响下，公路运营过程中黄土路基工作性能难以得到保证，成为长期困扰公路建设人员的一大难题。

山西作为煤炭大省，每年通过公路完成的煤炭外运量达1亿t以上，使得省内交通重载现象十分普遍，汽车的装载质量和轴重不断提高。在长期重载交通作用下，黄土路基工作性能急剧恶化，逐渐难以满足大型、重型运输车辆的通行要求，并随之出现各种路基灾（病）害。这些灾（病）害如不及时发现和处治，将对公路正常运营造成极大的安全隐患。

基于此，山西省交通科学研究院组织黄土地区公路建设与养护技术交通行业重点实验室、山西交科公路勘察设计院、岩土与地下工程山西省重点实验室成立了“重载黄土路基全寿命周期长期性能研究”课题攻关小组。历经7年积极探索和大胆创新，依托省内吉河、神河、山平、岢临等高速公路工程，在黄土的湿陷性特性、重载黄土路基作用机理、在役黄土路基性能评价与控制等方面开展系统研究，形成了一整套实用、科学、系统的公路黄土路基建养关键技术。该研究成果可为重载作用下黄土路基设计养护提供理论支撑，为促进我国交通运输基础建设又好又快发展提供坚实的基础。鉴于我国今后很长一段时期还将建设大量运煤干线通道，研究成果必将具有广阔的应用前景，可有效提高公路使用性能，降低运营成本和减少交通事故，加快地方经济的快速发展，减少路基路面修复次数和费用。可为建成安全便捷、畅通高效、绿色智能的现代综合交通运输体系提供强有力的支撑。

本书共9章。第1、3、4章由申俊敏撰写，第5、6章由孙志杰撰写，第8、9章由员康锋撰写，第2、7章由杨烜宇撰写。

本书在撰写过程中,得到了交通运输部重大专项(交规划函〔2014〕536号)、交通运输部建设科技项目(2014318771100)、山西省交通运输厅科研项目(2014-1-2)、山西省基础研究计划面上项目(2014011033-3)等科研项目的资助,在此一并表示衷心的感谢。

由于时间和编者水平有限,不足之处在所难免,恳请同行专家和读者批评指正。

作　者

2021年6月

目　　录

Contents

1 绪　　论

1.1 引　　言

我国是世界上黄土分布面积最大的国家，在山西、陕西、甘肃、青海、宁夏及河南西北部等地分布着大约 70 万 km^2 的黄土。黄土地区处于半干旱和干旱区，植被稀少，暴雨集中，经水流长期侵蚀作用，逐渐形成黄土高原所特有的千沟万壑、地形支离破碎的地貌特征。同时，黄土的物理性质表现为疏松、多孔隙，垂直节理发育，极易渗水，且有许多可溶性物质，很容易被流水侵蚀形成沟谷，也易造成沉陷和崩塌。由于黄土的特殊性，在公路运营过程中，遇到了众多与黄土性质相关的路基（路堤、边坡）滑塌、不均匀变形、沉陷以及路面开裂等问题。

统计资料显示，山西省已建高速公路里程的 40% 为湿陷性黄土路基，如忻州至保德高速公路、长治至临汾高速公路、临汾至吉县高速公路等都位于湿陷性黄土地区。2006 年山西省太原至旧关高速公路寿阳段发生路基路面严重沉陷，现场形成长 100 余米、宽 10 多米、深近 10m 的塌方（图 1-1）。风陵渡黄河公路大桥引道由于涵洞通水渗漏，曾两次引发较大规模的湿陷性黄土路堤沉陷。

图 1-1　山西省太旧高速公路寿阳段路基沉陷

随着西部大开发战略的不断推进和《国家公路网规划》（2013 年—2030 年）的实施，黄土地区公路建设发展迅猛，穿越黄土地区的高等级公路越来越多。在公路工程建设中，遇到了众多与黄土性质相关的路基滑塌、不均匀变形、沉陷等问题。而黄土地区作为全国能源基地，煤炭资源丰富，煤炭外运量大。特别是山西省，煤炭外运量占全国省际煤炭外运总量的 90% 以上。高等级公路作为煤炭运输的主要通道，交通重载现象十分显著。同时，随着自然、交通环境因素的改变，路基服役期长期性能是随之发生变化的。而随着运营期长期性能的变化，将会造成各种病害。这些病害如不尽早发现或处理不当，不仅会产生严重的经济损失，还会造成不良的社会影响。黄土路基的长期性能不仅受设计、施工因素的影响，还与后期维护和安全风险状态处理有关，即使设计施工良好的黄土路基，后期因各种环境、运营因素的变化仍存在较大的安全隐患。

综上所述，针对黄土路基工作机理复杂、设计依据单一、施工难度较大及病害修复技术针对性不强等问题，山西省交通科学研究院通过申请、立项，承担了交通运输部建设科技项目"重载作用下黄土路基全寿命周期性能研究"，从黄土形成机理出发，深入探讨影响黄土工程特性的主要因素（如湿陷性、动力特性、冻融循环特性），得出黄土路基质量控制的基础数据。基于此开展路基设计中常遇到的 Q_3、Q_4 路基承载力测试评价方法，路基的压实度试验及评价，路基控制指标 E_0、CBR 二者关系方面的研究工作，提出黄土路基工作特性的一般规律；通过现场铺设试验段，系统开展黄土的压实特性、强度特性及施工工艺方面研究工作，提出适合低液限黄土路基的施工工艺，然后通过成果凝练，研发若干种适合黄土路基病害维修养护的处治新技术。最后选取依托工程，建立黄土路基全寿命周期监测系统，深度挖掘基础数据，建立预警机制，并对可疑病害区采取防治措施，最终形成黄土路基病害精准处治技术，为工程施工提供指导。

1.2 国内外研究现状

1.2.1 黄土湿陷性的研究现状

湿陷性是黄土最主要的工程性质之一。它是指部分黄土在覆盖土层的自重应力或自重应力与附加应力共同作用下，受水浸湿后，结构迅速破坏而发生显著的附加下沉，其强度也随着迅速降低的特性。湿陷变形是一种特殊的塑性变形，其最大的特点是突变性、非连续性和不可逆性。并不是所有的黄土都具有湿陷性，有些地区黄土层的厚度达到几十米到一二百米，其中具有湿陷性的只是接近地表的一小部分，一般为几米到十几米。由于黄土湿陷性对建筑物存在巨大危害，众多学者对其开展了大量研究工作。

刘祖典对几个典型黄土地区如陇西、陇东、陕西关中、山西太原和豫西等地分区研究，对各地区黄土的湿陷系数（δ_s）与其主要物理力学指标间的关系作了详细的分析，并建立了湿陷系数与各个影响因素之间的回归关系，包括黄土的湿重度、起始含水率以及颗粒级配等，以作为湿陷性黄土地区工程建筑地基土湿陷类型划分，初步现场评价应用。

张炜通过对黄土有关力学性质（包括压缩性、抗剪强度、湿陷性、静止侧压力系数）试验详细的分析研究，指出了试验中应注意的相关问题，阐述了试验结果的变化规律，分析了黄土力学指标间的相互关系，强调了结构强度对黄土力学性质及其试验结果的影响，对黄土力学性质试验研究作了细致的总结。张苏民从黄土的湿陷性、湿陷特性曲线、湿陷类型和湿陷等级、增湿变形机理和力与水的作用等方面，对有关湿陷性黄土的一些基本概念及术语进行了总结及介绍，为进一步深入研究提供了便利，具有很高的借鉴和参考价值。

黄土位于干旱及半干旱地区或地下水深埋条件下，处于非饱和状态。研究非饱和黄土的工程性质须考虑基质吸力的作用。基质吸力的大小随含水率的增加而变化，基质吸力可增加土颗粒间的有效应力，从而使土的强度相对较高。基质吸力所产生的附加摩擦强度即为吸附强度。党进谦、李靖等通过对陕西关中地区马兰黄土的研究，根据大量的试验资料，阐述了非饱和黄土的抗剪强度随基质吸力的变化特征，并提出了非饱和黄土的抗剪强度关系式。

党进谦、李靖等还对黄土的抗拉强度进行了研究。由于土工建筑物的抗拉能力较低,其抗拉特性常常被人们所忽视。然而许多土工建筑物的破坏与土的抗拉特性有关:土坡滑动前,坡顶上几乎都先产生拉裂缝,坍塌、泻流等重力侵蚀发生前,土体表面上亦先产生拉裂缝,可见土的抗拉特性在土工建筑物的稳定性分析中影响很大。黄土的抗拉强度主要来源于三种作用力:①由水膜的物理化学作用和颗粒间的分子引力形成的凝聚力;②由碳酸盐、石膏和黏土矿物颗粒形成的加固凝聚力;③由非饱和黄土的基质吸力和毛细压力形成的附加凝聚力。通过原状黄土的单轴拉伸试验,测定了黄土在拉应力下的应力-应变关系曲线。结果表明,密度和含水率是原状黄土抗拉强度的主要影响因素,黄土的抗拉强度与初始含水率呈幂函数关系,并与凝聚力有良好的线性关系,试样的极限拉应变随初始含水率的增大而变大。

邢义川、郭敏霞等借助改装的应力-应变控制式三轴仪,通过对渭北张桥原状黄土进行增湿试验,探索了非饱和黄土湿陷过程中孔隙压力及基质吸力变化规律。非饱和黄土在湿陷过程中,孔隙气压力变化很小,孔隙水压力随着含水率的增大而变大,试样接近饱和含水率时,孔隙水压力与孔隙气压力趋于相等;吸力值的大小主要取决于孔隙水压力的大小,湿密比与吸力的变化呈直线关系。邢义川等通过对非饱和土有效应力原理的研究,提出了新的有效应力公式,并对非饱和黄土湿陷过程中有效应力的变化规律进行了总结。

1.2.2 黄土动力特性的研究现状

(1)黄土的动强度与液化

众所周知,土的动强度通常理解为一定循环荷载作用下达到破坏应变的动剪应力的大小。土的动强度有荷载的速率效应和循环效应,即随着加荷速率的增大,土的强度也增大;在周期荷载作用下,土的应变随动应力的增大而增大,或者随动荷循环作用次数的增大而增大。栗润德等通过试验研究认为,含水率对黄土动力特性有重要的影响,对于自然界中的原状黄土,将含水率的影响放在首要位置来研究其动力特性是合理的。总的趋势是,动强度随含水率增加而减小,随固结应力的增大而增大。田堪良等认为,黄土的动强度随含水率和破坏振次的增大而减小,随静应力和应力比的增大而增大,且黄土的动、静强度指标之间具有较强的相关性。

近年来,随着土动力学的发展,黄土也成为其中研究的一个重要部分。王兰民等通过研究发现具有液化势的黄土在地质年代上为 Q_3 或者更新,由于其含水率大于黄土的塑限。我国西北部地区黄土黏粒含量大多在 10% ~16%,塑限在 8% ~12%,液限在 18% ~24%,液性指数在 8% ~14%之间。因此,袁中夏等得出了 Q_3 以后的黄土除了部分黏粒含量较高的以外,都具有液化的可能性的结论。黄土的液化机理为:黄土浸水饱和后,其内部的易溶盐和中溶盐部分溶解,在较小的动荷作用下,应变以弹性为主;随着振次或动荷的增加,易溶盐继续溶解,大孔隙结构强度降低而使粉粒物质散落,落在孔隙中堵塞孔隙通道,并且使孔隙体积减小,孔隙水压力上升,土骨架的有效应力急剧降低,土强度大幅度丧失,从而使应变急剧增加而发生液化。判断土是否达到初始液化的标准可以是孔压比,也可以是应变。对于黄土而言,在动三轴黄土液化试验中,黄土的孔压比值比较离散,以孔压比作为黄土初始液化的标准有一定困难,但是由于黄土液化过程中的轴向应变发展相对一致,因此,以应变作为黄土液化判别的主要参考标准更符合实际。

(2)黄土的震陷变形

张振中等对黄土动变形的研究表明,架空孔隙结构是黄土产生震陷的基本内因,当黄土颗粒间的胶结力很弱时,强度很低,一旦遭受地震作用,大孔隙结构就可能被破坏,粉粒落入其中,使黄土层的残余变形迅速增长,宏观上表现为土体的突然沉陷。黄土的震陷变形与其结构连接性、土性条件、静应力状态、含水率大小及动荷载作用强度密切相关。其中,含水率和孔隙比对黄土残余应变影响最大,土的初始孔隙比越大,振动作用下黄土结构破坏后产生的附加沉陷变形越大。另外,不同类型、幅值、卓越周期和有效持时的地震荷载等外因对黄土残余应变的影响也较大,所以,黄土产生的震陷主要取决于上述内因和外因的影响。

骆亚生等认为,有时候黄土的震陷与湿陷是同时存在的,湿陷变形产生的原因是很复杂的,其过程是一个复杂的物理化学过程。两者在形成机理上虽然有相似之处,但由于起始含水率的不同,震陷和湿陷在土体总变形中的作用也各有不同。

1.2.3 黄土路基变形特性研究现状

Hyodo 等在 Ariake 黏土上进行了低路堤的现场交通荷载试验,试验中一辆 10t 的载货汽车分别以 10km/h、20km/h、30km/h 和 35km/h 的速度在公路上行驶。试验结果发现,车辆行驶时在土中产生的竖向附加应力约为车辆静止时的 3 倍,并且车辆荷载在地基内产生的附加应力随车辆的行驶速度加快而增大。Hyodo 等通过现场动力试验发现,高速公路地基内由载货汽车引起的竖向动附加应力是其静止时的 4 ~ 5 倍。

周健斌等认为交通动荷载是影响路面、路基和地基的重要因素,并结合某快速干线研究段动荷载模拟试验工程实例,论述动荷载测试现场情况。分析测试成果得到:车辆动荷载的影响深度约为 2.5m,与车重、车速有关。车重越大,动土压力越大,影响深度越大;不同车重,出现最大动土压力的深度不同。

牛录彩认为在路基设计与施工中,对路基压实度的控制有时带有一定的盲目性,压实结果不是浪费就是不足。如果施工方案不到位,很容易形成各种病害,影响公路的使用效果。通过分析路基工作区深度与公路等级、路面类型、路基土回弹模量及荷载轴重的关系,提出了基于路基工作区深度和填挖关系的变化来确定分段压实度方案的方法,以指导施工。

牛玺荣等在标准交通荷载作用的前提下,考虑非标准交通荷载和路基填土密度的变化,分别计算了集中轴载和均布轴载作用下路基和基底内竖向附加应力和总应力。计算均布交通荷载下路基内应力时,考虑了由于路面材料和路基材料抗压模量差异引起的应力扩散角的存在;计算基底内应力时,将路基作为条形基础,对路基中心下基底内不同深度处的应力进行了计算。计算结果和思路可为验证特殊交通荷载(如超载)下特殊填料(如软岩、风化岩、人工材料等)的承载能力提供理论参考。

1.2.4 路基评价体系的研究现状

路基评价指标主要包括回弹模量、CBR、压实度、孔隙率、含水率、干密度等。影响路基评价指标的因素众多,主要包括地形、地质、水文、气候、交通和测试方法等。由于我国疆域辽阔,地形复杂,地质水文和筑路材料千差万别,各地气候、交通条件相差悬殊,某一特定指标在不同区域检测差异较大,采用单指标或双指标质量控制的弊端日益凸显。为此,国内外专家学者试图采用多指标综合评价路基质量,并探索各评价指标之间的相互关系。

刘兆平选择典型试验路段,通过室内外试验分别测定土基的含水率、干密度、压实度及回弹模量等指标,对试验数据进行回归分析,分别得出室内外试验条件下土基回弹模量与含水率和压实度间的关系。

李贵顺根据山西省具有代表性的黄土土样进行分析,初步确定了黄土土基回弹模量和CBR之间的关系,确定了室内回弹模量和CBR的关系式,根据不同路段室内试验和室外调研,得出了室内模拟土基回弹模量与野外土基回弹模量的相关关系式。

武彦林等对陕西公路土基强度控制指标相关关系进行了研究,提出了现场CBR、压实度K和现场承载板模量E_0之间的相互关系,建立了现场、室内强度指标之间的关系模型。

赵明华结合河南信阳地区进行了土基回弹模量E_0值和野外承载比CBR关系的研究,提出了该地区土基回弹模量与承载比之间的关系式。同时,还大量收集湖南省多条高速公路的工程实测资料,建立了土体抗力、土的稠度、承载力、土基承载比、回弹模量、回弹弯沉以及压实度等之间的经验关系式。

综上所述,针对黄土路基工作机理复杂、设计依据单一、施工难度较大及病害修复技术针对性不强等问题,山西省交通科学研究院通过申请、立项,承担了交通运输部建设科技项目"重载作用下黄土路基全寿命周期性能研究",从黄土形成机理出发,深入探讨影响黄土工程特性的主要因素(如湿陷性、动力特性、冻融循环特性和微观结构特性)。基于此开展路基设计中常遇到的Q_3、Q_4地基承载力测试评价方法,路基的压实度试验及评价,路基控制指标E_0、CBR二者关系方面的研究工作;通过现场铺设试验段,系统开展低液限黄土的压实特性、强度特性及施工工艺方面研究工作,提出适合于低液限黄土路基的施工工艺。最后选取依托工程,建立黄土路基全寿命周期监测系统,深度挖掘基础数据,建立预警机制,并对可疑病害区采取防治措施,最终形成黄土路基病害精准处治技术,为工程施工提供指导。

1.3 研究内容与技术路线

1.3.1 主要研究内容

(1)黄土的基本物理力学特性研究

黄土作为一种特殊土,其显著的结构性和强烈的水敏性,使其工程力学特性较其他类土有所差别。尤其对于黄土路基,其湿陷性特征对黄土路基的服役行为和安全运营有重要影响。因此本项目首先针对路基填料黄土,开展了黄土的湿陷性特性研究、黄土的动力特性研究、黄土的冻融循环特性研究和黄土微观结构特性研究,旨在揭示黄土微观结构作用机理,为黄土路基的修筑提供理论依据。

(2)黄土路基的精准化设计研究

目前黄土路基的设计规范中采用回弹模量作为控制标准,但由于影响回弹模量的影响因素较多,以致不同环境因素下路基的回弹模量差异较大。针对此现象,对山西省分布范围广泛的马兰黄土(Q_3)和全新世黄土(Q_4)进行调研、统计、分析,提出适用于山西省公路建设要求的黄土地基承载力确定方法和地基处理技术。

(3)低液限黄土路基的施工技术研究

低液限黄土路基在山西省是一种典型的路基形式,其铺筑过程中压实困难,施工难度极大。以山西省典型低液限黄土路基工程为依托,开展了低液限黄土的压实特性和强度特性研究,基于此拟提出低液限黄土路基填筑施工工艺。同时开展路基土体的压实度测试试验,探讨土体压实效果的评判标准,最后系统分析黄土路基控制指标 E_0 与 CBR 的相关关系,建立二者之间的关联模型。

(4)黄土路基监测、预警及处治技术研究

路基施工、运营应以"防"为主,防治结合。首先对高填方路堤和对称路堤受力变形特性开展研究,通过现场监测试验和数值仿真试验系统研究两种形式路基的沉降变形规律,评价了黄土路基的工程特性。最后依托吉河高速公路,选取三种典型断面(挖方断面、填方断面和半填半挖断面)建立变形监测系统。通过深度挖掘监测数据,达到预警的目的。针对沿线路基病害进行精准处治,对处治工艺进行优化,提出成套路基处治新技术。

1.3.2 研究思路

针对黄土路基病害机理复杂、设计依据单一、施工难度较大及病害修复技术针对性不强等问题,从黄土形成机理出发,深入探讨影响黄土工程特性的主要因素(如湿陷性、动力特性、冻融循环特性和微观结构特性)。基于此种背景开展路基设计中常遇到的 Q_3、Q_4地基承载力测试评价方法、路基的压实度试验及评价、路基控制指标 E_0、CBR 二者关系方面的研究工作;然后通过现场铺设试验段,从低液限黄土的压实特性、强度特性及施工工艺方面展开系统研究,最终提出适合于低液限黄土路基的施工工艺。最后选取依托工程,建立黄土路基全寿命周期监测系统,深度挖掘基础数据,建立预警机制,并对可疑病害区采取防治措施,最终形成黄土路基病害精准处治技术,为工程施工提供指导。项目研究技术路线如图 1-2 所示。

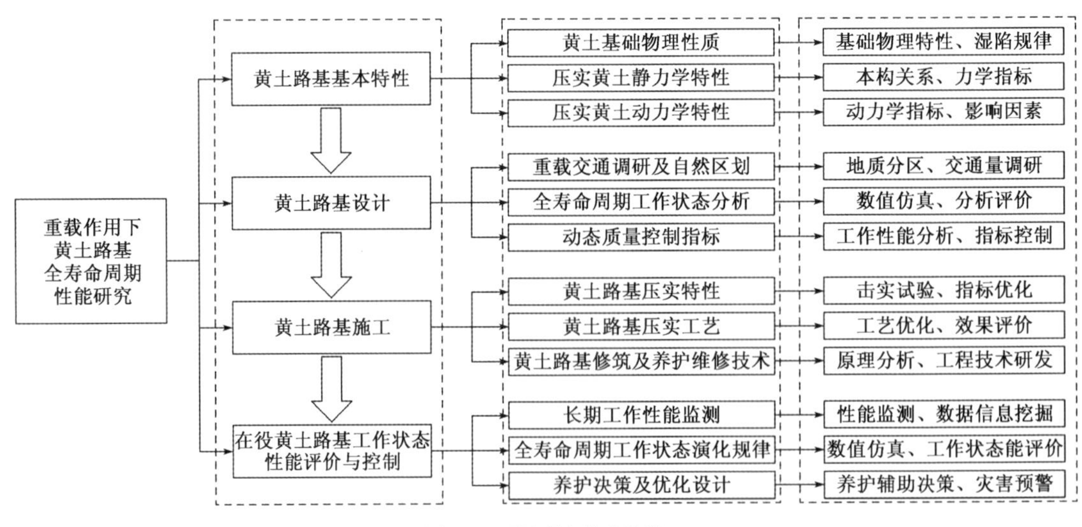

图 1-2　项目研究技术路线

2 黄土的湿陷性特性研究

2.1 山西省湿陷性黄土分区

根据山西省湿陷性黄土特点和山西省黄土分布区的地形、地貌、气候条件，参照《湿陷性黄土地区建筑标准》(GB 50025—2018)中的划分方案和公路自然区划，对山西省湿陷性黄土进行分区。山西省湿陷性黄土地区划分为6个区，其中1区为汾河流域区，2区为晋东南区，3区为晋东区，4区为晋西南区，5区为晋西区，6区为晋西北区。

湿陷性黄土的物理力学性质是影响公路路基稳定性的关键因素。山西省各分区黄土的工程特性见表2-1。湿陷性黄土的物理性质指标存在着由西北向东南的区域变化规律，而黄土的力学性质由于受众多因素的影响，区域性规律不是很明显。

2.2 黄土的湿陷性试验研究

山西省属黄土高原的组成部分，黄土分布极为广泛。选取了9个地区黄土进行项目试验，分别为运城地区的临猗黄土和稷山黄土，晋城地区的阳城黄土，长治地区的长治黄土，吕梁地区的柳林黄土、临县黄土及文水黄土，晋中地区的寿阳黄土，阳泉地区的盂县黄土。利用选取土样开展室内湿陷试验，测试的相关指标主要包括湿陷系数、渗透系数等，通过室内试验来确定湿陷性最严重的地区黄土。

湿陷试验所用仪器为南京土壤仪器工程有限公司生产的杠杆式固结仪。试验准备阶段，对磅秤加压设备和杠杆加压设备进行调整；此外，还应对透水石的变形量、砝码的质量，环刀高度、内径和质量进行校正。试验时，分别将原状试样和重塑试样配制成初始含水率为14%、18%、22%的多组试样，黄土试样在各含水率条件下施加垂直荷载，进行压缩试验，直至较大的垂直压力为止(400kPa)。在每一级压力作用下，稳定后浸水饱和，直至试样稳定为止，测定土样变形与应力的关系，稳定标准以每小时试样变形量小于0.01mm为准。

测定湿陷系数时，针对配制的各含水率土样，分别逐级加至50kPa、100kPa、200kPa、400kPa压缩稳定后浸水，求其在50kPa、100kPa、200kPa、400kPa下的湿陷系数，按式(2-1)计算湿陷系数δ_s：

$$\delta_s = \frac{h_1 - h_2}{h_0} \tag{2-1}$$

式中：h_1——在某级压力下，试样变形稳定后的高度(mm)；

h_2——在某级压力下，试样浸水湿陷变形稳定后的高度(mm)；

h_0——试样初始高度(mm)。

山西省湿陷性黄土的物理力学性质 表 2-1

区划		黄土层厚度(m)	湿陷性黄土层厚度(m)	地下水埋藏深度(m)	物理力学性质指标									特征简述
					含水率 w (%)	天然密度 ρ (g/cm^3)	液限 w_L (%)	塑性指数 I_p	孔隙比 e	压缩系数 a_{1-2} (MPa^{-1})	湿陷系数 δ_s	自重湿陷系数 δ_{zs}		
1(汾河流域区)	低阶地	5 ~ 15	2 ~ 10	4 ~ 8	11 ~ 24	1.28 ~ 1.70	25 ~ 29	8 ~ 12	0.58 ~ 1.10	0.24 ~ 0.98	0.019 ~ 0.070	0.002 ~ 0.039		低阶地多属非自重湿陷性黄土，高阶地(包括山麓堆积)多属自重湿陷性黄土，湿陷性黄土层厚度多为5 ~ 10m，个别地段小于5m或大于10m，地基湿陷等级一般为Ⅲ ~ Ⅳ级。在低阶地新近堆积(Q_4^2)黄土分布较普遍，土的结构松散，压缩性较高。北部的黄土含砂量大
	高阶地	30 ~ 100	5 ~ 20	50 ~ 60	6 ~ 19	1.50 ~ 1.88	27 ~ 37	9 ~ 13	0.97 ~ 1.31	0.12 ~ 0.62	0.030 ~ 0.148	0.007 ~ 0.040		
2(晋东南区)		30 ~ 55	2 ~ 12	4 ~ 7	13 ~ 24	1.50 ~ 1.80	27 ~ 33	10 ~ 13	0.85 ~ 1.02	0.29 ~ 1.00	0.030 ~ 0.070	0.015 ~ 0.052		
3(晋东区)		3 ~ 25	2 ~ 6	5 ~ 12	14 ~ 18	1.60 ~ 1.70	25 ~ 29	9 ~ 13	0.85 ~ 1.00	0.18 ~ 0.60	0.024 ~ 0.048	—		一般为非自重湿陷性黄土。湿陷性黄土层厚度一般小于5m，局部地段为5 ~ 10m，地基湿陷等级一般为Ⅱ级，土的结构较密实，压缩性较低。在黄土边缘地带及南部的局部地段，湿陷性黄土层薄，含水率高，湿陷系数小，地基湿陷等级为Ⅰ级或不具湿陷性

续上表

区划		黄土层厚度(m)	湿陷性黄土层厚度(m)	地下水埋藏深度(m)	物理力学性质指标								特征简述
					含水率 w(%)	天然密度 ρ(g/cm^3)	液限 w_L(%)	塑性指数 I_p	孔隙比 e	压缩系数 a_{1-2}(MPa^{-1})	湿陷系数 δ_s	自重湿陷系数 δ_{zs}	
4(晋西南区)	低阶地	3~20	3~10	6~18	14~28	1.50~1.97	22~32	8~12	0.94~1.31	0.24~0.64	0.016~0.076	0.002~0.039	低阶地多属非自重湿陷形黄土,高阶地和黄土塬多属自重湿陷性黄土,湿陷性黄土层厚度一般为4~10m。地基湿陷等级一般为Ⅱ~Ⅲ级,自重湿陷性黄土层一般埋藏较浅,湿陷发生较迟缓
	高阶地	30~100	6~23	14~40	11~21	1.30~1.75	18~31	9~13	0.53~1.21	0.06~0.63	0.030~0.133	0.005~0.078	
5(晋西区)	低阶地	3~20	3~11	4~14	10~25	1.41~1.78	20~33	7~11	0.82~1.43	0.26~0.67	0.019~0.139	0.012~0.117	自重湿陷性黄土分布广泛,湿陷性黄土层厚度一般大于10m,地基湿陷等级多为Ⅲ~Ⅳ级,湿陷性较敏感
	高阶地	30~120	10~15	40~60	7~22	1.40~1.60	26~39	8~13	0.39~1.23	0.17~0.63	0.023~0.103	0.002~0.056	
6(晋西北区)	低阶地	3~15	3~11	5~10	6~20	1.50~1.70	19~27	8~11	0.87~1.05	0.11~0.77	0.026~0.048	0.04	多为非自重湿陷性黄土,湿陷性黄土层厚度一般为5~10m,地基湿陷等级一般为Ⅰ级。低阶地新近堆积(Q_4^2)黄土分布较广,土的结构松散,压缩性较高,高阶地黄土的结构较密实,压缩性较低
	高阶地	10~20	8~15	12	12~18	1.50~1.90	23~32	8~11	0.85~0.99	0.10~0.40	0.020~0.041	0.069	

对选取的山西省 9 个地区原状黄土进行同一含水率 11% 下的室内湿陷试验(天然含水率大于 11% 的,采用风干法;小于 11% 的,采用滴水法),研究同一含水率下黄土的湿陷系数变化规律。原状黄土的竖向压力与湿陷系数关系曲线,如图 2-1 所示。

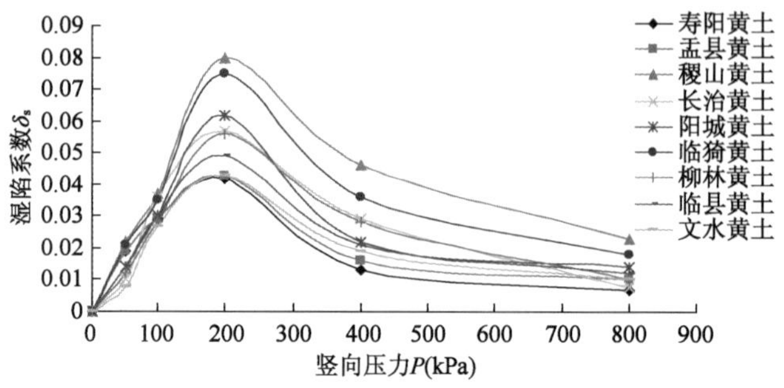

图 2-1　不用地区原状黄土的湿陷系数与压力关系曲线

由图 2-1 看出,在同一含水率 11% 下,对于不同地区的原状黄土,稷山黄土的湿陷系数均最大,湿陷性最典型,故选取稷山黄土作为主要研究对象。

对于稷山原状黄土,不同含水率下的竖向压力与湿陷系数的关系曲线见图 2-2。

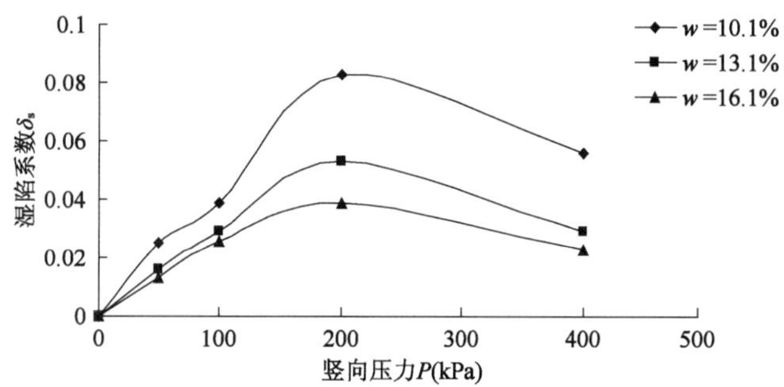

图 2-2　原状黄土不同含水率下湿陷系数与竖向压力的关系曲线

由图 2-2 看出,随含水率的增加湿陷系数逐步减小。当含水率较低时,湿陷系数随含水率的增大变化很明显;当含水率较高时,变化不大;接近饱和时,黄土的湿陷性基本消失。如图 2-3所示为不同深度稷山黄土湿陷系数与压力的关系曲线。

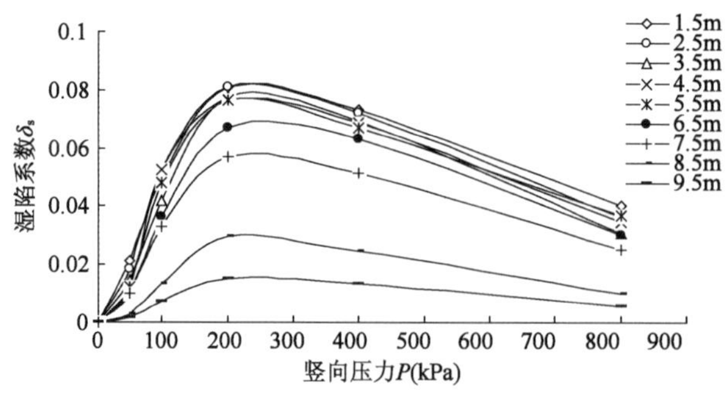

图 2-3　不同深度稷山黄土湿陷系数与压力的关系曲线

由图 2-3 可见,天然含水率下的原状黄土湿陷系数 δ_s 随深度的增加而降低。2.5m 深的黄土在 200kPa 时的湿陷系数为 0.081,属于强烈湿陷性黄土。4.5m 深的黄土在 200kPa 时的湿陷系数为0.077,属于强烈湿陷性黄土,同为强烈湿陷性黄土,但是湿陷系数有明显的降低;当深度变为6.5m时,在200kPa时的湿陷系数为0.067,属于中等湿陷性黄土;深度达到8.5m时,它在200kPa下的湿陷系数为0.029,属于轻微湿陷性黄土。由该图看出,7.5m以下,湿陷系数突然降低,是因为从7.5m深度开始,土层含有少量的钙质结核,故湿陷系数下降幅度较大。

黄土的湿陷起始压力可以定义为黄土的湿陷系数达到0.015时所对应的竖向压力,它是反映黄土湿陷性的重要指标,标志着黄土湿陷的开始。不同深度土样的湿陷起始压力见表2-2,湿陷起始压力随深度的关系曲线见图2-4,湿陷系数随深度的关系曲线见图2-5。

每个深度的湿陷起始压力　　表2-2

深度(m)	1.5	2.5	3.5	4.5	5.5	6.5	7.5	8.5
湿陷起始压力(kPa)	41	47	50	57	59	62	67	106

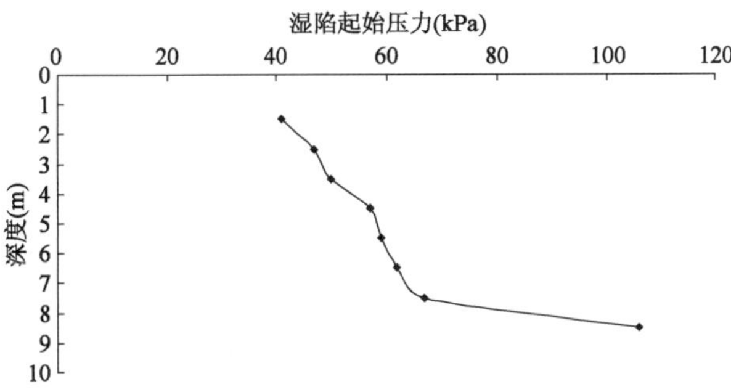

图2-4　稷山黄土湿陷起始压力与深度的关系

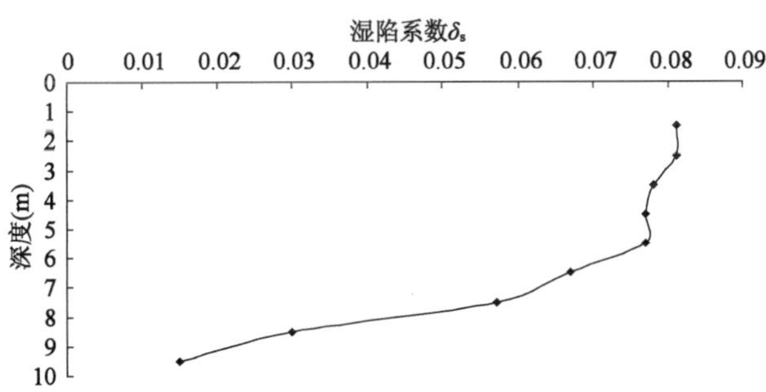

图2-5　稷山黄土湿陷系数与深度的关系

由表2-2和图2-5可见,随深度的增大,上覆压力越大,该深度土层在上覆压力作用下更加密实,初始孔隙比更小,结构性更强,因此湿陷起始压力随深度的增大而增大。

由图2-4可以看出,在1.5~7.5m深度,湿陷起始压力随深度增大缓慢增大,而从7.5m深度开始突然增大,是因为在1.5~7.5m深度内,土层为均质黄土,7.5m以下土层含有少量钙质结核,所以湿陷起始压力突然增大。

由图2-5可以看出,湿陷系数随深度增大而减小,在1.5~7.5m深度,湿陷系数随深度增大缓慢减少,而从7.5m深度开始湿陷系数减小的幅度增大。

2.3 黄土的结构性试验研究

黄土是一种典型的结构性土，其独特的结构性是其发生脆性破坏、湿陷的重要原因。研究表明：各地土的结构性存在较大差异，对其力学性质的影响不同。利用稷山黄土开展室内压缩试验，根据试验结果整理结构性参数，开展结构性与黄土湿陷性之间的内在机理研究，定量地探讨了黄土结构强度与湿陷性的关系，具有一定的理论意义，这是黄土浸水湿陷变形机理研究的一种新尝试。

(1)试验方法

试验时，分别将原状试样和重塑试样配制成初始含水率为10.1%、14%、18%、22%的多组试样，含水率为38.5%(饱和)的压缩试样在压缩仪上进行浸水饱和。黄土试样在各含水率条件下施加垂直荷载进行压缩试验，每一级压力分别为50kPa、100kPa、200kPa、400kPa，直至较大的垂直压力为止(400kPa)。在每一级压力作用下，测定土样变形与应力的关系，直至试样稳定为止，稳定标准以每小时试样变形量小于0.01mm为准。

(2)压缩试验试样的制备

试样的制备步骤如下：

第一步：对环刀进行编号，然后测定环刀质量，将土样按标明的上下方向放置，在环刀内壁涂一薄层凡士林，刃口向下放在土样上，将环刀垂直下压，并用切土刀沿环刀外侧切削土样，边压边削至高出环刀，在修平过程中紧贴环刀上下削平土样，测定其含水率，然后称量环刀与湿土质量。

第二步：按照预定含水率对试样进行滴水、风干，所需滴水量和风干水量按照公式得出，见式(2-2)：

$$m_w = \frac{m}{1+0.01w_0} \times 0.01(w-w_0) \tag{2-2}$$

式中：m_w——试样所需滴水量或风干水量；

m——试样初始质量；

w_0——试样初始含水率；

w——试样要求达到的含水率。

第三步：试样密封保存，如采用保湿缸，建议在磨砂缸口上涂抹凡士林，以起到真正保湿的作用。

当土样需要增湿时，换算出从原始含水率增湿到某一含水率所需加的水量，在试样的上下两面滴定加水，当达到要求的含水率时，用塑料薄膜包好放在保湿缸内，静置48h以上。这一增湿方法完全能够满足使试样中水分均匀的要求。如果天然含水率和要求达到的含水率差值太大，进行分次滴定加水，直到达到要求的含水率。减湿时，采用自然风干法，当试样达到要求的含水率时，用塑料薄膜包好放在保湿缸内，静置48h以上，以致土样中的水分扩散充分。在减湿过程中，试验土样没有明显的体缩现象，满足压缩试验的要求。

(3)试验结果及分析

土在压力作用下体积缩小的特征称为土的压缩性，土体产生压缩变形的原因主要有以下三个方面：

①土粒本身和孔隙水的压缩变形；

②孔隙中的水和气体被挤出，土粒相互靠拢，孔隙体积减小；

③孔隙气体的压缩变形。

由于黄土结构强度的差别，其压缩变形特性随形成年代、地理分布、湿度情况而有所不同，但总的规律大致相似。

对于原状黄土，各含水率压缩曲线基本可分为平缓段和陡降段，即荷载低于结构屈服压力时的平缓段和高于结构屈服压力时的陡降段。而且含水率越低曲线拐点越明显，含水率越高压缩曲线越趋于平缓。

当含水率相同时，原状黄土和重塑黄土在压力很小时，两曲线的压缩变形基本相当，但当压力增大且未达到结构屈服压力之前，原状黄土的压缩曲线比重塑黄土的要平缓。当压力超过结构屈服压力之后，原状土的压缩曲线比重塑土的要陡峭，压缩变形量明显增大。

由试样的压缩曲线图 2-6 和图 2-7 可见，随着初始含水率的增大，两条 e-lg$p$ 曲线之间的差距越来越小，这表明黄土的湿陷性随着初始含水率的增加而降低。从不同初始含水率下的 e-lg$p$ 曲线图中可见，随着初始含水率的增大，e-lg$p$ 曲线呈现自上而下渐变的曲线关系，土样的压缩系数 a_v 将有明显的增加，表明黄土的压缩性将随着增湿而提高，随着减湿而降低。

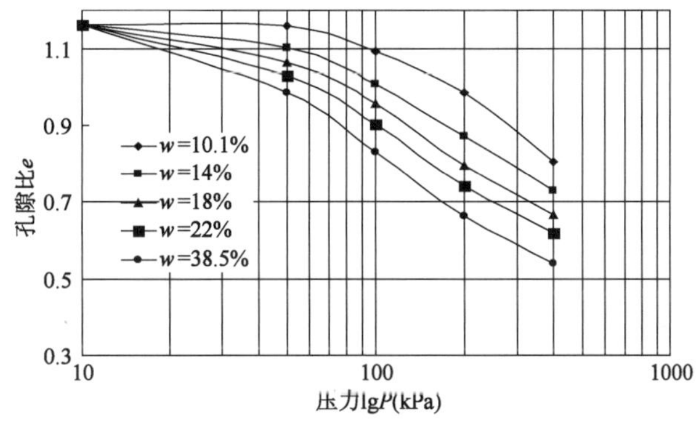

图 2-6 不同含水率原状黄土的压缩曲线

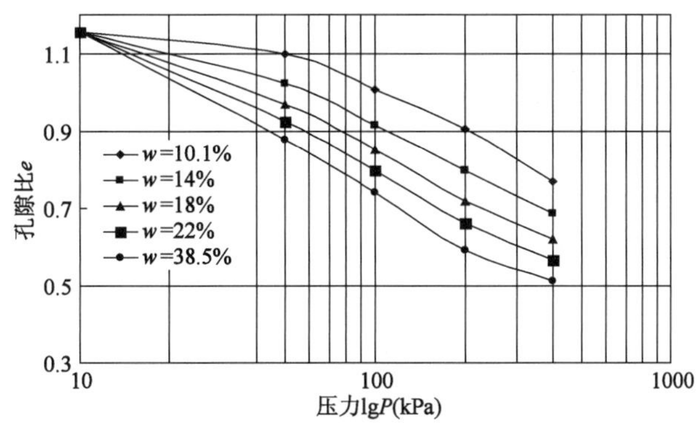

图 2-7 不同含水率重塑黄土的压缩曲线

谢定义认为土体结构性的强弱可以通过土体颗粒之间联结的稳定性以及土体颗粒之间

排列的可变性来进行衡量，在此基础上提出了结构性参数 m_p，其表达式为：

$$m_p=\frac{m_1}{m_2}=\frac{\frac{S_{饱}}{S_{原}}}{\frac{S_{原}}{S_{塑}}}=\frac{S_{塑}\cdot S_{饱}}{S_{原}^2} \tag{2-3}$$

式中：$S_{原}$——原状样在某一压力 p 下的变形量；

$S_{饱}$、$S_{塑}$——饱和样、重塑样在某一压力 p 下的变形量。

从式(2-3)可以看出，土的联结越强，扰动重塑引起的强度损失越大，m_2 越小；土的排列越不稳定；在力的作用下其结构破坏也越大，m_1 越大。用 m_2 去除 m_1 来表示土的结构性定量化参数 m_p 将具有更大的敏感性。根据试验数据，结构性定量化参数 m_p 与竖向压力 p、含水率 w 的关系曲线如图 2-8、图 2-9 所示。

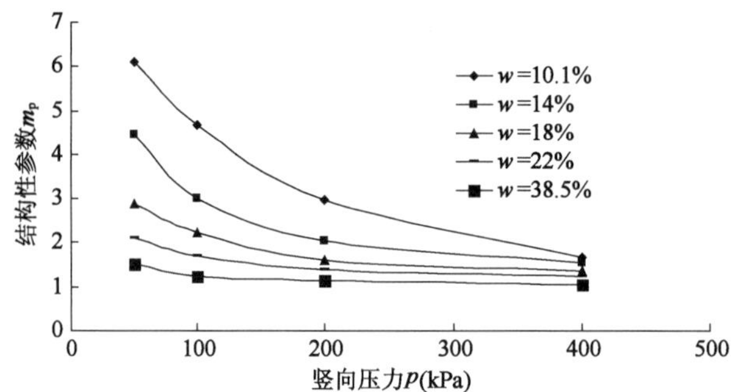

图 2-8　结构性参数与竖向压力的关系曲线

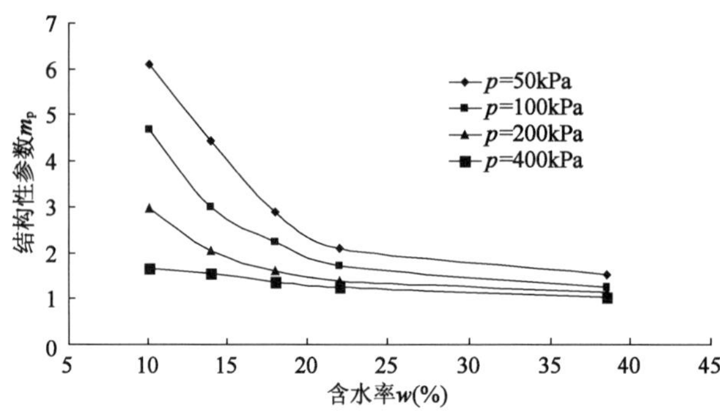

图 2-9　结构性参数与含水率的关系曲线

如图 2-8、图 2-9 所示，黄土的结构性参数在同一含水率下，随竖向压力的增大而减小；在同一竖向压力下，随含水率的增大而减小。且在较低含水率时，黄土的结构性参数随竖向压力的增大迅速减小，在较高含水率时，黄土的结构性参数随竖向压力的增大，减小趋势变缓，说明黄土的结构性在力水的共同作用下，在竖向压力较小、含水率较低时，其结构性较强，而随竖向压力的增大和含水率的提高，其结构性变弱。

通过对数函数对结构性参数与含水率之间的规律进行回归，拟合情况较好，不同竖向压力下，黄土的结构性参数 m_p 与含水率之间的关系可以转换为如下的形式：

$$p=50\text{kPa}, m_p=-3.4647\ln w+13.52 \tag{2-4}$$

$$p=100\text{kPa}, m_p = -2.4733\ln w + 9.7926 \quad (2\text{-}5)$$

$$p=200\text{kPa}, m_p = -1.3026\ln w + 5.6281 \quad (2\text{-}6)$$

$$p=400\text{kPa}, m_p = -0.4807\ln w + 2.7752 \quad (2\text{-}7)$$

2.4 结构性与湿陷系数的相关性研究

湿陷试验用土同侧限压缩试验，原状黄土不同含水率下的竖向压力与湿陷系数之间的关系见图 2-10。

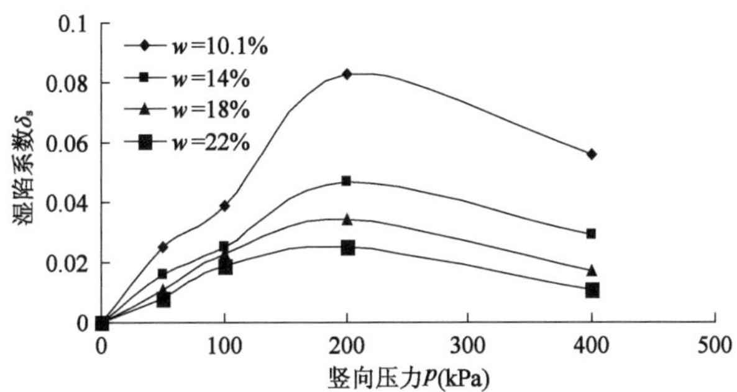

图 2-10 不同含水率的湿陷系数与竖向压力的关系曲线

由图 2-10 可知，不同竖向压力下湿陷系数随结构性参数 m_p 变化的曲线，将曲线线性化后见图 2-11。由图 2-11 可知，拟合情况较好，且各条直线规律一致，均为单调递增的直线，当竖向压力为 200kPa 时，直线斜率和截距最大，当竖向压力为 50kPa 时，直线斜率和截距最小。

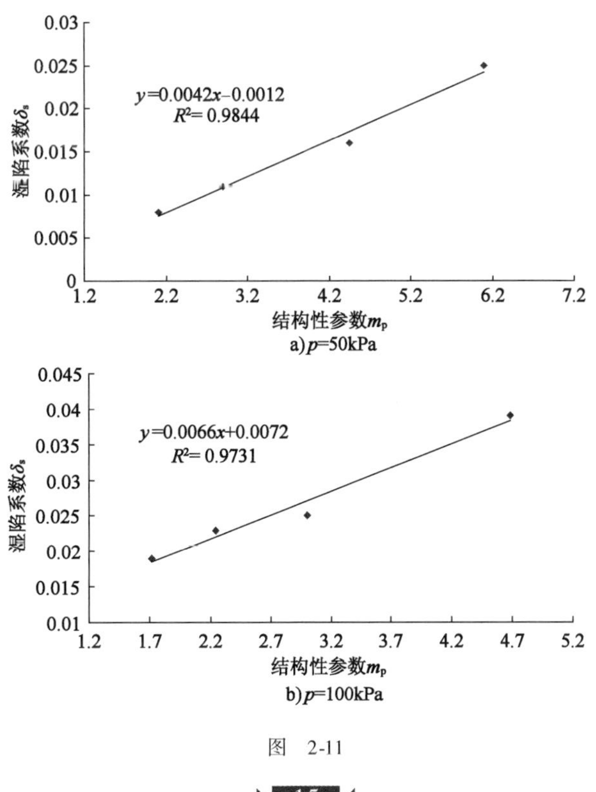

图 2-11

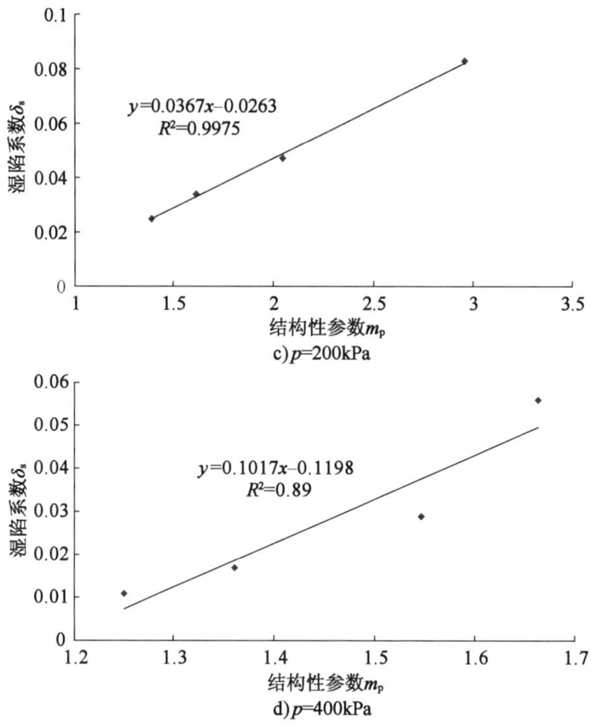

图 2-11　黄土的湿陷系数与结构性参数的关系曲线

由图 2-11 可知,结构性黄土的湿陷系数 δ_s 与结构性定量化参数 m_p 之间的关系可以转换为如下的形式:

$$p = 50\text{kPa}, \delta_s = 0.0042m_p - 0.0012 \tag{2-8}$$

$$p = 100\text{kPa}, \delta_s = 0.0066m_p + 0.0072 \tag{2-9}$$

$$p = 200\text{kPa}, \delta_s = 0.0367m_p - 0.0263 \tag{2-10}$$

$$p = 400\text{kPa}, \delta_s = 0.1017m_p - 0.1198 \tag{2-11}$$

由以上结构性定量化分析可知,黄土的结构性是造成其湿陷性的重要原因,土体大孔隙结构及胶结强度越强,结构性越大,浸水后强度损失较大,在水的作用下变形量较大,湿陷系数相应也越大。

2.5　结构性黄土邓肯-张本构模型参数研究

2.5.1　试验方案

根据试验规程制成多个三轴原状样和重塑样,采用滴水配水方法分别制成初始含水率为 10.1%、14%、18%、22% 及充分饱和的多组三轴试样。采用固结排水剪(CD)试验,对于每组不同含水率的土样在恒定的压力下完成固结(孔隙水压力消散在 95% 以上)后,进行排水剪切,围压分别取 50kPa、100kPa、200kPa、400kPa,剪切速率取 0.033mm/min,记录每次试验的量力环百分表读数,体变管读数和轴向变形百分表读数。在安装试样前将排水管内的水分排除干净,关闭排水阀,以防止非饱和黄土中的吸力将排水管中的水吸入土体内,试样安装完毕施加围压,打开排水阀。剪切以量力环百分表读数出现峰值后,或变化不大,但应变持续增长 3% ~5% ,或从压力室外看到土样有明显的裂纹或错动或轴向变形百分表读数达到 12mm 为最后关机标准。

2.5.2 常规三轴试验条件下的应力-应变特性

(1)不同含水率下应力-应变关系曲线的变化规律

横向坐标为轴向应变,竖向坐标(上)为剪应力,竖向坐标(下)为体应变。

通过图 2-12、图 2-13 对相同围压下原状黄土和重塑黄土的应力-应变关系曲线对比分析可以看出,不论在何种围压下,含水率增大,都会使得黄土的强度降低。不同含水率的黄土应力-应变关系曲线可分为三个阶段:第一阶段为弹性段,在这一阶段,围压的作用没有达到原状黄土初始的胶结强度,所以围压的作用主要是土样颗粒间初始结构性的微弱的自我调整,因此整体变形很小,结构性也保持得比较完好,这一阶段的应力-应变关系基本为线性关系,但是这一阶段的长短主要取决于黄土颗粒间的胶结强度或是加固凝聚力。第二阶段为局部剪损段,这一阶段土的结构性已经开始产生破坏,此时应力-应变关系也不再为线性关系,而且这时即便是增加很小的应力都会产生很大的应变,颗粒之间已经开始慢慢形成滑移,应变中也逐步开始出现不可恢复的塑性应变。第三阶段为剪切破坏段,在这一阶段,伴随着颗粒的不断滑移,土体内部已经形成了明显的剪切带,土体的抗剪强度逐步降低并最终稳定于残余强度。

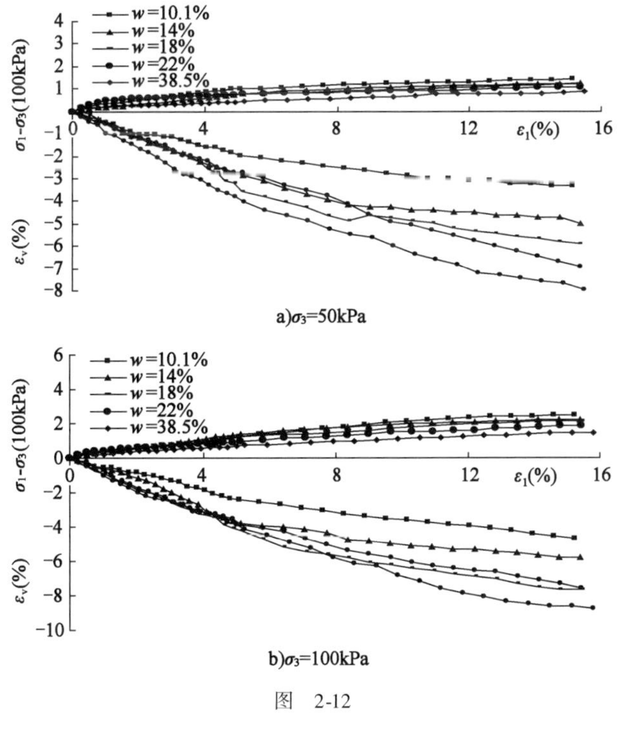

图 2-12

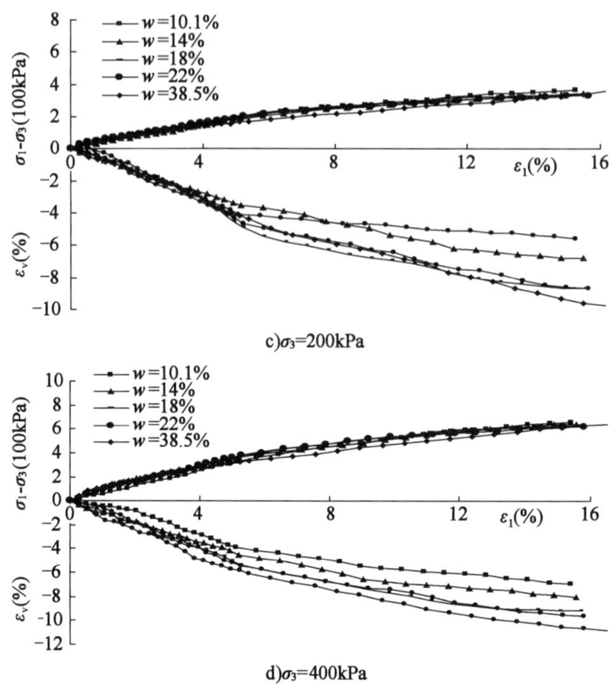

c)σ_3=200kPa

d)σ_3=400kPa

图 2-12　原状黄土不同含水率下的应力-应变关系曲线

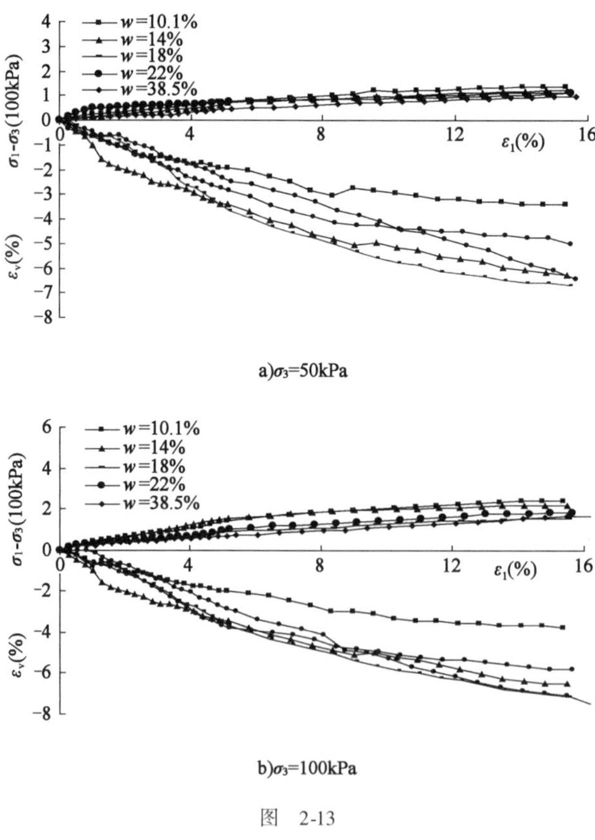

a)σ_3=50kPa

b)σ_3=100kPa

图　2-13

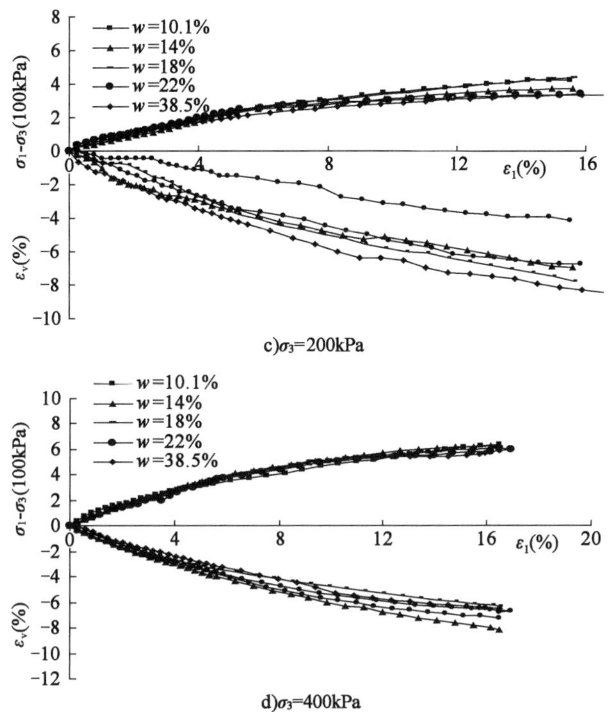

图 2-13 重塑黄土不同含水率下的应力-应变关系曲线

(2)不同围压下应力-应变关系曲线的变化规律

分析图 2-14、图 2-15 的试验曲线,含水率相同,围压越大,黄土强度越大,随着含水率增大,土的结构逐渐被破坏,其应力-应变曲线由弱硬化型转化为强硬化型。

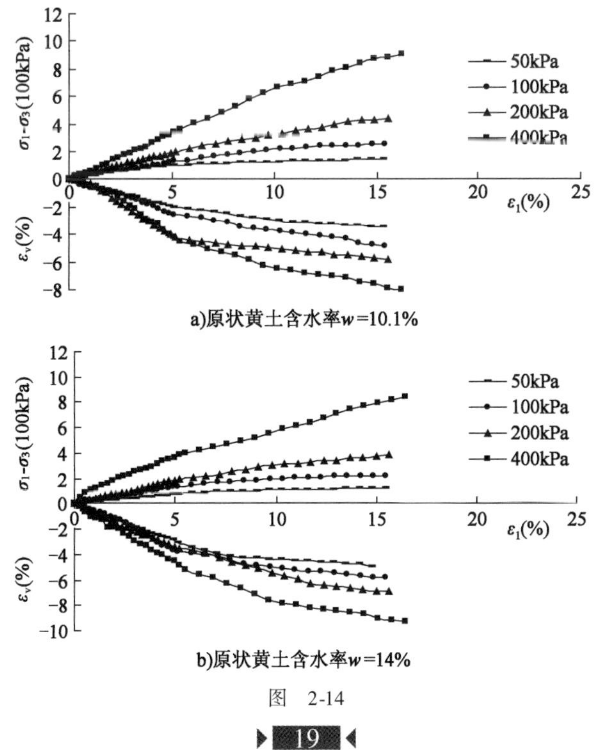

图 2-14

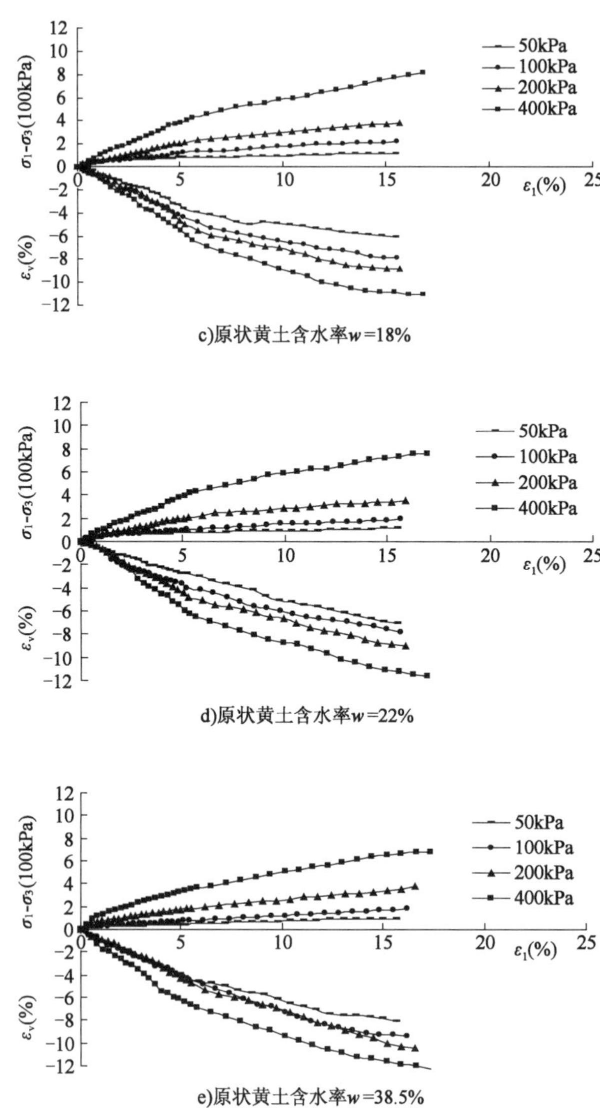

c)原状黄土含水率w=18%

d)原状黄土含水率w=22%

e)原状黄土含水率w=38.5%

图 2-14　原状黄土不同围压下的应力-应变关系曲线

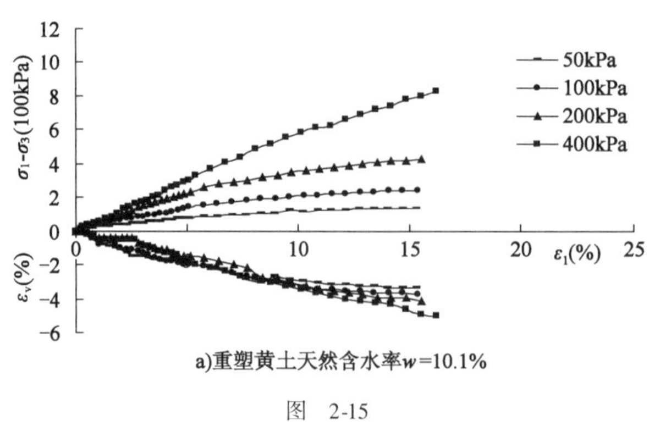

a)重塑黄土天然含水率w=10.1%

图　2-15

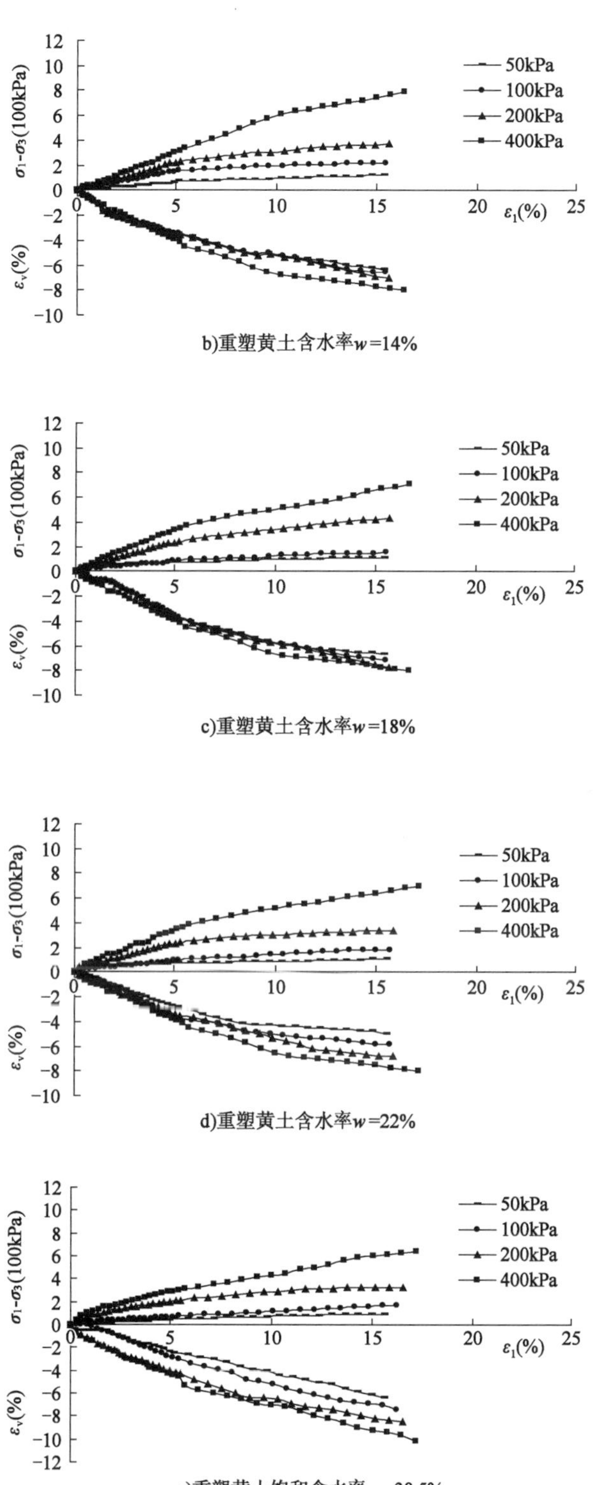

b)重塑黄土含水率w=14%

c)重塑黄土含水率w=18%

d)重塑黄土含水率w=22%

e)重塑黄土饱和含水率w=38.5%

图 2-15　重塑黄土不同围压下的应力-应变关系曲线

由图2-15、图2-16可见，无论是原状黄土还是重塑黄土，当含水率相同时，体变随围压的增大而增大；原状黄土具有原生的大孔隙结构体系，不同固结围压对其原始结构性的破坏程度不同，导致其体变有所差异，而重塑黄土在重塑制样时其结构性已经被破坏，所以其体变对围压的敏感程度较低。当含水率相对较高时，围压对体变曲线的影响有减弱的趋势，尤其是对于重塑黄土而言更为明显。

2.5.3 邓肯-张本构模型参数求解

土的本构模型是土力学的核心问题。自土力学创立以来，已发展出许多各具特色的本构模型。到目前为止，国内外学者提出的土体本构模型不计其数，但是，真正广泛应用于工程实践中的模型却为数不多，E-μ 模型为其中之一。

1963年，康纳（Kondner）根据大量土三轴试验的应力-应变关系曲线，提出可以用双曲线拟合一般土的三轴试验$(\sigma_1-\sigma_3)$-ε_a 曲线，即

$$\sigma_1-\sigma_3=\frac{\varepsilon_a}{a+b\varepsilon_a} \tag{2-12}$$

式中，a、b 为试验常数，对于常规三轴压缩试验，$\varepsilon_a=\varepsilon_1$。邓肯等人根据这一双曲线应力-应变关系提出了一种目前被广泛应用的增量弹性模型，一般被称为邓肯-张（Duncan-Chang）模型。

邓肯-张模型是一种建立在增量广义虎克定律基础上的非线性弹性模型，可以反映应力-应变关系的非线性，模型参数只有8个，且物理意义明确，易于确定，容易掌握，便于在数值计算中运用，因而得到了广泛应用。邓肯-张模型建立的总思路是：根据常规三轴试验（σ_3不变，轴向应力增加），确定增量的广义虎克定律中的弹性常数。

在常规压缩试验中，式(2-12)也可以写成：

$$\frac{\varepsilon_1}{\sigma_1-\sigma_3}=a+b\varepsilon_1 \tag{2-13}$$

将常规三轴压缩试验的结果按 ε_1-$\frac{\varepsilon}{\sigma_1-\sigma_3}$的关系进行整理，则二者近似呈线性关系。其中，$a$ 为直线的截距；b 为直线的斜率，如图2-16所示。

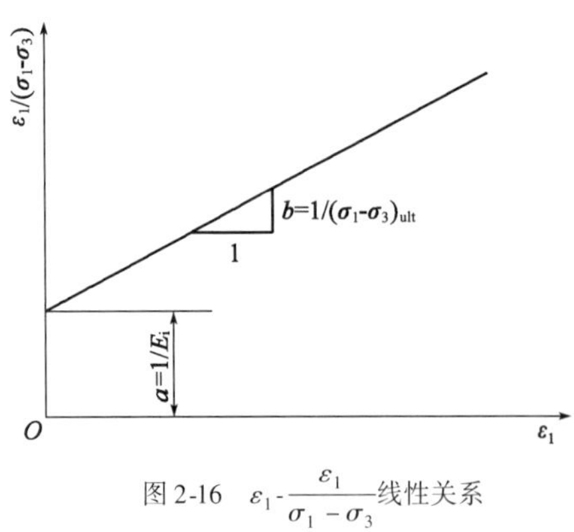

图2-16 ε_1-$\frac{\varepsilon_1}{\sigma_1-\sigma_3}$线性关系

在常规三轴压缩试验中，由于 $d\sigma_2=d\sigma_3=0$，所以切线模量为：

$$E_t=\frac{d(\sigma_1-\sigma_3)}{d\varepsilon_1}=\frac{a}{(a+b\varepsilon_1)^2} \tag{2-14}$$

在试验的起始点，$\varepsilon_1=0$，$E_t=E_i$，则：

$$E_i=\frac{1}{a} \tag{2-15}$$

这表明 a 代表的是这个试验中的起始变形模量 E_i 的倒数。在式(2-14)中，如果 $\varepsilon_1\to\infty$，则：

$$(\sigma_1-\sigma_3)_{ult}=\frac{1}{b} \tag{2-16}$$

或者

$$b = \frac{1}{(\sigma_1 - \sigma_3)_{\mathrm{ult}}} \tag{2-17}$$

由此，可以看出 b 代表的是双曲线渐近线所对应的极限偏差应力 $(\sigma_1 - \sigma_3)_{\mathrm{ult}}$ 的倒数。如果应力-应变曲线近似于双曲线关系，则往往是根据一定应变值（如 $\varepsilon_1 - 15\%$）来确定土的强度 $(\sigma_1 - \sigma_3)_{\mathrm{f}}$，而不可能在试验中使 ε_1 无限大；求取 $(\sigma_1 - \sigma_3)_{\mathrm{ult}}$，对于有峰值点的情况，取 $(\sigma_1 - \sigma_3)_{\mathrm{f}} = (\sigma_1 - \sigma_3)_{峰}$，这样 $(\sigma_1 - \sigma_3)_{\mathrm{f}} < (\sigma_1 - \sigma_3)_{\mathrm{ult}}$。定义破坏比 R_{f} 为：

$$R_{\mathrm{f}} = \frac{(\sigma_1 - \sigma_3)_{\mathrm{f}}}{(\sigma_1 - \sigma_3)_{\mathrm{ult}}} \tag{2-18}$$

不同的围压 R_{f} 会有不同的值，取其平均值。

试验表明，E_i 与 σ_3 的关系可表述为：

$$E_i = k \cdot Pa \cdot \left(\frac{\sigma_3}{Pa}\right)^n \tag{2-19}$$

对上式两边取对数，其中，$\lg(k)$、n 分别为 $\lg\left(\frac{\sigma_3}{Pa}\right)$-$\lg\left(\frac{E_i}{Pa}\right)$ 平面内曲线的截距和斜率，见图 2-17。

$(\sigma_1 - \sigma_3)_{\mathrm{f}}$ 与土体的强度参数和 σ_3 有关，可由极限摩尔圆推导得到表达式：

$$(\sigma_1 - \sigma_3)_{\mathrm{f}} = \frac{2 \cdot c \cdot \cos\varphi + 2 \cdot \sigma_3 \cdot \sin\varphi}{1 - \sin\varphi} \tag{2-20}$$

经推导得：

$$E_i = K \cdot Pa \cdot \left(\frac{\sigma_3}{Pa}\right)^n \left[\frac{R_{\mathrm{f}}(\sigma_1 - \sigma_3)(1 - \sin\varphi)}{2c\cos\varphi + 2\sigma_3\sin\varphi}\right]^2 \tag{2-21}$$

可见切线变形模量的公式中包括 5 个材料常数 c、φ、K、n、R_{f}。

邓肯等人根据一些试验资料，假定在常规三轴压缩试验中轴向应变 ε_1 与侧向应变 $-\varepsilon_3$ 之间也存在双曲线关系，见图 2-18。

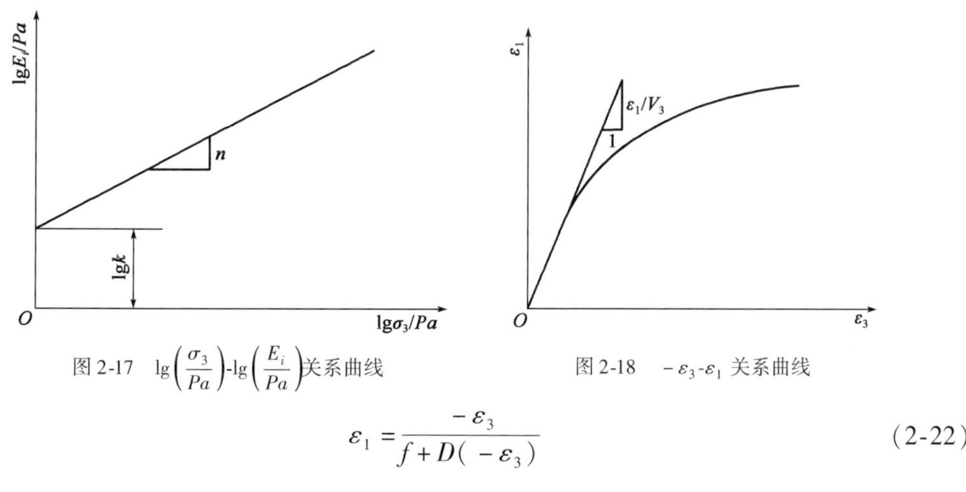

图 2-17 $\lg\left(\frac{\sigma_3}{Pa}\right)$-$\lg\left(\frac{E_i}{Pa}\right)$ 关系曲线　　图 2-18 $-\varepsilon_3$-ε_1 关系曲线

$$\varepsilon_1 = \frac{-\varepsilon_3}{f + D(-\varepsilon_3)} \tag{2-22}$$

或者

$$\frac{-\varepsilon_3}{\varepsilon_1}=f+D(\varepsilon_3)=f-D\varepsilon_3 \tag{2-23}$$

由式(2-23)可以看出,试验得到的 $-\varepsilon_3/\varepsilon_1$ 与 $-\varepsilon_3$ 的关系近似为直线关系,从而可确定截距 f 与斜率 D(图 2-19)。由式(2-23)可见,当 $-\varepsilon_3\to 0$ 时,$(-\varepsilon_3/\varepsilon_1)_{-\varepsilon_3\to 0}=f=v_i$,$v_i$ 即初始泊松比,D 为直线的斜率(D 可取不同围压的三轴试验平均值)。

试验表明,土的初始泊松比 v_i 与试验的围压 σ_3 有关,将它们画在单对数坐标中,可假设是一条直线,见图 2-20。则:

$$v_i=f=G-F\lg\left(\frac{\sigma_3}{Pa}\right) \tag{2-24}$$

式中:G、F——$\lg\left(\frac{\sigma_3}{Pa}\right)$-$v_i$ 平面内曲线的截距和斜率。

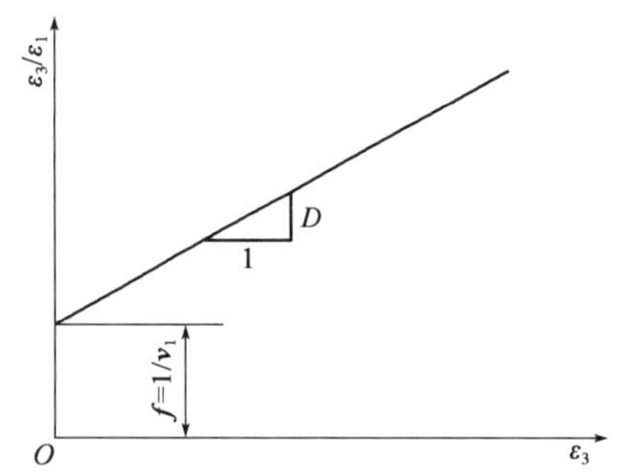

图 2-19 $-\varepsilon_3$-$\frac{-\varepsilon_3}{\varepsilon_1}$关系曲线

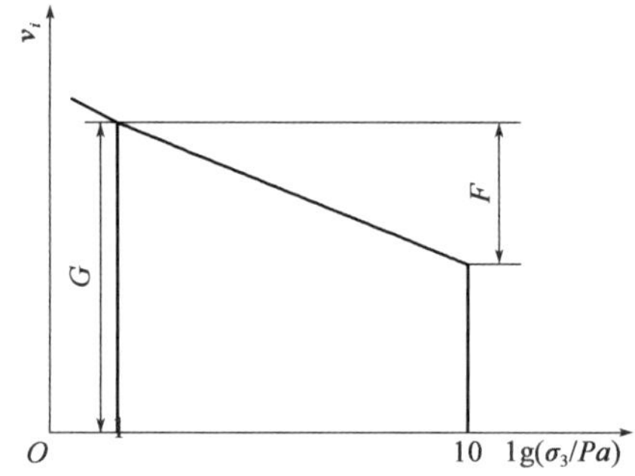

图 2-20 $\lg\left(\frac{\sigma_3}{Pa}\right)$-$v_i$ 关系曲线

将式(2-22)微分:

$$v_t=\frac{-\mathrm{d}\varepsilon_3}{\mathrm{d}\varepsilon_1}=\frac{(1-D\varepsilon_1)f+D\varepsilon_1 f}{(1-D\varepsilon_1)^2}=\frac{v_i}{(1-D\varepsilon_1)^2} \tag{2-25}$$

至此,模型的参数已全部求得,分别为 c、φ、K、n、R_f、G、F、D,均可通过常规三轴试验全部确定。

根据上述章节中的应力-应变关系曲线,按照前文所述的求解方法,求得常规三轴试验条件下不同含水率的 E-μ 模型参数,详见表 2-3、表 2-4。由表可以看出,随着含水率的增加,E-μ模型各参数均呈现一定的变化规律。

原状黄土各个含水率下的模型参数 表 2-3

模型参数	K	n	R_f	c(kPa)	φ(°)	G	F	D
10.1%	91.08	0.27	0.910	19	30.30	0.199	0.070	4.39
14%	71.03	0.36	0.849	18	28.44	0.153	0.039	4.29
18%	61.52	0.36	0.774	16	28.37	0.149	0.037	4.21
22%	56.31	0.40	0.768	13	27.30	0.133	0.030	4.18
38.5%	40.14	0.54	0.756	11	25.40	0.119	0.028	4.04

重塑黄土各个含水率下的模型参数 表 2-4

模型参数	K	n	R_f	c(kPa)	φ(°)	G	F	D
10.1%	81.35	0.27	0.830	19	28.90	0.217	0.093	3.60
14%	68.26	0.40	0.790	16	27.90	0.176	0.060	3.54
18%	58.65	0.53	0.748	15	26.70	0.145	0.041	3.42
22%	51.76	0.63	0.726	12	25.60	0.145	0.033	3.38
38.5%	36.43	0.87	0.706	10	25.00	0.122	0.025	2.67

原状黄土与重塑黄土的试验成果有较好的可比性，从模型参数可以看出它们有一定的一致性，点绘各参数随含水率的变化规律，见图 2-21。

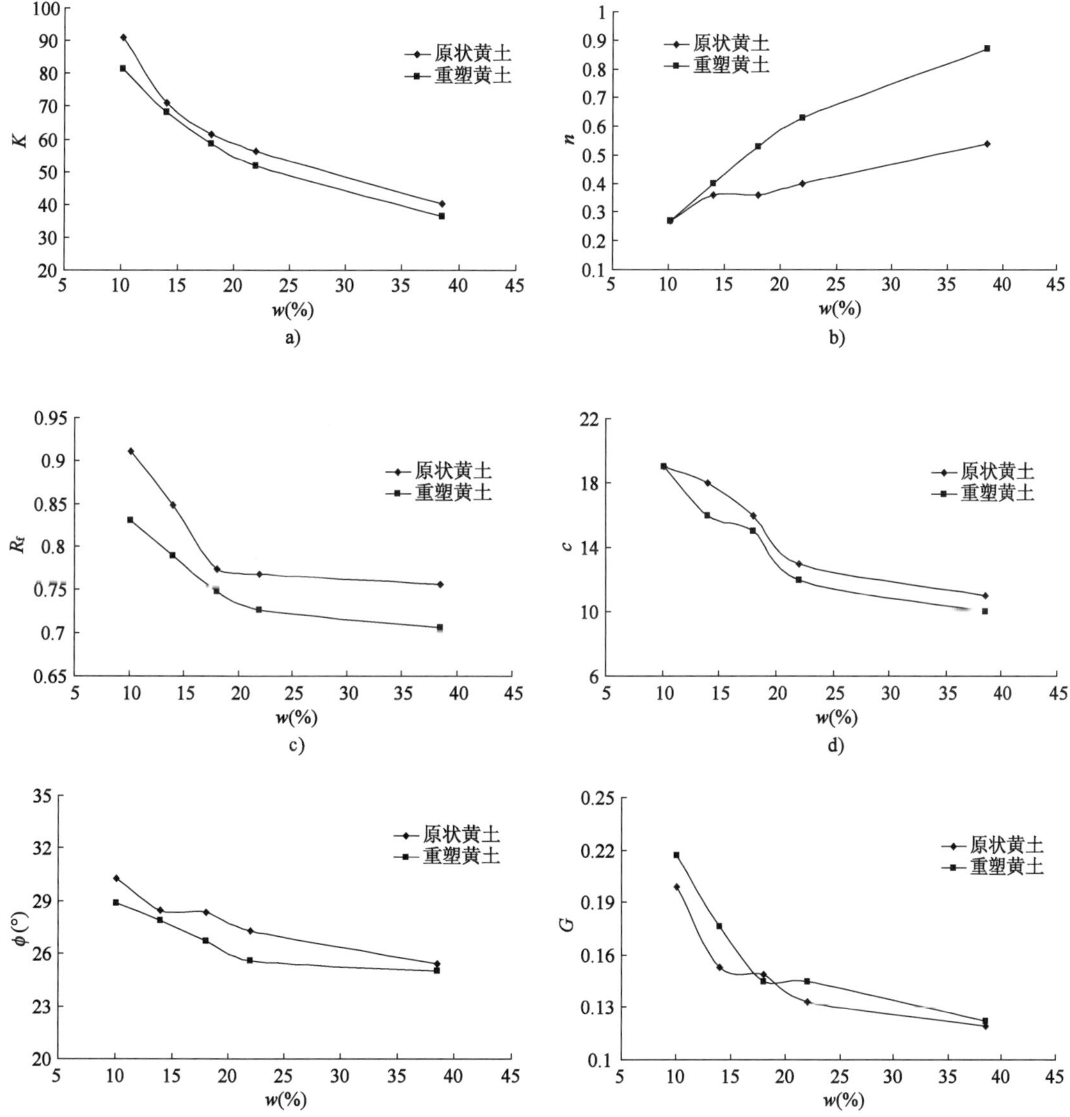

图 2-21

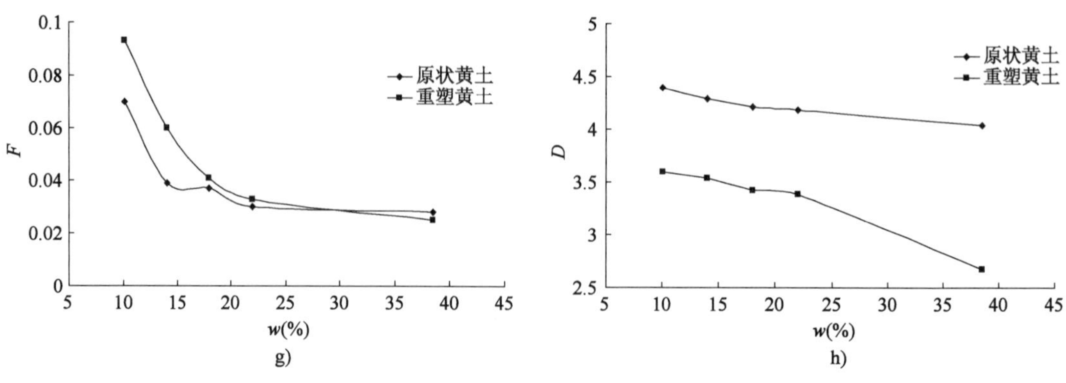

图 2-21 各参数随含水率的变化规律

由图 2-21 可知,黄土 E-μ 模型各参数均能通过对数函数来拟合,且曲线拟合情况较好,除了参数 n,其余参数均随含水率增大而减小,由于黄土结构性的存在,原状黄土与重塑黄土模型参数随含水率变化规律略有不同,其中参数 n、D 随含水率增大,差值逐渐增大。对于参数 n、G、F,重塑黄土参数大于原状黄土参数,各个参数与含水率(%)之间的关系可以表述为:

原状黄土:

$$K = -36.665\ln w + 170.96 \tag{2-26}$$

$$n = 0.1912\ln w - 0.1716 \tag{2-27}$$

$$R_{\mathrm{f}} = -0.1159\ln w + 1.1494 \tag{2-28}$$

$$c = -6.4835\ln w + 34.311 \tag{2-29}$$

$$\varphi = -3.5101\ln w + 38.2 \tag{2-30}$$

$$G = -0.0555\ln w + 0.3124 \tag{2-31}$$

$$F = -0.028\ln w + 0.1224 \tag{2-32}$$

$$D = -0.2579\ln w + 4.9742 \tag{2-33}$$

重塑黄土:

$$K = -33.495\ln w + 156.98 \tag{2-34}$$

$$n = 0.454\ln w - 0.7864 \tag{2-35}$$

$$R_{\mathrm{f}} = -0.0947\ln w + 1.0363 \tag{2-36}$$

$$c = -6.8061\ln w + 34.252 \tag{2-37}$$

$$\varphi = -3.0654\ln w + 35.761 \tag{2-38}$$

$$G = -0.0682\ln w + 0.3599 \tag{2-39}$$

$$F = -0.0492\ln w + 0.194 \tag{2-40}$$

$$D = -0.6913\ln w + 5.3383 \tag{2-41}$$

将含水率引入 E-μ 模型当中而建立的黄土非线性模型,其参数的确定方法比较简单,通过几组不同含水率的三轴试验在常规三轴仪上即可确定。在分析实际工程问题时,只需用在实际工程中容易让人接受和测得的含水率就可以计算土层的模型参数,进而分析水对强度和变形的影响,保证了工程的顺利进行。因此,建立的非线性模型虽然是近似的,但形式简单,并且易于接受,具有一定的实际价值。

2.6 本章小结

本章通过室内试验对湿陷性黄土结构性参数及本构模型参数进行了分析,研究了湿陷性与结构性、本构模型参数与含水率的相关规律,结果表明:

(1)黄土的结构性在力和水的共同作用下,在竖向压力较小、含水率较低时,其结构性较强,而随竖向压力的增大和含水率的提高,其结构性变弱。

(2)黄土的结构性是造成其湿陷性的重要原因,土体大孔隙结构及胶结强度越强,结构性越大,浸水后强度损失较大,在水的作用下变形量较大,湿陷系数相应也较大。

(3)模型各参数均能通过对数函数来拟合,且曲线拟合情况较好,除了参数 n,其余参数均随含水率增大而减小,由于黄土结构性的存在,原状黄土与重塑黄土模型参数随含水率变化规律略有不同。

3　重载条件下黄土路基气候特征与交通组成调查分析

3.1　山西省典型区域气候特征调研与分析

山西位于大陆架东岸的内陆，外缘有山脉环绕，因而难于受海风的影响，形成了比较强烈的大陆性气候。同时，又由于受内蒙古冬季冷气团的袭击，北部比较寒冷，由此形成了山西的气候特征：冬季长而寒冷干燥；夏季短而炎热多雨；春季日温差大，风沙多；秋季短暂，气候温和。属温带大陆性季风气候，年平均气温3～14℃，昼夜温差大，南北温差也大。西部黄河谷地、太原盆地和晋东南的大部分地区，平均温度在8～10℃之间。临汾、运城盆地年均温度达12～14℃。冬季气温全省均在0℃以下，夏季全省普遍高温，7月气温介于21～26℃之间。山西无霜期南长北短，平川长山地短，大同盆地为110～140d，五台山仅85d，忻州盆地以北和东部山区135～155d，临汾、运城盆地则长达200～220d。全省年降水量在400～650mm，但季节分布不均匀，夏季6—8月降水高度集中且多暴雨，降水量约占全年的60%以上。全省降水受地形影响很大，山区较多，盆地较少。山西有三个多雨区，一是晋东南太行山区和中条山区，二是五台山区，三是吕梁山区。

在黄土地区，降雨是土壤侵蚀过程中起主导作用的一个气候因素。降雨对土壤侵蚀的影响，既有直接的，也有间接的。在不同降雨条件下，土壤呈现不同的抗侵蚀性，土壤侵蚀的程度也完全不同。

黄土地区的年平均降雨量在200～650mm之间，由东南向西北，年降雨量逐渐减少。出现这一分布特征的原因，是由于整个黄土高原下半年都处于东南季风的控制之下。年降雨量地区分布的另一特点，是由于受突兀于高原之上石质山地的影响，降雨量与其周围相比，年降雨量明显增高，一般都高出100～300mm，形成黄土高原上的湿岛。

从全球宏观角度看，在年降雨量400～500mm的地区，由于降雨的侵蚀力较强，且植被覆盖情况又达不到保护地面免遭侵蚀的程度，土壤侵蚀最严重。从这一点来看，黄土高原的年降雨量加速了土壤侵蚀的发生和发展。根据黄土高原各县年降雨量和输沙模数的统计资料分析结果，表明年降雨量为400～500mm时，输沙模数最大，也就是土壤侵蚀最严重。黄土高原土壤侵蚀严重和最严重的地区大致成东北西南走向的条带，斜穿黄土高原中部，其走向大体与年降雨量等值线的走向一致，并且主要分布在年降雨量400～500mm的地区。

黄土地区汛期降雨量的地区分布与年降雨量的区域特征基本相似，也具有东南向西北递减的趋势，由东南部的400mm，向西北逐渐减少至100mm，而汛期降雨量占年降雨量百分数的地区分布，具有从南向北逐渐增大的趋势。这说明，越往北，发生洪水的时间越集中。

汛期降雨量占年降雨量的百分数,反映降雨的不均匀性,在某种程度上,可以反映某一地区相对的降雨强度,因此,可以说是公路排水设计应考虑的主要因素。

导致山西省黄土地区公路发生水灾害,主要是汛期的强降雨。我国气象上规定:24h降雨量为50mm或以上的降雨称为暴雨。按其降雨强度大小又可分为三个等级:24h降雨量为50~99.9mm称为暴雨;100~199.9mm为大暴雨;200mm及以上为特大暴雨。由于各地降雨和地形特点不同,所以各地暴雨、洪涝的标致也有所不同。按照暴雨的定义,暴雨是一个强度概念。它应是雨量和雨时的函数,因此,它也应反映出不同历时的降雨量大小。我国目前气象部门的规定一般并不能包括24h降雨量小于50mm,而降雨强度却很大的降雨。但是,在黄土高原地区,这类暴雨的发生频率最高,造成的水土流失最为严重,对基础设施和水保工程造成的危害也最大,必须给予高度重视。暴雨极值是指一个地区暴雨量的最大值,一般以不同历时的最大降雨量或次最大降雨量表示。根据气象部门的资料显示,黄土高原的暴雨极值具有以下一些特点:短历时的暴雨强度很高、短历时的暴雨强度极值大都出现在高强度的局部雷暴雨中,而且极值强度持续时间很短等。

以山西省不同地区土体的物理力学特性为判别标准,将山西黄土划分为6个区域(表3-1),对每个区域的气候情况进行调研、收集,整理了不同区域的年平均降雨量、年平均气温、年日照时间、无霜期等指标,分析了不同区域各个指标的变化规律,为后续工作的开展奠定了基础。

山西黄土各区划气候统计表 表3-1

山西黄土区划	地区	气候类型	年平均降水量(mm)	年平均气温(℃)	无霜期(d)	年日照时间(h)	备注
1区(汾河流域区)	襄汾县	温带季风气候区	550	11.5	185		
	古县	温带大陆性季风气候	558.5	11.8	183	2278.8	
	灵石县	暖温带季风气候	650	10	140		
	平遥县	温带季风气候	415.5	10.6	183		
	清徐县	暖温带大陆性季风气候	462	10.5	183	2577.5	
	阳曲县	暖温带大陆性季风气候	441.2	8.9	164		
	定襄县	大陆性季风气候	413	8.7	150		
	代县	大陆性季风气候	397~770	7.2~9.3	100~160	2863.6	
	应县	大陆性季风气候	360	7	100~140		
	阳高县	大陆性季风气候	411.3	7.1	135	2691.4	
2区(晋东南区)	阳城县	暖温带半湿润气候	627	11.7	170~195	2571.3	
	长治县	寒温半干燥区	411	9	160		
	屯留县		540	10	160		
	沁县	暖温带大陆性气候	606	8.9	167		

续上表

山西黄土区划	地　　区	气 候 类 型	年平均降水量（mm）	年平均气温（℃）	无霜期（d）	年日照时间（h）	备注
3 区（晋东区）	平顺县	温带大陆性气候	608	9.1	150		
	黎城县	北温带大陆性季风气候	547	10.4	180	2548.5	
	左权县	温带大陆季节性气候	540	7.4	150	2570	
	和顺县	温带大陆性季风气候	593	6.3	124		
	平定县	温带大陆性季风气候	500	10.5	186	2795.7	
4 区（晋西南区）	永济市	温带大陆性季风气候	530	14.1	219	2191.4	
	临猗县	暖温带大陆性季风气候	508.7	13.5		2271.6	
4 区（晋西南区）	万荣县	暖温带大陆性季风气候	500	11.9	190		
	稷山县	暖带大陆性季风气候	483	13	220		
	夏县	大陆性半湿润季风气候区		12.8	205	2293.4	
	闻喜县	暖温带大陆性季风气候	439.8	8 ~ 14		2461	
5 区（晋西区）	乡宁县	暖温带大陆性气候	600	10	150		
	大宁县	暖温带亚干旱气候区	536.9	10.7	212	2466.7	
	石楼县	暖温带大陆性气候	550	9.2	180 ~ 190		
	柳林县	暖温带大陆性季风气候区	472.3	10.5	199	2449.5	
	临县	温带大陆性气候	518.8	8.8	160	2807	
6 区（晋西北区）	岢岚县	中温带大陆性季风气候	456	6	110		
	保德县	温带大陆性季风气候	500	8	180		
	河曲县	大陆性季风气候	350	6.6 ~ 8.8	150	2855	
	右玉县	温带大陆性季风气候	420	3.6	104		

3.2　我国车辆轴载限制标准与重载车辆分类

国家强制性标准《汽车、挂车及汽车列车外廓尺寸、轴荷及质量限值》（GB 1589—2016）与交通运输部颁布的《超限运输车辆行驶公路管理规定》规定了我国道路（公路与城市道路）上行驶的各类载重车辆的总质量和轴荷最大限值。

对公路工程而言，单轴 40kN、双轴 80kN 以下轻型客货车对路面结构损坏影响不大，因此，可不考虑轻型货车和客车，仅关注中、重型货车。货车按照车辆的牵引方式，可分为整车、半挂车（牵引车）和全挂车三大类。整车类根据车辆的额定载重分为中型、重型。其中，重型整车又可分为单后轴和双后轴两种。半挂车类根据车辆轴型分为三轴半挂、四轴半挂等，全挂车一般前后两轴。

上述各类型车辆的图式和代表车型示意见图 3-1。按轴型不同，可将车辆荷载分为单轴单轮、单轴双轮、双轴双轮及三轴双轮四种类型，如图 3-2 所示。

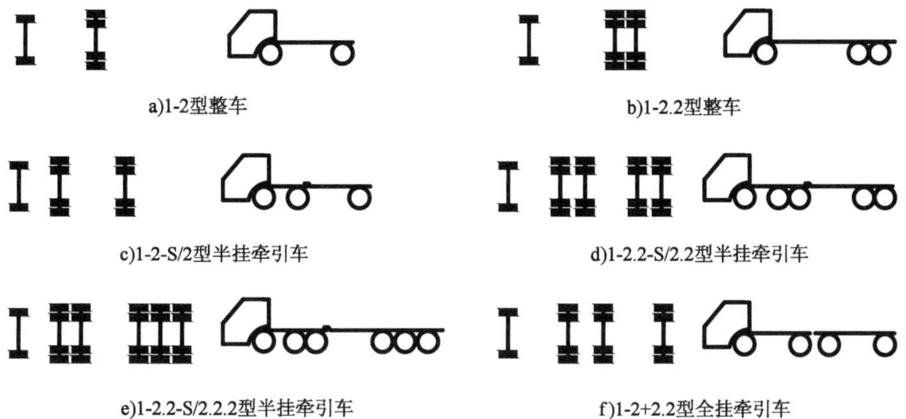

图 3-1 部分常见货车

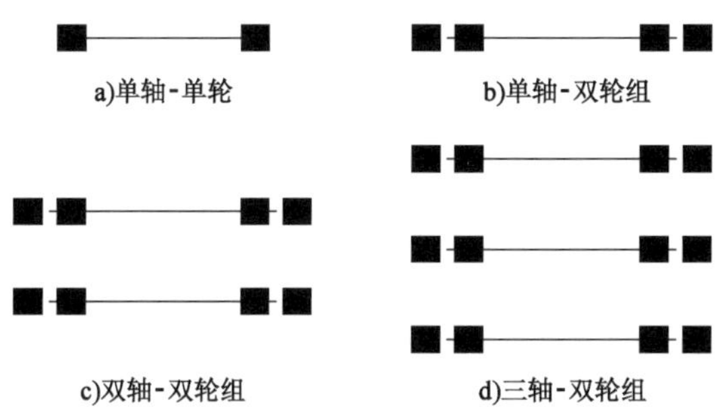

图 3-2 车辆荷载轴型

3.3 运煤重载交通调查

运煤重载交通调查内容包括交通量、车型、轴型组成、轴重及轮压等方面，着重对山西省境内夏家营—汾阳的运煤专线的货车交通量、轴重和轮压等进行调查。

3.3.1 交通量调查

夏家营—汾阳段日交通量和车型组成调查结果见表 3-2。

夏家营—汾阳段日交通量和车型组成 表 3-2

车型	轴-轮型	左幅车道	右幅车道	小计	比例
A	2 轴 4 轮	3441	3371	6812	45.9%
B	2 轴 4 轮	779	695	1474	9.9%
C	2 轴 6 轮	1044	862	1906	12.9%
D	2 轴 6 轮/3 轴≤8 轮	193	161	354	2.4%
E	≤4 轴 >8 轮≤10 轮	86	130	216	1.5%
F	≤4 轴 >10 轮≤14 轮	514	801	1315	8.9%
G	≥5 轴	724	681	1405	9.5%
H	≥6 轴	632	716	1348	9.1%
总计	—	7413	7417	14830	

从表 3-2 可以看到,左右幅交通量基本相同(左幅 7413 辆/日,右幅 7776/日),在交通组成中,A 类车约占 46%,C、D 类车约占 15%,E、F、G 和 H 类车合计约占 30%。

3.3.2 车辆轴载调查

对山西省境内夏家营—汾阳段的运煤车辆轴载谱进行调查,按轴型分类,夏家营—汾阳段的轴载谱见图 3-3。

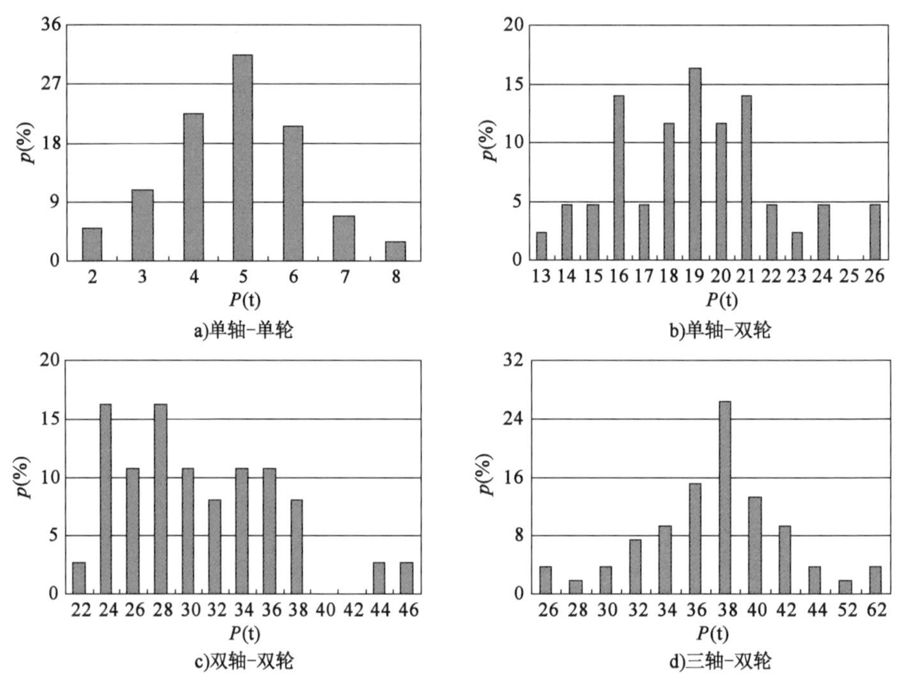

图 3-3 夏家营—汾阳段的轴载谱

由图 3-3 可以看到,夏家营—汾阳段除双轴-双轮外,其他三种轴-轮型轴重均具有明显的正态分布特性,就单轴-单轮来说,低于国家最大轴荷限值(6t)比例约占 90.2%,超过 6t 的比例为 9.8%;单轴-双轮低于国家最大轴荷限值(10t)比例约占 42%,超过 10t 的比例为 58%;双轴-双轮和三轴-双轮,均 100% 超过国家最大轴荷限值(18t 和 22t)。夏家营—汾阳段车辆轴载谱统计特征参数见表 3-3。

夏家营—汾阳段车辆轴载谱统计特征参数 表 3-3

轴 轮 型	E_P(t)	σ_P(t)	C_{vP}
单轴-单轮	4.84	1.35	0.280
单轴-双轮	19.06	3.06	0.161
双轴-双轮	30.73	5.75	0.187
三轴-双轮	37.97	6.64	0.175

路面结构设计的当量标准轴载作用次数 N_s 的计算式：

$$N_s = \sum_i^k a_i N_i \left(\frac{P_i}{P_s}\right)^{n_i} \tag{3-1}$$

式中：k——轴型和轴载级位数；

P_i、N_i——i 类级的轴载量和作用次数；

P_s——标准轴载；

a_i——与路面结构有关的轴-轮型系数，见表 3-4；

n_i——与路面结构有关的换算指数。

与路面结构有关的轴-轮型系数 a_i 表 3-4

路面结构类型	单轴-单轮	单轴-双轮	双轴-双轮	三轴-双轮
	a_1	a_2	a_3	a_4
半刚性基层	18.5	1.0	3.0	5.0
水泥混凝土面层	$4.46\times103P^{-0.43}$	1.0	$0.061P^{0.12}$	$0.034P^{0.12}$

与路面结构有关的换算指数 n_i 取值如下：对半刚性基层，$n_1=n_2=n_3=n_4=8$；对水泥混凝土面层，单轴单轮、单轴双轮和多轴作用时有所不同，分别为 $n_1=15.53$，$n_2=16$，$n_3=n_4=15.78$。

在已知各类轴型的轴载谱的条件下，只需按轴型划分单轴单轮、单轴双轮、双轴双轮和三轴双轮 4 类，式(3-1)改写为：

$$N_s = \sum_{i=1}^4 \varphi_i N_i$$

$$\varphi_i = a_i \left(\frac{P_e^i}{P_s}\right)^{n_i}$$

$$P_e^i = \left(\int_0^{P_{max}^i} P^{n_i} f_P^i \mathrm{d}P\right)^{\frac{1}{n_i}} \tag{3-2}$$

式中：φ_i——i 类轴型的当量标准轴载作用次数系数；

P_e^i——i 类轴型的疲劳等效当量轴载。

由测得的轴载谱得到山西省夏家营—汾阳段各类轴型的当量次数系数（标准轴载取 100kN 的单轴双轮荷载）和设计轴载值见表 3-5。

夏家营—汾阳各类轴型的当量次数系数 φ 和当量轴载 P_e(kN) 表 3-5

路面结构类型	单轴单轮		单轴双轮		双轴双轮		三轴双轮	
	P_e	φ	P_e	φ	P_e	φ	P_e	φ
半刚性基层	58.5	15	206.3	328	376.8	1107	477.4	2458
水泥混凝土面层	65.1	2950	221.0	324437	396.5	31355	528.2	69643

从表 3-5 可以看到，山西省夏家营—汾阳段的车辆超载超限非常严重，无论是何种路面结构，任何种类轴型的设计轴载均超过其法定轴荷限量，尤其是单轴、双轴、三轴双轮的设计轴载达 2.06～2.40 倍的法定轴荷限量；从当量次数系数 φ 的角度来考察，所有 φ 值均大于 1，最大高达 32.4 万，也就是说，超过 1/2 轴荷限量的车辆作用一次对路面结构的平均损伤，与 100kN 标准轴载作用 15～2458 次（半刚性基层）、2950～324437 次（水泥混凝土面层）

相当。

根据调查多数运煤车辆轮胎充气压力为1.4～1.5MPa,推算轮胎接地压力为1.3～1.4MPa。

3.3.3 轴载预估

鉴于山西省重载水泥混凝土路面上货车轴重大、轮压高、多轴化,比例高,交通量增长快,加上超载严重的情况。夏家营—汾阳段的ADTL为6544。取单个车道车辆综合标准轴载次数系数$\chi=19800$(水泥),$\chi=2$(沥青),假设年平均交通量增长率为8%,其中车辆轮迹横向分布系数$\eta=0.22$,交通量方向分配系数0.5,车道分配系数0.4(按双向4车道考虑),以此预估不同年限的累计标准轴载作用次数,结果见表3-6。

夏家营—汾阳线单车道累计标准轴载作用次数 N_e 表3-6

年限(y)	累计标准轴载作用次数(沥青)N_e	累计标准轴载作用次数(水泥)N_e
1	4.78×10^{6}	4.73×10^{10}
3	1.55×10^{7}	1.54×10^{11}
5	2.80×10^{7}	2.77×10^{11}
10	6.92×10^{7}	6.85×10^{11}
15	1.30×10^{8}	1.28×10^{12}

从表3-6可以看到,该线路的累计标准轴载作用次数惊人,为$1\times10^{10}\sim2\times10^{12}$,属于极重交通荷载等级,1年之内的累计标准轴载作用次数就高达$(2.60\sim4.73)\times10^{10}$次。

3.4 本章小结

本章通过夏家营—汾阳段日交通量和车型组成调查,预估不同年限的累计标准轴载作用次数,结果表明:

(1)左右幅交通量基本相同,在交通组成中,A类车约占46%,C、D类车约占15%,E、F、G和H类车合计约占30%。

(2)该路段车辆超载超限非常严重,无论是何种路面结构,任何种类轴型的设计轴载均超过其法定轴荷限量,尤其是单轴、双轴、三轴双轮的设计轴载达2.06～2.40倍的法定轴荷限量。

(3)该路段累计标准轴载作用次数惊人,为$1\times10^{10}\sim2\times10^{12}$次,属于极重交通荷载等级,1年之内的累计标准轴载作用次数就高达$2.60\times10^{10}\sim4.73\times10^{10}$次。

4 重载条件下黄土地区路基作用机理及工作区深度研究

车轮作用在路面,其荷载经过路面结构后传到了路基内,计算车辆荷载在路基内的大小和传递深度,对分析路基内应力分布、选择路基填料、布设涵洞构造物等具有重要意义。以往学者就路基内竖向应力的分布做了大量计算和研究工作,但许多学者在计算路基内应力时,将交通荷载以标准荷载(25kN 或 0.7MPa)来考虑,并且认为车轮荷载以集中荷载存在。随着国家运输业迅猛发展,超载车辆越来越多,轴载发生了很大变化,路基和基底内应力分布也随之发生了变化。为了对路基内竖向应力分布有一重新认识,本章将交通荷载分为集中荷载和均布荷载两种情形,考虑车辆超载和填土密度的影响,对路基和基底内竖向应力进行了计算。

4.1 基底应力

目前我国的铁路设计规范中对于路基自重引起的基底应力一般简化为近似荷载的形式。主要有两种方法:比较常用的方法是用荷载 γH(即用路基土重度 γ 乘以此点路基高度 H)近似代替路基产生的荷载,如图 4-1b)所示,这种荷载可以看成断面形式为梯形的条形荷载,这种方法称为比例荷载法;还有一些研究者将路基产生的总荷载 Q 均布到路基底面宽度 B 范围内(即 Q/B)来近似代替路基荷载,这种荷载可以看成断面形式为矩形的条形荷载,这种方法称为均布荷载法,如图 4-1c)所示。

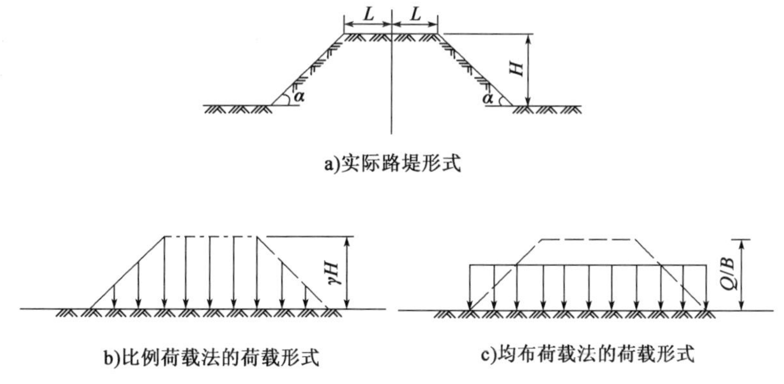

图 4-1 实际问题中基底应力的假设

Perloff 和 Baladi 经过研究,提出了一种较新的计算方法。他们假设路基和地基是连续的一个整体,由各向同性的线弹性材料组成,路基足够长,将此问题按平面应变问题来考虑,得到了该问题的解析解,这种方法称为弹性土堤法。根据 Bozozuk、Leonards 土堤面下不排水孔隙压力的现场观测资料,认为弹性土堤法计算值更接近于路基基底的实际应力。

弹性土堤的求解方法是对 Muskhelishvili 方法的修改,将足够长的路基按平面应变问题来考虑。对于一个平面应变问题,应力可以用 Airy 应力函数 $U(x,y)$ 表示:

$$\begin{cases} \sigma_x = \dfrac{\partial^2 U(x,y)}{\partial y^2} + \dfrac{\mu}{1-\mu}\gamma y \\ \sigma_y = \dfrac{\partial^2 U(x,y)}{\partial x^2} + \gamma y \\ \tau_{xy} = -\dfrac{\partial^2 U(x,y)}{\partial x\, \partial y} \end{cases} \tag{4-1}$$

式中:σ_x、σ_y、τ_{xy}——水平正应力、竖向正应力、剪应力;

μ——泊松比。

为达到平衡式(4-1)必须满足:

$$\Delta^4 U(x,y) = 0 \tag{4-2}$$

式中:Δ^2——拉普拉斯算子。

当这个问题的边界条件也满足时,就可以得到唯一解。

4.2 工作区影响深度

路基工作区深度的划定对判定车辆荷载对路基的影响深度、确定路基合理高度等具有重要意义。车辆荷载在路基路面不同深度产生的附加应力随深度的增加而迅速减小,靠近上部的土基层位受到的附加应力水平较大,易产生过量的累积塑性变形。该部位就成为控制整个路基累积塑性变形的关键层位,路基工作区和路床压实区就是指这一区域。现行公路行业路基规范未对路基工作区作出明确定义,也没有规定路基工作区深度确定原则与方法,这使得实际工程中选择路基或地基处理深度以及措施缺乏统一的标准和认识。

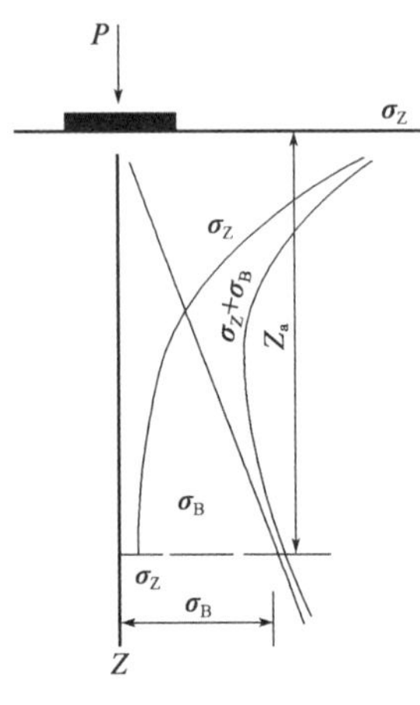

图 4-2 地基中应力按深度分布示意图

路基中的应力包括两个部分,即由土中上覆路基路面结构自身重量而产生的自重应力和车辆荷载作用下产生的附加荷载应力。自重应力随路基深度的增加线性增加,而由车载引起的荷载应力则随路基深度的增加逐渐减小。随着深度的增加,路基受车辆荷载的影响不断降低,当深度达到一定值后,由车载引起的路基(竖向)附加应力,即荷载应力 σ_Z 与路基自重应力 σ_B 的比值很小(0.1 ~0.2),此时可忽略车辆荷载的影响,这一深度即由车辆荷载引起的路基附加应力分布范围,称为路基工作区深度,如图 4-2 所示。路基工作区土体的强度和稳定性,对于保证路面结构的强度和稳定性、满足行车要求极为重要。正因为如此,国内、外学者均对路基工作区深度的确定方法与标准进行了研究。

在《公路设计手册　路基》中,采用基于弹性半空间体理论的布氏课题公式,对车载在路基土中引起的荷载应力进行计算,按一定准则将路面各个结构层换算为当量路基土层厚度,计算公式为:

$$h_e = h_1 \sqrt[m]{E_1/E_0} \tag{4-3}$$

式中：h_e——路面结构层换算为路基土层的当量厚度；

h_1——路面结构层厚度；

E_1——路面结构层模量；

E_0——路基模量；

m——指数，多层柔性路面取 2.5。

公路行业根据公路车轮荷载及接地面积，总结了估算路基工作区深度 Z_a 的公式，如下：

$$Z_a = \sqrt[3]{\frac{KnP}{\gamma}} \tag{4-4}$$

式中：P——单侧轮重(kN)；

K——系数，取 0.5；

γ——地基土重度(kN/m^3)；

n——系数，取 5～10。

4.3 路基应力计算方法

车轮集中荷载和均布荷载作用下路基(基底)内竖向应力计算简图如图 4-3 和图 4-4 所示。

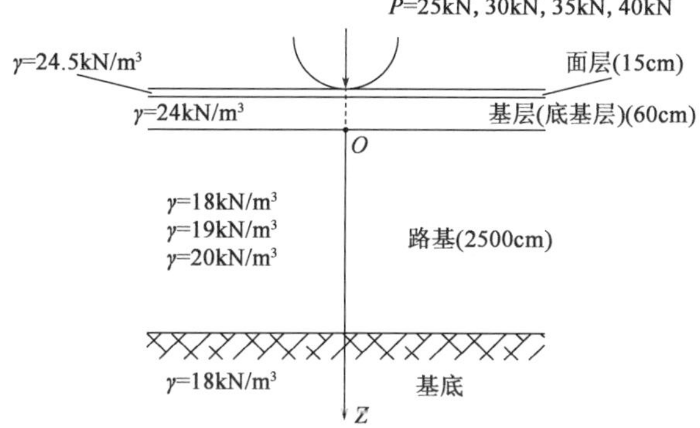

图 4-3 车轮集中荷载路基竖向应力计算图示

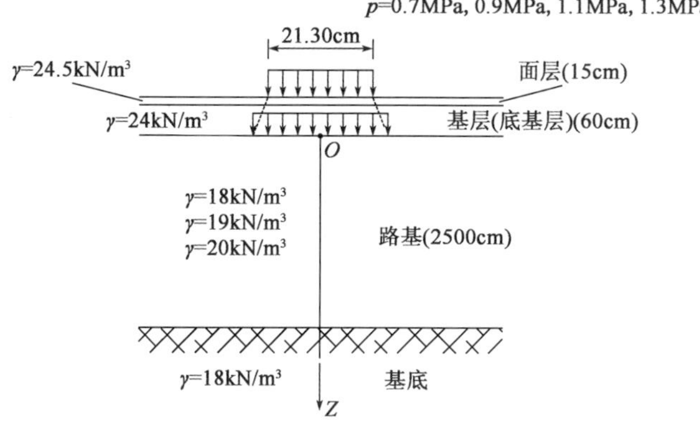

图 4-4 车轮均布荷载路基竖向应力计算图示

4.3.1 集中荷载作用下

路基土在车轮集中荷载作用下引起的附加应力按式(4-5)计算：

$$\sigma_z = \alpha \frac{P}{Z^2} \tag{4-5}$$

式中：σ_z——路基土在车轮荷载作用下引起的竖向应力(kPa)；

P——车轮荷载换算的集中荷载(单轴-双轮组单轮接地荷载，kN)；

Z——车轮集中荷载中心下应力作用点的深度(m)；

α——应力系数，取0.4775。

竖向应力计算过程为：①计算路基土自重应力，沥青混合料、水稳材料、路基土密度分别按24.5kN/m^2、24.0kN/m^2、18.0kN/m^{2}计；②按单轴-双轮组将轴重的1/4分配在路面顶面，按集中荷载在路基弹性均质半空间分布规律，计算路基内附加应力；③将路基(路面)自重应力和交通荷载附加应力相加，即为所求。

4.3.2 均布荷载作用下

密级配沥青混合料抗压模量为1000～2000MPa，水稳碎石为1300～1700MPa，路基土抗压模量30～70MPa，路面材料较路基土抗压模量比值已超过10倍，在交通荷载作用下，路基相对于路面已形成软弱下卧层。根据已有研究成果，地基压力扩散角θ的取值见表4-1。

地基压力扩散角 θ(°) 表4-1

$\alpha = \frac{E_{s1}}{E_{s2}}$	z/b	
	0.25	0.50
3	6	23
5	10	25
10	20	30

注：1. E_{s1}、E_{s2}分别为上层与下层土压缩模量。

2. $z<0.25b$时一般$\theta=0$，必要时，宜由试验确定；$z<0.5b$时一般θ不变。

矩形基础作用在软弱下卧层(路基)上的附加应力为：

$$\sigma_z = \frac{lb(p-\sigma_{co})}{(b+2z\tan\theta)(l+2z\tan\theta)} \tag{4-6}$$

式中：b——矩形基础和条形基础底边的宽度(m)；

l——矩形基础底边的长度(m)；

p——基础地面压力(kPa)；

σ_{co}——基础底面处土的自重应力标准值，此处为0(kPa)；

z——基础底面离软弱下卧层顶面的距离(m)。

在车轮圆形均布荷载下，作用在路基(软弱下卧层)上的附加应力依式(4-6)修改为式(4-7)：

$$\sigma_z = \frac{D^2 p}{(D+2z\tan\theta)^2} \tag{4-7}$$

式中：D——圆形均布荷载作用面积的直径(m)。

作用在路面上的轮迹，其形状实为介于矩形和圆形之间的一种形状。为简化计算，以下计算按圆形处理(当轮迹为正方形时，其中心下的应力与圆形均布荷载中心下的应力其实相差甚微)。按表4-1,在直径为21.3cm的交通荷载、路面结构层厚度为75cm(15cm沥青层+60cm水稳层)时,地基压力扩散角θ应为30°。

路基土在车轮荷载作用下引起的附加应力按式(4-8)计算:

$$\sigma'_z = \frac{p'}{1 + 2.5\left(\frac{Z}{D}\right)^2} \tag{4-8}$$

式中:σ'_z——路基土在车轮荷载作用下引起的竖向应力(kPa);

p'——车轮荷载换算的均布荷载(kPa);

Z——圆形均布荷载中心下应力作用点的深度(m)。

竖向应力计算过程为:①计算路基土自重应力;②将交通荷载扩散至路基顶面,以扩散后路基顶面附加应力为基础,按圆形均布荷载在路基弹性均质半空间分布规律,计算路基内附加应力;③将路基(路面)自重应力和交通荷载附加应力相加。

4.4 计算结果分析

4.4.1 路基内竖向应力

首先对标准轮压交通荷载(集中荷载为25kN,均布荷载为0.7MPa)进行计算,然后对其他轮压荷载(集中荷载35kN、45kN、55kN、65kN、75kN对应轴重分别为140kN、180kN、220kN、260kN、300kN;均布荷载为0.9MPa、1.1MPa、1.3MPa、1.5MPa)进行计算,最后对相同轮压交通荷载(25kN和0.7MPa)不同路基土密度下路基竖向应力进行了比较。

(1)标准轮压交通荷载下路基竖向应力计算

在0.7MPa均布荷载下时,经过75cm路面结构层后,扩散到路基顶面的交通荷载为0.5925MPa,减少了15.3%。

在标准轮压下、取路基土密度为18.0kN/m^{2}时,路基0~500cm内竖向应力计算结果如图4-5所示。由图可看出,附加应力传递至路基约3m时基本已削弱为0,即总应力呈直线增长。由图可知,在集中荷载作用下,总应力在路基内随路基深度先减后增,而在均布荷载下,总应力随路基深度呈增→减→增的趋势。

(2)不同轮压交通荷载下路基竖向应力计算

在路基土密度为18.0kN/m^{2}的前提下,分别计算了35kN、45kN、55kN、65kN、75kN集中交通荷载作用下和0.9MPa、1.1MPa、1.3MPa、1.5MPa均布交通荷载作用下路基的竖向应力,0~300cm范围内计算结果如图4-6所示。

由计算结果发现,虽然集中交通荷载从35kN增加到了75kN,但由其引起的总应力由减变增的拐点都出现在0.5~0.8m深度处。随均布荷载的增加,路基顶面附近总应力增大的区间(深度)越来越小。在路基4m深度处各种交通荷载在路基内的总应力趋于同一值。

(3)路基填土密度对路基竖向应力的影响

在25kN或0.7MPa标准交通荷载下,对不同路基密度的填土(18.0kN/m^2、19.0kN/m^2、20.0kN/m^2)路基内的竖向应力进行计算,结果如图4-7所示。

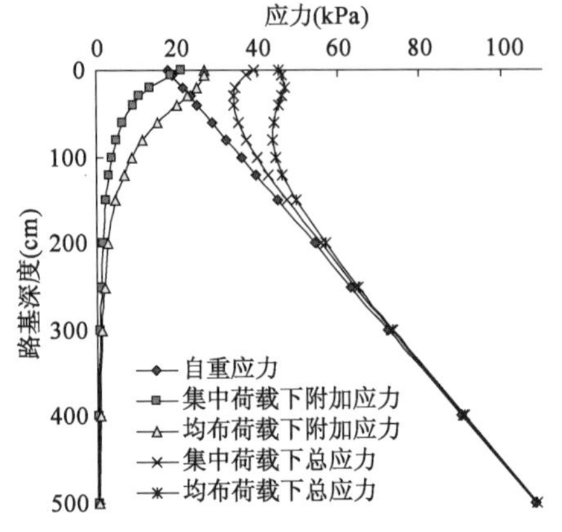

图 4-5　标准轮压交通荷载下路基竖向应力分布图

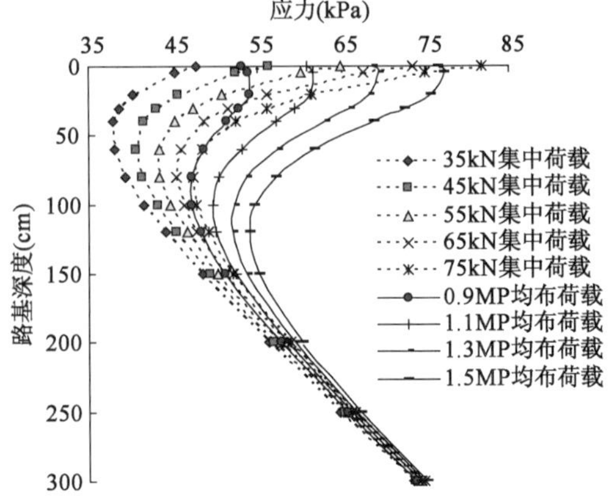

图 4-6　不同交通荷载下路基竖向总应力之比较

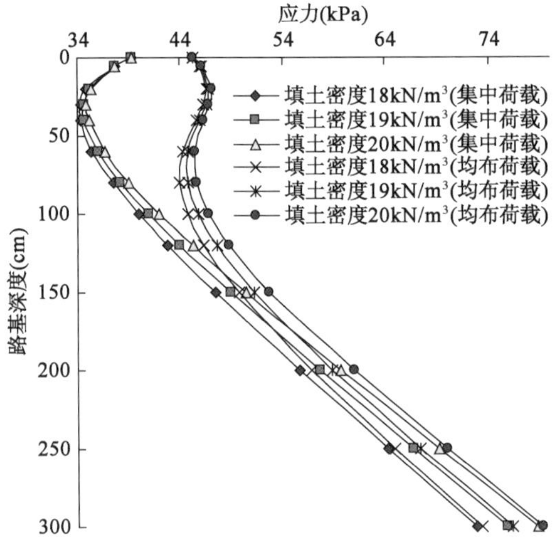

图 4-7　不同密度路基土路基竖向总应力之比较

填土密度的增加导致了自重应力的线性增加,反映在图 4-7 中就是应力曲线斜率的增加。

4.4.2　基底竖向应力

计算基底内应力时,将路基底面总应力作为附加应力,再加上基底自重应力,作为基底的总应力。由于路基长度与路基底宽之比远大于 10,相对基底而言,可认为路基为一条形基础。计算时,以路基宽度 25m、边坡坡率 1∶1.5 为准,作为条形基础的宽度。根据文献资料,条形基础中心下基底内不同深度处的附加应力按式(4-9)计算:

$$\sigma_z = \alpha_z^s p \tag{4-9}$$

其中

$$\alpha_z^s = \frac{2}{\pi}\left(\frac{2n}{1+4n^2} + \arctan\frac{1}{2n}\right) \tag{4-10}$$

式中：σ_z——条形面积受垂直均布荷载作用下，任一点深 z 处的附加应力；

α_z^s——条形均布荷载作用下基底附加应力系数，与 Z/B 有关；

p——单位面积荷载，此处为路基作用在基底顶面的均布荷载；n 等于 Z/B；

Z——路基底面至所求点的深度；

B——路基底面宽度。

在25kN集中交通荷载和0.7MPa均布交通荷载、路基土密度为 18.0kN/m^2 的条件下，分别对1m、2m、5m、12m路基填方高度时地基15m内竖向应力进行计算，结果如图4-8和图4-9所示。

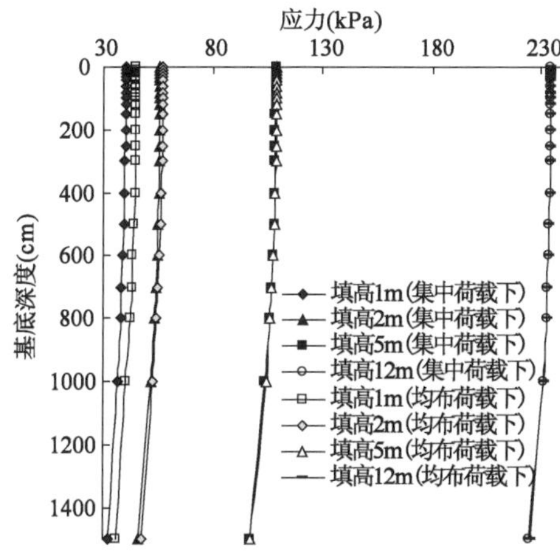

图4-8　不同路基填土高度基底竖向附加应力之比较

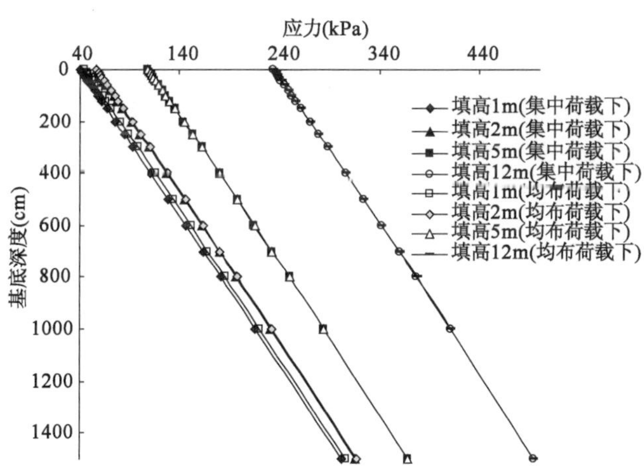

图4-9　不同路基填土高度基底竖向总应力之比较

由图4-8可看出，在标准轮载作用下（25kN或0.7MPa），路基填高1m时，集中荷载与均布荷载下基底竖向附加应力相差约10kPa，路基填高2m时，集中荷载与均布荷载下基底竖向应力相差约1kPa，在路基填高达5m以上时，集中荷载与均布荷载对基地的作用已没有明显区别，基本趋向于同一值。由图4-9可看出，在路基填高大于5m时，集中荷载与均布荷载作用下基底总应力也趋于同一值。

通过比较不同路基高度基底内同一深度处总应力,如图4-10所示,发现随路基高度的增长,在路基高度大于1m后,基底总应力基本呈线性增长。

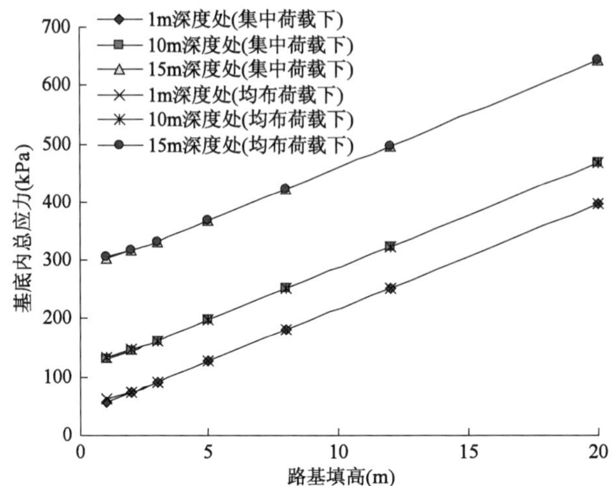

图4-10 不同路基高度基底内同一深度处总应力之比较

4.5 本章小结

在黄土地区公路路基作用机理的研究中,基底反力的计算方法、工作区的影响深度及路基附加应力均有较大影响。本章考虑了轮载形式、轮载大小和填土密度三个方面因素的影响,计算了路基和基底内中心处的竖向应力,主要得到以下结论:

(1)在基底反力的计算中,比例荷载法需要按照路堤的高度将荷载分段进行计算,但这两种方法仅适用于特定坡脚及高宽比范围内的路堤。弹性土堤法基本适用于不同坡度及不同高宽比的路基基底应力的计算,计算过程较为复杂,在不同路堤尺寸状况下得出的基底应力分布状态有较大差别。

(2)标准轮压交通荷载作用下,路基竖向附加应力传递至路基内部约3m深处时基本已削弱为0,之后总应力呈直线增长。在集中荷载作用下,总应力在路基内随路基深度先减后增,而在均布荷载下,总应力随路基深度呈增→减→增的趋势。

(3)不同轮压交通荷载作用下,集中交通荷载从35kN增加到75kN时,由其引起的总应力由减变增的拐点都出现在0.5~0.8m深度处;随均布荷载的增加,路基顶面附近总应力增大的区间(深度)越来越小,在路基4m深度处各种交通荷载在路基内的总应力趋于同一值。

(4)对于基底应力,在标准轮载作用下,路基填高越大,集中荷载与均布荷载下基底竖向附加应力相差越小;在路基填高达5m以上时,集中荷载与均布荷载对基地的作用已没有明显区别,基本趋向于同一值;对于不同路基高度基底内同一深度处总应力,随路基高度的增长,在路基高度大于1m后,基底总应力基本呈线性增长。

5 黄土路基质量控制指标体系建立

5.1 黄土地基承载力的测试与评价方法研究

5.1.1 湿陷性黄土地基承载力分析

Q_3 黄土状粉土在山西地区分布广泛,采取工程调研收集了该地区 30 份实测原位荷载试验以及对应的土工试验资料,以明确黄土状粉土地基承载力的区域差异。对这些原位载荷试验资料进行分析,结果表明,承载力与及其影响的主要因素天然含水率 w、天然孔隙比 e、天然饱和度 S_r、密度 ρ、w_L/e 之间无明显的相关规律,承载力分布非常离散(图 5-1 ~ 图 5-4),表明山西 Q_3 黄土状粉土整体分布不均匀,区域性影响较为明显,特别是南北差距显著。

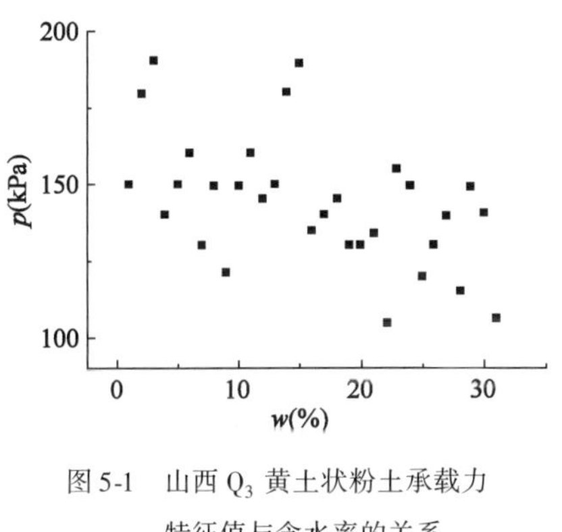

图 5-1 山西 Q_3 黄土状粉土承载力特征值与含水率的关系

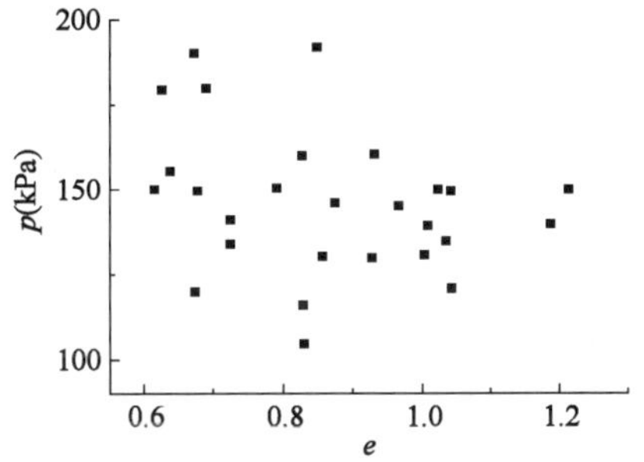

图 5-2 山西 Q_3 黄土状粉土承载力特征值与孔隙比的关系

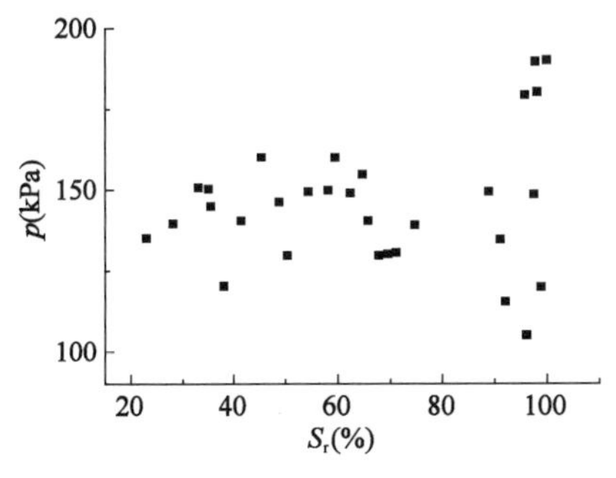

图 5-3 山西 Q_3 黄土状粉土承载力特征值与饱和度的关系

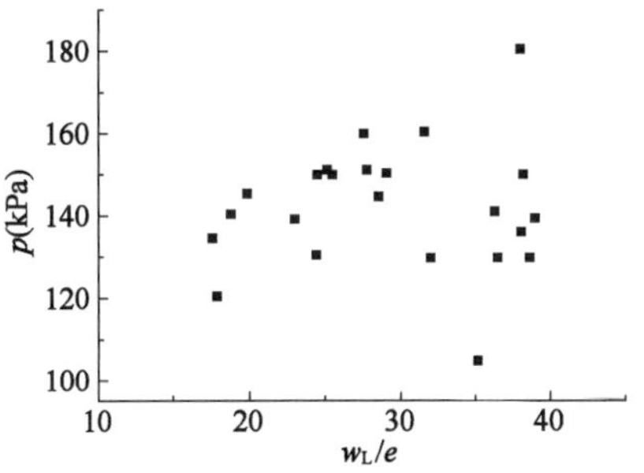

图 5-4 山西 Q_3 黄土状粉土承载力特征值与液限和孔隙比的关系

5.1.2 湿陷性黄土工程地质分区

山西范围内黄土区划主要涉及Ⅳ区即山西—冀北地区，该区又分为$Ⅳ_1$和$Ⅳ_2$两个亚区，还涉及部分Ⅱ区即陇东—陕北—晋西地区和Ⅲ区即关中地区，以及边缘地区Ⅶ和$Ⅶ_3$。而山西的公路建设“三纵十二横十二环”，贯穿山西南北向，横越山西东西向，主要为Ⅳ区和Ⅲ区，因此本项目重点收集了Ⅲ、$Ⅳ_1$区域的Q_3黄土状粉土承载力和常规土工试验资料并对其进行了统计分析。Ⅲ区主要分布在运城盆地的万荣、临猗、闻喜，简称运城地区。$Ⅳ_1$区贯穿山西省的南北，从侯马、临汾经介休、太原、原平，到达大同及以北与河北的交界处，距离长，气候条件变化较大，导致土质变化也较为明显，前节的分析也发现数据离散性较大，在本项目研究中首次将覆盖了山西约70%以上面积的湿陷性黄土工程地质分区的$Ⅳ_1$区分为两个小区，即$Ⅳ_{1a}$区和$Ⅳ_{1b}$区。$Ⅳ_{1a}$区包括雁北地区及忻州大部分地区，$Ⅳ_{1b}$包括晋中地区与临汾地区。

山西各分区黄土的工程地质特征总结如下：

（1）Ⅲ区（运城地区）：该地区临近陕西关中，黄土层厚度一般在5～30m，湿陷性黄土厚一般为5～15m，湿陷等级一般为Ⅱ～Ⅲ级。自重湿陷性黄土层一般埋藏较深，湿陷发生迟缓。

（2）$Ⅳ_1$区（$Ⅳ_{1a}$、$Ⅳ_{1b}$）：该地区低阶地多属非自重湿陷性黄土，高阶地（包括山麓堆积）多属于自重湿陷性黄土，湿陷等级一般为Ⅱ～Ⅲ级。$Ⅳ_{1a}$区在山西的中北部，黄土层厚度一般在50m以内，湿陷性黄土厚度多为5～10m，黄土中含砂量较大。$Ⅳ_{1b}$区在山西的中南部，黄土层厚度在100m以内，高阶地土层厚度明显大于低阶地，湿陷性黄土层厚度多为5～10m，部分区域大于10m。在低阶地新近堆积黄土Q_4^2分布较普遍，土的结构松散，压缩性较高。

（3）$Ⅳ_2$区（晋东南地区）：该地区黄土层厚度在30～50m范围，湿陷性黄土层厚度不大于12m，湿陷等级一般为Ⅱ～Ⅲ级，存在自重湿陷性黄土。

（4）Ⅱ区（晋西地区）：该地区自重湿陷性黄土分布较为广泛，湿陷性黄土层厚度一般大于10m，湿陷等级一般为Ⅲ级，部分区域高于Ⅲ级。

（5）$Ⅶ_3$区（靠近内蒙古的边缘区）：一般为非自重湿陷性黄土，湿陷性黄土厚度一般在10m以内，湿陷等级一般为Ⅰ级。

山西各区域影响黄土承载力的主要物理指标的变化范围见表5-1。

山西地区影响黄土承载力的物理力学指标变化范围统计　　表5-1

物理指标	区域					
	Ⅱ	Ⅲ	$Ⅳ_{1a}$	$Ⅳ_{1b}$	$Ⅳ_2$	$Ⅶ_3$
含水率w(%)	9～24	12～28	11～21	6～19	18～23	6～19
液限w_L(%)	21～30	22～32	19～28	25～29	25～29	17～27
孔隙比e	0.8～1.0	0.94～1.05	0.58～0.85	0.95～1.21	0.85～1.02	0.70～0.87
湿陷系数δ_s	0.029～0.08	0.029～0.075	0.015～0.040	0.030～0.080	0.030～0.070	0.015～0.042

5.1.3 山西 Q_3 黄土状粉土承载力与物理指标关系回归分析

在上述山西黄土分区的基础上，对收集到的山西地区31份 Q_3 黄土状粉土资料以区为单位进行分析，统计结果见图5-5～图5-13。分析表明，分区统计时，黄土承载力与土的天然含水率、液限/孔隙比、饱和度相关性显著(除 $Ⅳ_{1b}$ 区外)，相关系数大于0.75，可以进行黄土地基承载力与以上土的物理指标的线性回归。

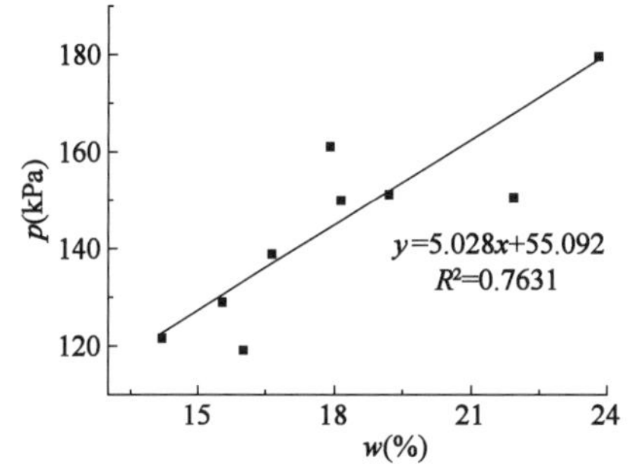

图5-5 山西Ⅲ区 Q_3 黄土状粉土天然含水率与承载力的关系

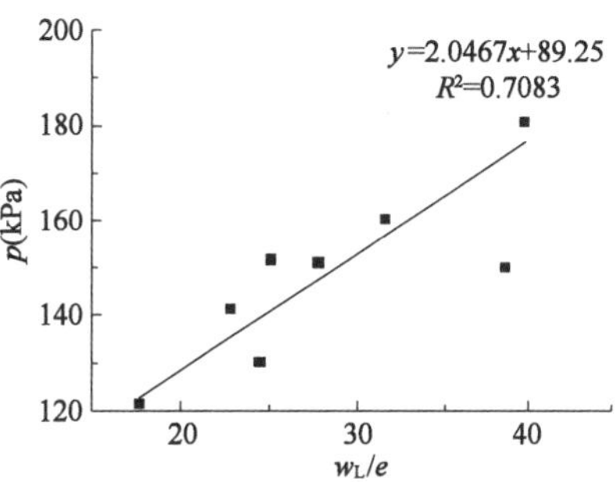

图5-6 山西Ⅲ区 Q_3 黄土状粉土液限/孔隙比和承载力的关系

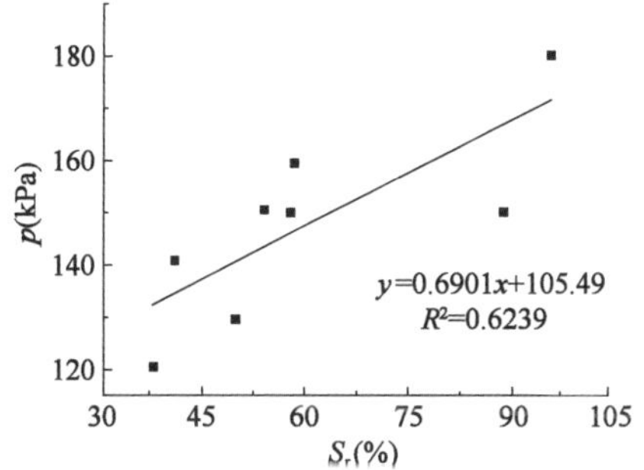

图5-7 山西Ⅲ区 Q_3 黄土状粉土饱和度和承载力的关系

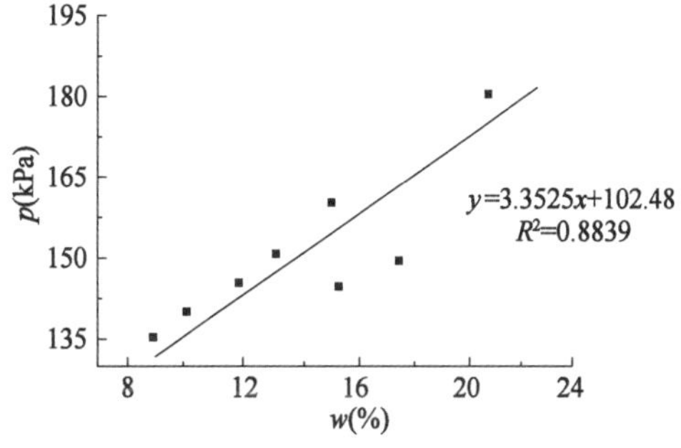

图5-8 山西 $Ⅳ_{1a}$ 区 Q_3 黄土状粉土天然含水率与承载力的关系

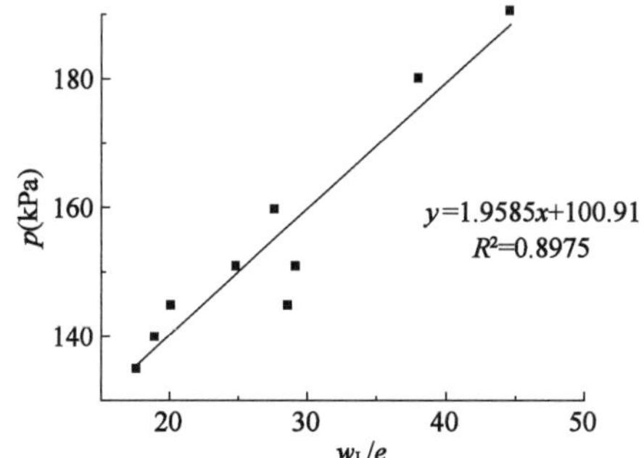

图5-9 山西 $Ⅳ_{1a}$ 区 Q_3 黄土状粉土液限/孔隙比和承载力的关系

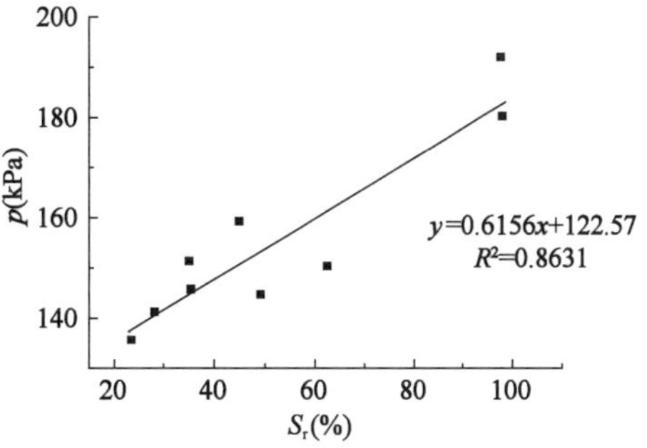

图5-10 山西 $Ⅳ_{1a}$ 区 Q_3 黄土状粉土饱和度和承载力的关系

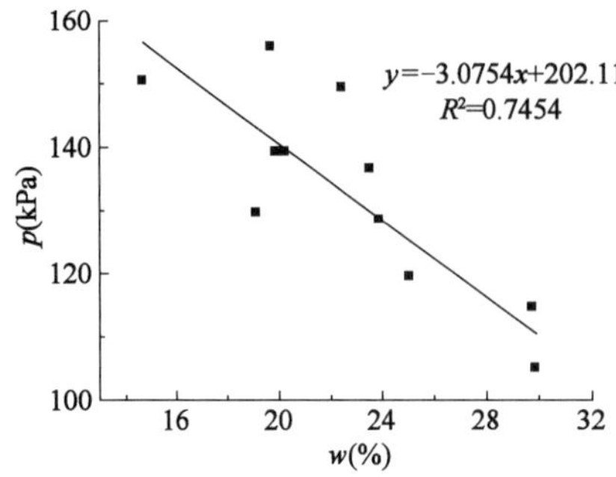

图 5-11 山西IV_{1b}区 Q_3 黄土状粉土天然含水率与承载力的关系

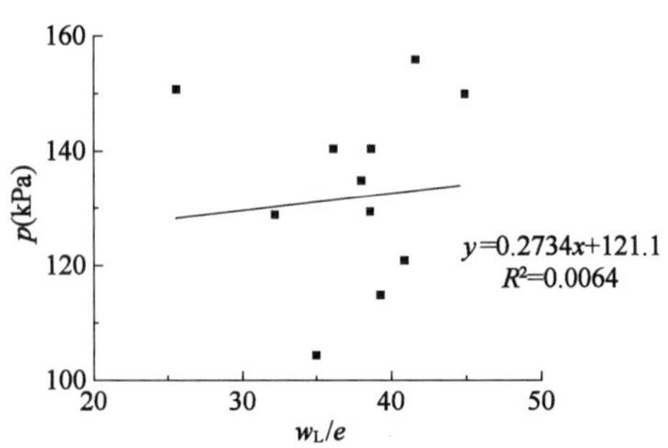

图 5-12 山西IV_{1b}地区 Q_3 黄土状粉土液限/孔隙比和承载力的关系

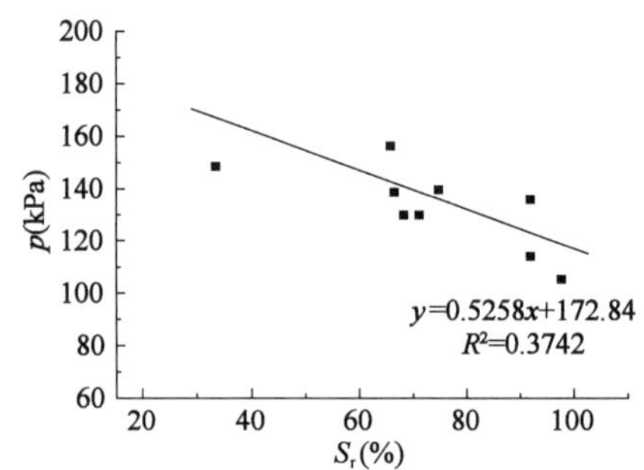

图 5-13 山西IV_{1b}区 Q_3 黄土状粉土饱和度和承载力的关系

本项目对山西 Q_3 黄土状粉土地基承载力与土的物理指标进行了分区多元线性回归，分区分别建立了山西 Q_3 黄土状粉土地基承载力与土的天然含水率、液限/天然孔隙比和饱和度、液限/天然孔隙比的多元线性回归统计关系式（表 5-2）。比较表 5-2 与图 5-5 ~ 图 5-13 可见，采用多因素线性相关统计的相关性明显高于单一因素线性相关统计，相关系数一般达到 0.8 以上，特别是对于IV_{1b}区，相关系数由单一因素线性统计时的 0.006 ~ 0.7454 提高到 0.74 ~ 0.9。

山西 Q_3 黄土状粉土地基承载力与土的物理指标的回归方程 表 5-2

分　区	线性回归方程	样　本　数	相关系数
Ⅲ	$f_{ak}=0.778\ w+1.528\ w_L/e+89.242$	9	0.82
	$f_{ak}=-0.094S_r+2.178\ w_L/e+90.946$		0.83
IV_{1a}	$f_{ak}=-6.503\ w+5.430\ w_L/e+105.823$	10	0.81
	$f_{ak}=0.159S_r+1.48\ w_L/e+105.713$		0.9
IV_{1b}	$f_{ak}=-3.603\ w+1.468\ w_L/e+159.792$	12	0.9
	$f_{ak}=-0.097S_r+2.656\ w_L/e+107.614$		0.74

注：f_{ak}-地基承载力特征值（kPa）；w-土的天然含水率（%）；w_L-土的液限（%）；e-土的天然孔隙比；S_r-土的饱和度（%）。

5.1.4 实测地基承载力与统计公式计算承载力对比

通过上述两种线性回归方程确定的地基承载力和规范查表确定的地基承载力，与现场原位荷载实测的地基承载力进行比较，三个分区的比较结果分别示于图 5-14 ~ 图 5-16。

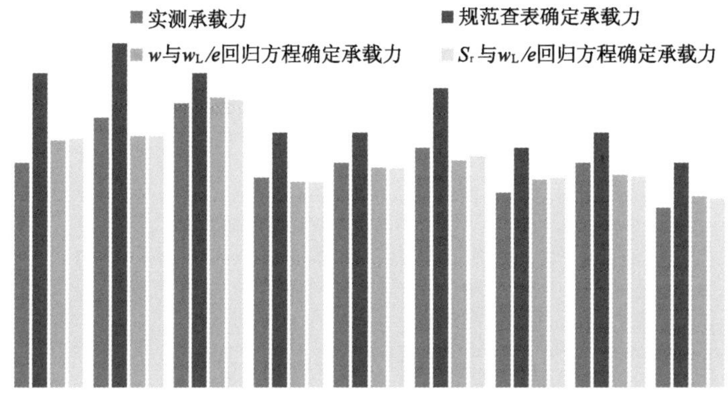

图 5-14 山西Ⅲ区 Q_3 黄土状粉土承载力对比图

图 5-14 为山西Ⅲ区 Q_3 黄土状粉土承载力计算值与实测值的对比。由图可见，规范查表确定的承载力明显大于实测的承载力，误差相对较大。而利用本项目提出的 w 与 w_L/e 确定的回归方程和 S_r 与 w_L/e 确定的回归方程计算确定的承载力与实测承载力基本吻合，相对误差小于 10%，两种回归方程均可以在工程中使用。本项目的 w 与 w_L/e 确定的回归方程虽然与规范中所用到的统计变量相同，但是计算结果比由原规范查表确定的承载力更符合实测值，误差较小。

图 5-15 为山西Ⅳ$_{1a}$区黄土状粉土承载力计算值与实测值的对比。图 5-15 显示按规范查表确定的黄土状粉土的地基承载力明显大于实测的地基承载力，误差较大。而利用本项目提出的 w 与 w_L/e 多元回归方程和 S_r 与 w_L/e 多元回归方程与实测承载力基本吻合，相对误差小于 10%。由表 5-2 中列出的相关系数来考虑，S_r 与 w_L/e 多元回归的相关性好于 w 与 w_L/e 多元回归的相关性，因此建议对于山西Ⅳ$_{1a}$区黄土状粉土承载力用 S_r 与 w_L/e 确定的回归方程确定。同样，本项目的 w 与 w_L/e 确定的回归方程虽然与规范中所用到的统计变量相同，但是计算结果比由原规范查表确定的承载力更符合实测值，误差较小。

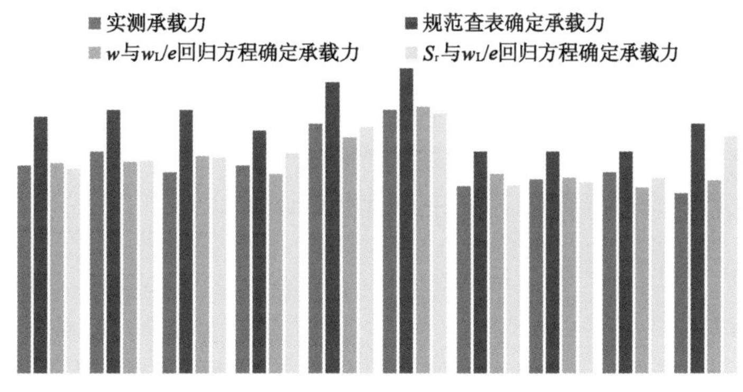

图 5-15 山西Ⅳ$_{1a}$区 Q_3 黄土状粉土承载力对比图

图 5-16 为山西Ⅳ$_{1b}$区黄土状粉土承载力计算值与实测值的对比。同Ⅲ和Ⅵ$_{1a}$区相同，按规范查表确定的黄土状粉土的地基承载力明显大于实测的地基承载力，相对误差较大。而

利用本项目提出的w与w_L/e多元回归方程和S_r与w_L/e多元回归方程与实测承载力基本吻合。由表5-2中列出的相关系数来考虑,w与w_L/e多元回归的相关性好于S_r与w_L/e多元回归的相关性,因此建议对于山西Ⅳ$_{1b}$区黄土状粉土承载力用w与w_L/e确定的回归方程确定。同样,本项目的w与w_L/e确定的回归方程虽然与规范中所用到的统计变量相同,但是计算结果比由原规范查表确定的承载力更符合实测值,误差较小。

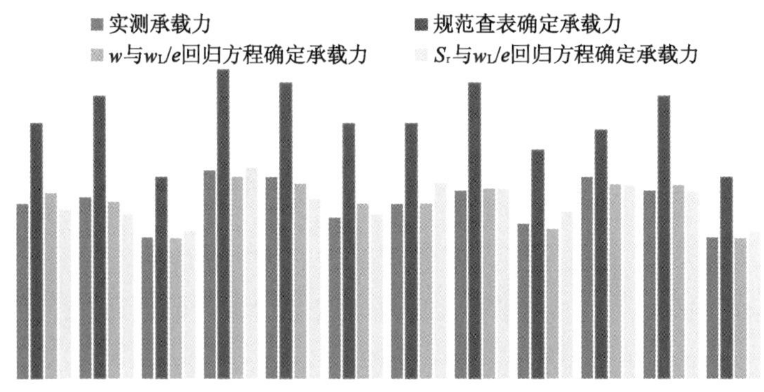

图5-16　山西Ⅳ$_{1b}$区Q_3黄土状粉土承载力对比图

在Ⅲ、Ⅳ$_{1a}$、Ⅳ$_{1b}$三个区各选择两个地段,分别用本项目提出的黄土状粉土承载力计算公式计算确定承载力和原位荷载试验实测承载力,表5-3给出计算值与实测值的对比,相对误差均在10%以内。

计算承载力与实测承载力对比　　表5-3

分区	天然含水率 w(%)	孔隙比 e	液限 w_L	饱和度 S_r(%)	实测承载力 f_{ak}(kPa)	w与w_L/e确定 f_{ak}(kPa)	相对误差(%)	S_r与w_L/e确定 f_{ak}(kPa)	相对误差(%)
Ⅲ	19.2	1.020	28.5	59.0	150	146.8	2.1	146.3	2.5
	23.7	0.693	27.3	96.0	180	167.9	6.7	167.7	7.4
Ⅳ$_{1a}$	16.0	0.873	24.9	49.0	145	156.6	8.0	155.7	7.4
	18.4	0.792	23.0	62.4	150	143.8	4.1	158.6	5.7
Ⅳ$_{1b}$	19.8	0.722	26.0	65.6	140	141.3	0.9	141.1	0.8
	29.5	0.829	32.5	92.1	115	111.0	3.5	124.5	7.8

5.2　黄土的压实特性研究

尽管绝大多数工程土体材料其压实性能都表现为在一定的含水率下才能击实到最大干密度,即它们的击实曲线表现出相似的性质,但不同类别的土体在一定的击实能下得到的最大干密度和最优含水率差别还是很大,加之土体的非匀质和各向异性等特点,对不同类型土体或物理性质指标稍有差异的同一类型土体的压实特性进行分类研究仍然很重要。因此,本章对山西吕梁和山西太原两地黄土开展室内击实试验,分析不同初始含水率和击实能下试样击实曲线,讨论压实度作为评判回填地基或路基压实施工质量唯一重要指标的不合理之处,探讨空气体积率作为黄土压实质量控制的附加指标的科学性和合理性,最终形成合理的指导性意见,以更好地服务工程实践。

5.2.1 试验用土的基本物理性质指标

击实土样分别取自山西省吕梁某回填工程场地和山西省太原东山某工程场地,为表述方便,分别将这两种不同的土样命名为 TYLL 和 TYZY。为保证土样物理性质的均匀性,将试样取回后在室内进行过筛、碾压再过筛,并充分拌匀,平铺使其自然风干。两试样的物理性质指标见表 5-4。

试验土样的基本物理性质指标　　表 5-4

土样编号	颗粒组成(%)				相对密度	液限 w_L(%)	塑限 w_P(%)	塑性指数 I_P
	0.25 ~ 0.075mm	0.075 ~ 0.05mm	0.05 ~ 0.005mm	<0.005mm				
TYLL	1.3	19	63.2	16.5	2.70 ~ 2.71	16.1	26.0	9.9
TYZY	2.8	18.2	62.3	16.7	2.7	17	26.1	9.1

从表中数据看到,两种土样的颗粒组成、相对密度和塑限大致相同,液限和塑性指数稍有差异,但两种土样的塑性指数均未超过 10 且粒径小于 0.005mm 的颗粒含量均超过了总质量的 10%,二者均属于粉质黄土。

5.2.2 室内击实试验原理

室内击实试验是确定土体最大干密度和最优含水率较为简便快捷的一种手段。通过模拟施工现场的压实条件,用一定重量的击实锤对击实筒内松散土体进行击实,从而使土体密实度提高。击实试验的目的就是测定试样在一定击实次数下含水率和干密度之间的关系,从而确定该土体试样的最大干密度和最优含水率,为施工中控制填土的压实质量提供设计依据。

(1)试验仪器

室内击实试验分标准轻型击实试验和标准重型击实试验两种,本书中涉及的击实试验均采用符合国家标准的 DJS-3 手动击实仪,轻型击实仪和重型击实仪的各参数见表 5-5。

击实试验有关参数规格　　表 5-5

结构形式	试验方法	锤底直径(mm)	锤重(kg)	落高(mm)	击实筒			击实层数	导筒高度(mm)	击实次数	击实能(kJ/m^3)
					内径(mm)	筒高(mm)	容积(cm^3)				
手提击实	轻型	51	2.5	305	102	116	947.4	3	50	25	592.2
	重型	51	4.5	457	152	116	2013.9	3	50	94	2684.9

(2)试验过程和要点

对两种试验土样分别采取了 3 ~ 4 种不同的击实能进行击实试验,分别测定它们在不同击实能条件下的击实曲线。除了标准轻型击实和标准重型击实外,还分别采用了击实能介于二者之间的 1208.2 kJ/m^3 和 2013.7 kJ/m^3 两种击实能。其中标准轻型击实试验和标准重型击实试验的有关试验参数参照《土工试验方法标准》(GB/T 50123—1999)确定(表 5-5)。另外,两种击实能则通过改变标准重型击实中的击实次数来实现。击实次数和

击实能 E 的关系见下式：

$$E = \frac{WdNn}{V} \times 9.807 \tag{5-1}$$

式中：W——锤重(kg)；

d——锤落距(mm)；

N——每层土击实次数；

n——击实层数；

V——击实筒体积(cm^3)。

确定击实层数和击实次数后，按照如下步骤对不同预配含水率下的土样进行击实：

①将一定量的代表性风干土样过筛拌匀，测定风干含水率。(其中对不同标准的击实试验所取代表性土样和过筛直径不同，具体要求按照土工试验方法标准的有关规定进行)。

②根据试验用土的塑限预估最优含水率，并制备5个不同含水率的试样，其中一个含水率接近塑限，两个大于塑限，两个小于塑限，相邻含水率的差一般为2%；随着击实能增大，预估的最优含水率要相应减小。按照下式计算各预估含水率试样所需的加水量：

$$m_w = \frac{m_0}{1 + 0.01w_0} \times 0.01(w - w_0) \tag{5-2}$$

式中：m_w——所需加水量(g)；

w_0——风干含水率(%)；

m_0——风干土的质量(g)；

w——要求达到的含水率(%)。

③按预定含水率对试样喷洒所需加水量，充分搅拌密封后静置24h，使水分均匀分布。

④将击实仪放在平稳坚实的地面，连接击实筒和底座，安装护筒并在击实筒内壁均匀涂抹一层凡士林。将土样分3层倒入击实筒内，按照相应的击实次数进行击实，其中轻型击实每层土料质量宜为400～600g，每层25击；击实能为1208.2kJ/m^3 的试样每层土料600～800g，每层42击；击实能为2013.7kJ/m^3 的试样每层土料800～1000g，每层70击；重型击实每层土料1000～1100g，每层94击。此外，应注意对两层交界处土面进行刨毛，击实时应尽量使锤自由铅垂落下，击实点要均匀分布于土面，击实后超出击实筒顶部的试样高度不应超过6mm。

⑤卸下护筒和底板，用直刀修平击实筒顶部和底部的试样，秤取击实筒和击实试样的总质量，精确至1g。将试样用推土器推出后，取2个代表性试样测定击实试样的含水率，且二者的差值不能超过1%。

⑥在一定的击实能下，依次对5个不同含水率的试样进行击实，按照下式计算击实试样的干密度：

$$\rho_d = \frac{\rho_0}{1 + 0.01w_i} \tag{5-3}$$

式中：w_i——步骤(5)中测得的击实试样的含水率(%)。

5.2.3 试验结果分析

土样的击实试验结果整理见表 5-6,击实曲线见图 5-17、图 5-18。

各击实能下试样的击实试验结果　　表 5-6

试样名称	击实能(击实层数×次数)(kJ/m³)							
	592.2(3×25)		1208.2(3×42)		2013.7(3×70)		2684.9(3×94)	
	含水率(%)	干密度(g/cm³)	含水率(%)	干密度(g/cm³)	含水率(%)	干密度(g/cm³)	含水率(%)	干密度(g/cm³)
TYLL	11.4	1.68	9.8	1.77	—	—	8.7	1.89
	13.3	1.74	11.5	1.82	—	—	11.4	1.95
	15.8	1.78	13.4	1.87	—	—	13.3	1.94
	17.2	1.77	15.1	1.83	—	—	15.3	1.85
	19.3	1.72	17.2	1.78	—	—	17.2	1.79
TYZY	14.6	1.4	8.6	1.59	8.3	1.6	9.2	1.72
	15.6	1.47	9.9	1.62	10.6	1.7	11.7	1.86
	17	1.59	13.2	1.73	13.2	1.77	13.7	1.82
	19.5	1.56	14.8	1.74	16.3	1.73	16.2	1.73
	21	1.49	16.4	1.73	20.1	1.54	17.5	1.63
	24	1.39	19.3	1.6	—	—	—	—

室内击实试验测定了击实能一定时含水率和干密度的关系,根据这一关系绘制出的曲线就是击实曲线。图 5-17 和图 5-18 表明,不同的击实能作用下,压实黄土的干密度均是随含水率先增大后减小,击实曲线均呈现出"单驼峰形"的特点。

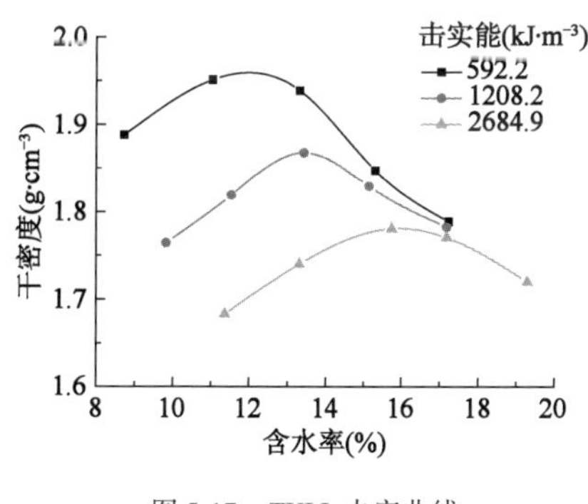

图 5-17　TYLL 击实曲线

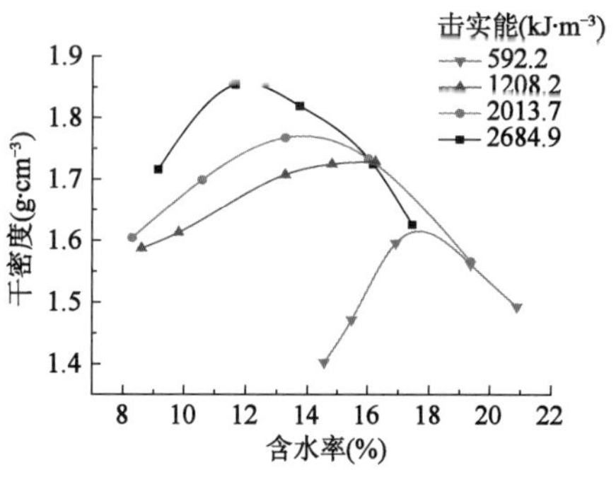

图 5-18　TYZY 击实曲线

(1)最大干密度和最优含水率的确定

在试验采用的含水率范围内,黄土的击实曲线存在唯一的峰值点,其峰值点对应的干密度和含水率即相应击实能下压实黄土的最大干密度 ρ_{dmax} 和最优含水率 w_{op}。通过室内击实试验确定的最大干密度和最优含水率是施工时控制填土密度的重要依据,目前实际工程中处理击实试验结果方式有两种:图解法和理论计算法。利用坐标纸在击实曲线上查找峰值点对应的坐标这种方法简便易行,但人为误差较大。理论计算方法主要有一点法、最小二乘原理拟合法、切比雪夫原理拟合法和三点数值解法。采用拟合二次抛物线的方法对表5-7中两种试样在各不同击实能下的击实结果进行处理,求得相应击实能下的最大干密度和最优含水率。

击实结果的二次多项式拟合 表5-7

土样名称	击实能 (kJ/m³)	拟合曲线方程	相关系数 R^2	干密度极值 (g/cm³)	极值干密度对应的含水率 (%)
TYLL	592.2	$\rho_d = -0.0049w^2 + 0.1559w + 0.538$	0.9954	1.78	15.9%
	1208.2	$\rho_d = -0.006w^2 + 0.1632w + 0.7447$	0.9818	1.85	13.6%
	2684.9	$\rho_d = -0.0054w^2 + 0.1256w + 1.2119$	0.9702	1.94	12.56%
TYZY	592.2	$\rho_d = -0.0076w^2 + 0.29w - 1.2035$	0.8159	1.54	19.1%
	1208.2	$\rho_d = -0.005w^2 + 0.1433w + 0.711$	0.9565	1.74	14.3%
	2013.7	$\rho_d = -0.0059w^2 + 0.1626w + 0.645$	0.9969	1.77	13.78%
	2684.9	$\rho_d = -0.01w^2 + 0.2526w + 0.2455$	0.9752	1.84	12.63%

利用击实曲线的单峰形式与二次抛物线形的相似性,将各试样的击实结果在excel中进行二次多项式拟合,将干密度和含水率的关系表示为二次多项式,对二次多项式求导并求解使其为零的含水率的解,将该含水率值回代到二次多项式表达式中求得的干密度即干密度极值,也就是利用拟合二次多项式求解得到的最大干密度。拟合曲线方程和相关系数见表5-8。

取3点重新进行的二次多项式拟合 表5-8

土样名称	击实能 (kJ/m³)	拟合曲线方程	相关系数 R^2	干密度极值 (g/cm³)	极值干密度对应的含水率 (%)
TYLL	592.2	$\rho_d = -0.0059w^2 + 0.1887w + 0.2802$	1	1.79	16%
	1208.2	$\rho_d = -0.0138w^2 + 0.3711w - 0.6163$	1	1.88	13.45%
	2684.9	$\rho_d = -0.0066w^2 + 0.1564w + 1.0299$	1	1.96	11.85%
TYZY	592.2	$\rho_d = -0.023w^2 + 0.8356w - 5.9677$	1	1.63	18.17%
	1208.2	$\rho_d = -0.0059w^2 + 0.1766w + 0.4003$	1	1.73	15%
	2013.7	$\rho_d = -0.0059w^2 + 0.1626w + 0.645$	1	1.77	13.8%
	2684.9	$\rho_d = -0.0168w^2 + 0.4075w - 0.6038$	1	1.87	12.1%

结合表5-7和表5-8的数据分析可知,采用二次多项式拟合的方法相关系数还是比较高的,最小的相关系数也达到了0.8159,但是由于拟合是对所有5个含水率和干密度的点进行的,由拟合曲线方程计算得到的干密度极值一般都小于实际测得的5个值中的最大值,拟合失去实际意义。因此,尝试对击实试验测得的5个点中的3个点(取试验测定的最大值点和位于最大值左、右两侧和最大值相邻的两个点)重新进行二次多项式拟合,并计算干密度极值和对应的最优含水率,计算结果见表5-9。因为重新拟合时选取3个点,二次多项式拟合时的相关系数均为1,但是根据重新拟合的二次曲线进行计算的干密

度的极值均比表5-9中计算的干密度极值大,而且计算得到的绝大多数干密度极值也大于室内击实试验实际测得的干密度的最大值,对压实时进行质量控制是偏于保守的。综上所述,采用3个点进行二次多项式拟合的方法确定相应击实能下的最大干密度和最优含水率是可行的。

不同击实能和含水率下试样的干密度　表5-9

试样名称	含水率(%)	击实能(kJ/m^3)				
		592.2	802.5	1208.2	2013.7	2684.9
TYLL	11.5	1.68	—	1.82	1.89	1.95
	13.5	1.74	—	1.87	1.88	1.94
	15.5	1.78	—	1.83	1.8	1.85
TYZY	9	1.37	—	1.6	1.63	1.72
	11	1.38	—	1.68	1.71	1.81
	13	1.39	1.69	1.73	1.77	1.84
	15	1.6	1.7	1.74	1.76	1.78
	17	1.59	1.69	1.7	1.7	1.65
	19	1.57	1.65	1.6	1.6	—

这种利用3个点对击实结果进行二次多项式拟合的方法其实和三点二次抛物线插值法本质相同,只是利用excel进行二次多项式曲线拟合可以直接得到拟合方程和相关系数,无须进行复杂的计算,更为准确、快捷。但需要注意的是,虽然重新拟合时,只选取了3个点,但这并不意味着击实试验时同一击实能下只需预估3个不同的含水率就够了。试验时最优含水率只是预估的,结果是否和预估一致是未知的,也就是说三点二次抛物线插值法应建立在所选取的插值节点确实是该组试验数据中干密度值最大的点基础之上,若击实试验并未得到峰值,应补做试验,因此一般还是选取至少5个不同的预估含水率进行击实试验。另外,二次多项式拟合曲线并不能完全正确地描述击实曲线,尤其是当击实含水率跨度较大时。郭光辉对细粒土进行击实含水率从零到趋于饱和的击实试验,得到的细粒土的全压实曲线与二次抛物线存在较大差别,因此拟合多项式并不能表征全部试验条件下土体的压实特征。

选取表5-9中的干密度极值和相应的含水率作为该试样在一定击实能条件下的最大干密度和最优含水率。此外,为研究一定初始含水率和击实能下压实黄土试样的强度变形特性,确定对试样TYLL进行含水率为11.5%、13.5%和15.5%,各含水率下分别进行击实能为592.2kJ/m^3、1208.2kJ/m^3、2013.7kJ/m^3和2684.9kJ/m^3的击实试验;对试样TYZY进行含水率为9%、11%、13%、15%、17%、19%(个别试样含水率为21%),击实能为592.2kJ/m^3、1208.2kJ/m^3、2013.7kJ/m^3和2684.9kJ/m^3(个别试样还在此基础上增加了802.5kJ/m^3击实能)的击实试验。各试样的击实结果见表5-9。需要说明的是,表5-9中的含水率数值只是设计值,试验过程中在对试样进行预设含水率的配置时,很难使含水率的实测值和设计值完全吻合,为满足试验精度的要求,对含水率实测值的误差控制在不超过设计值的±0.3%范围内。对实测含水率和设计含水率的差值超过此误差的试样,其干密度值由表5-9的拟合曲线方程计算得出。

(2)各击实能下的最优含水率和最大干密度

图5-19～图5-22为两种试样在不同击实能下的最优含水率和最大干密度随击实能变化的关系曲线。

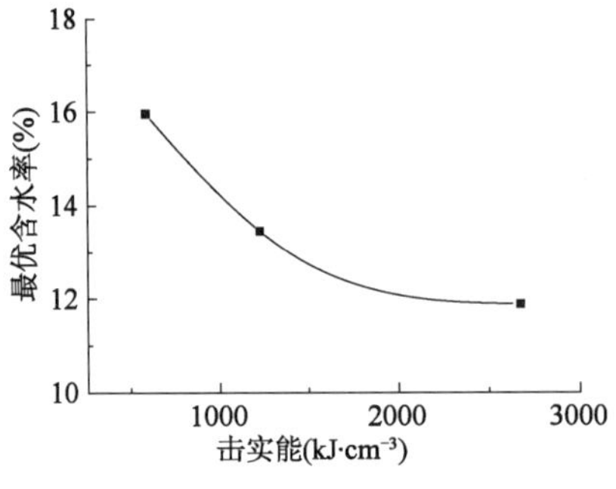

图5-19　TYLL最优含水率随击实能关系曲线

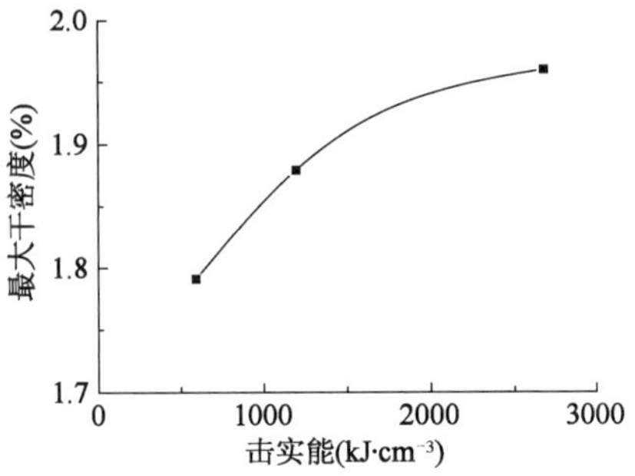

图5-20　TYLL最大干密度随击实能关系曲线

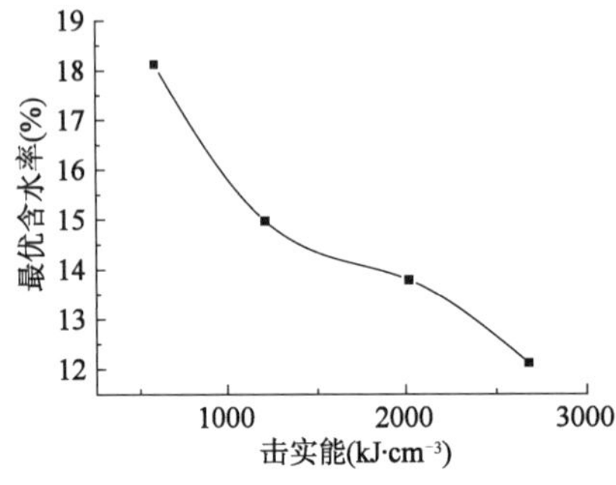

图5-21　TYZY最优含水率随击实能关系曲线

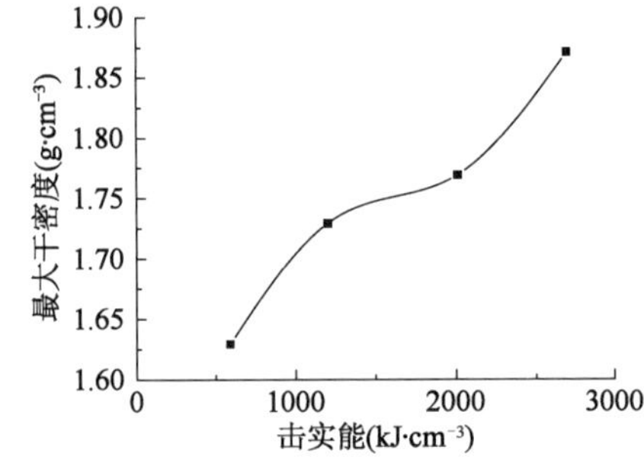

图5-22　TYZY最大干密度随击实能关系曲线

分析图5-19～图5-22可知,压实黄土的最优含水率随相应的击实能增大而减小,最大干密度则随击实能增大而增大。可见增加击实能使得土体能克服较大的粒间阻力,从而使其干密度增加,而最优含水率减小。但干密度的增加并不会随击实能增大无限增大,在击实能增大到一定程度后,干密度变化幅度逐渐趋缓。Blotz在1998年应用最小二乘法拟合得到的压实能和最大干密度的关系也是如此,很多研究资料也表明土体干密度并不随击实能增加无限增大。

图5-23和图5-24是初始含水率相同的试样在不同击实能下击实后干密度值随击实能的变化关系曲线。该组曲线表明:干密度随击实能增大而增大,但是增大幅度先陡后缓。这体现了当击实能较小时,干密度随击实能增加较快;但随击实能增加干密度并不呈线性增长,随击实能增加干密度增加逐渐缓慢。当土体含水率较大时,压实黄土的干密度甚至随击实能增加而减小,结合击实试验得到的不同击实能下的最优含水率和最大干密度分析可知,高含水率对应的是小击实能的最优含水率,可见只要在击实时能确保土体的含水率接近该击实能的最优含水率,较小的击实能反而可获得更大的干密度,而此时若不经分析地一味增加击实能,并不能增大压实黄土的密实度,只能造成能量的无谓浪费。进一步分析原因可知,对于含水率大的土样,由于足够的水分润滑使土颗粒间相互作用力减小,土粒间彼此容易移动,因此在初期较小击实能作用下干密度有所增加。但随击实能增加,含水率大的土样中空气所占体积逐渐减小,且由于击实能是瞬间作用于土体上,如果土样中水分不易排出,

则增加的击实能将多数消耗在孔隙水上,此时增大击实能并不能有效提高土体的干密度。此外,这两组曲线还表现出另外一个同样的特征就是当含水率较小时干密度随击实能变化曲线要比含水率大时的曲线更陡峭。表明压实土体含水率越大,采取增大击实能的办法提高压实土体干密度所能取得的效果越不明显,也就是意味着土体含水率较高时将引起压实能耗的增大。

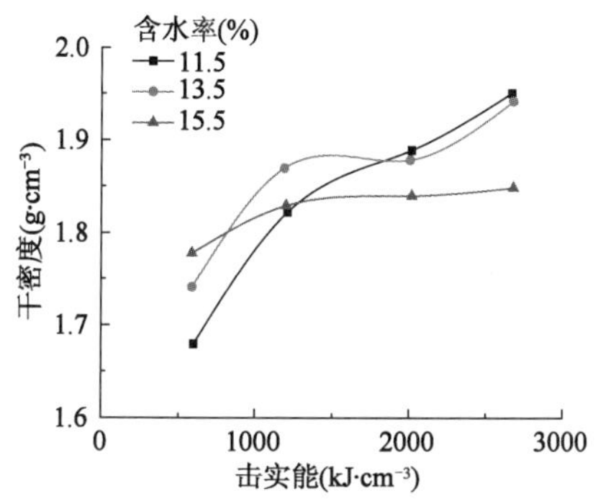

图 5-23 TYLL 干密度与击实能关系曲线

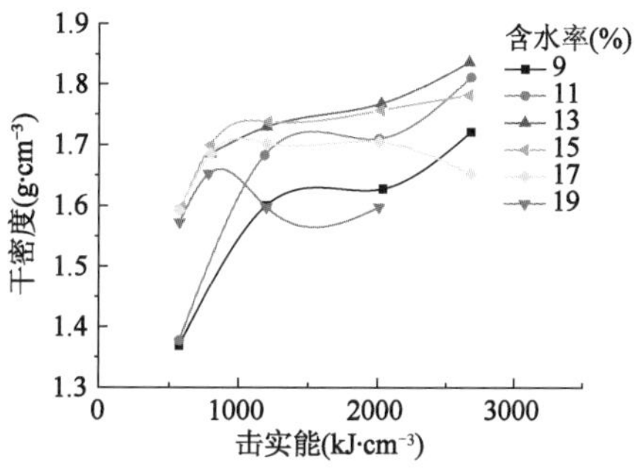

图 5-24 TYZY 干密度与击实能关系曲线

由以上分析可见,在黄土地基或路基压实施工中,在满足强度和稳定性设计要求下,存在合理、适度的压实能,在下面的内容中也会就合理压实和压实能耗问题进行讨论。对于含水率较高的土体,若想通过增加压实能获得更大的密实度或压实质量,则需要同时提高填土路基或地基的透气性和透水性。

(3)最优含水率和最大干密度与击实能的关系

既有研究结果表明,击实能和最大干重度以及最优含水率之间存在如下函数关系:

$$\begin{cases} \dfrac{E}{E_k} = \exp\left(\dfrac{\gamma_{dmax,E} - \gamma_{dmax,k}}{2.27\log w_L - 0.94}\right) \\ \dfrac{E}{E_k} = \exp\left(\dfrac{w_{opt,E} - w_{opt,k}}{12.39 - 12.21\log w_L}\right) \end{cases} \tag{5-4}$$

式中:E_k,$w_{opt,k}$,$\gamma_{dmax,k}$——某一已知击实曲线上的击实能(kJ/m^3)、最优含水率(%)和最大干重度(kN/m^3);

w_L——土的液限(%);

$w_{opt,E}$,$\gamma_{dmax,E}$——对应击实能 E(kJ/m^3)的最优含水率(%)和最大干重度(kN/m^3)。

式(5-4)反映了与液限相关条件下击实能和最大干重度以及最优含水率的关系,表明击实能随最大干重度的增大和最优含水率的降低呈指数关系变化。从试验结果得到的图 5-19 ~ 图5-22 来看,击实能和最大干密度及最优含水率的关系与上式表述的关系基本符合。通过对图 5-19 ~ 图 5-22 中的曲线进行幂函数拟合,将最优含水率与击实能的关系和最大干密度与击实能的关系表示为乘幂关系($y = ax^b$),拟合曲线方程和相关系数列于表 5-10 中,从相关系数来看,通过幂函数表示最优含水率和最大干密度与击实能的关系与实际结果接近,拟合良好。

幂函数表示的最优含水率和最大干密度与击实能的关系　　表 5-10

因 变 量	试 样 编 号	幂函数拟合曲线方程	相关系数 R^2
最优含水率 w_{op}(%)	TYLL	$w_{op}=55.945E^{-0.1978}$	0.985
	TYZY	$w_{op}=92.1E^{-0.2541}$	0.9781
最大干密度 ρ_{dmax}(g/cm³)	TYLL	$\rho_{dmax}=1.2241E^{-0.0599}$	0.9937
	TYZY	$\rho_{dmax}=0.954E^{-0.0836}$	0.9487

5.2.4　土体压实效果的评判指标

上节内容中强调了室内击实试验确定压实土体最大干密度和最优含水率的重要性。对于实际公路、道路、机场跑道、回填地基等填土工程建设而言，压实过程是最为重要的工艺过程。填土压实质量的好坏直接影响到回填地基或路基的工程质量，更是引起上部结构主体产生不均匀变形、沉降甚至破坏的直接原因。因此填土的压实也一直是工程界非常重视的问题之一。目前压实规范对填土压实质量的检验和控制通常采用的指标是压实系数(压实度)和施工时的含水率。以公路路基施工为例，表 5-11 是我国分别在 1995 年颁布的《公路路基施工技术规范》(JTJ 033—1995)和 2004 年颁布的《公路路基设计规范》(JTG D30—2004)中关于高速公路和一级公路填方时基于重型击实试验的压实度标准值。

规范中对压实度标准的规定　　表 5-11

填 挖 类 型	路面地面以下深度(m)	基于重型击实试验的压实度标准值(%) 规范标准	
		JTJ 033—1995	JTG D30—2004
填方	0～0.8	≥95	≥96
	0.8～1.5	≥93	≥94
	>1.5	≥90	≥93

(1)压实度

压实度是指现场检测干密度与同种土室内标准击实试验所得最大干密度的比值，其数学表达式为：

$$K=\frac{\rho_d}{\rho_{dmax}}\times 100 \tag{5-5}$$

式中：K——压实度(%)；

ρ_d——控制干密度(g/cm³)；

ρ_{dmax}——土样最大干密度(g/cm³)。

压实度值在一定程度上反映了填土压实后的工程性质，因此在对填土压实施工质量进行检测时，通常认为压实度大于设计标准方可满足工程要求。对于填方工程中的诸多病害问题以及尽管压实度达到设计标准但仍然出现的压实填土强度低、压缩变形大，从而导致过大的工后沉降等问题，首要措施就是提高压实度的设计标准值，以期达到提高填土压实质量的目的。例如在表 5-11 中，我国交通运输部就在原有规范的基础上将上、下路堤的压实度最小标准分别提高了 1% 和 3%，以保证公路建设质量，减少路堤病害。但是，若只是盲目地以追求过高的压实度为目的而忽视压实土体本身的工程力学性质,可能会造成能耗的大幅增加和施工难度加大等问题,甚至会对压实填土的工程质量产生负面作用。Head 早在 1980 年就曾提出了适当压实土的概念,他在相关的研究中表明土体压实时,不过分压实和适当压实同样重要,特别是对于细粒土,过度压实将使土体易于吸水膨胀,造成强度降低,更加容易失稳破坏。因此,压实度标准的提高究竟对压实后土体的工程性质改善情况如何以及单纯地通过提高压实度指标设计标准来控制和检测填土压实质量是否合理,是有待深入讨论的问题。

(2)压实度超百现象

在实际工程质量检测工作中,常出现 K 值大于 100% 的情况,习惯上称为压实度超百现象。压实度超百有时并非是压实质量过优的表现,工程中常出现由压实度超百而造成对填土压实质量合格的误判,造成工程隐患。导致压实度超百现象的原因有很多,其中主要的原因包括:采用的最大干密度不能真正代表施工路段的最大干密度、采用了压实功大于室内击实试验击实能的重型压实机械,施工现场土料的不均匀性等。结合室内击实试验进行分析,认为压实度计算时所采用的最大干密度是否能真正代表施工时压实填土的最大干密度,是造成压实度超百现象的主要原因之一。图 5-24 和图 5-25 中的击实曲线表明不同击实能下的土样最大干密度不同。以试样 TYLL 为例,若采用的最大干密度值为轻型标准击实得到的,其值为 1.79g/cm^3,而实际施工中采用的压实能如果大于轻型击实能,例如以室内试验中选取的另外两种击实能为例,则理论上施工时最大干密度可达到 1.88g/cm^3 和 1.96g/cm^3(分别是试样 TYLL 在击实能为 2013.7kJ/m^3 和 2684.9kJ/m^3 时对应的最大干密度),则计算得到的压实度值最大可分别达到 105% 和 109.5%。虽然这样的举例存在夸张性,但实际施工时由于碾压机械、碾压遍数等影响,现场压实能量不易确定,室内击实试验采用的击实能和现场压实时的压实能量不一致导致的压实度超百现象确实是存在的。

上述分析表明,压实度的定义是相对于某一标准击实能而言的。我国自 1982 年确定开始在高等级公路中使用重型压实标准代替原来的轻型压实标准,有效防止了压实度超百假象,更好地控制了路基填土的施工质量,但目前我国现行地基基础等有关规范中尚未明确规定不同填土类别、结构类型和建筑物等级所使用的击实标准,以及所要求压实度对应的击实标准,从而造成实际填土质量检验中难以确定击实标准,导致测定的压实度与要求的压实度值不符,在判定填土压实质量是否合格时出现偏差。

此外,室内击实试验和现场压实施工还存在许多差异。室内击实试验所用土料经过了风干、碾压、过筛、喷水、拌匀、闷置等一系列过程,所以土料的均匀性以及含水率的均匀性都较为理想。现场压实则不同,若完全按照要求将土料进行粉碎后再碾压会非常的耗时耗力,往往难以办到。因此现场压实时,常常存在一些大尺寸的土块也就是所谓的超尺寸颗粒。试验研究表明,这种超尺寸颗粒的含量对土体压实存在影响,当土料中超尺寸颗粒的含量不是太大时,土的最大干密度随超尺寸颗粒含量的增大而增大。因此,采用颗粒组成性质并不相同的土料分别进行室内击实试验和现场压实,却采用室内击实试验得到的最大干密度作为压实度控制指标,往往不能真实地反映实际情况,而是表现出填土压实度过大的问题。事实上,对于超尺寸颗粒含量的多少究竟对土体压实后强度和变形性质产生怎样的影响,并没有太多的研究资料可以参考。因此,由于超尺寸颗粒存在而造成的压实度过百,能否真正使压实土体达到应有的压实度标准,仍有待仔细考虑和研究。

综上所述,压实度超百现象的产生并非偶然,也可以采取一定的防治措施对其予以避免。但讨论压实度超百的真实目的,其实是表明应该关注检测填土压实质量时压实度的真实性,要时刻提防填土压实过程中压实度是否真正代表了填土的压实质量。

(3)合理的压实度与压实能耗问题

填土压实施工中,常采用提高压实能的办法来实现增大压实土体密实度、提高压实度的目的。但若一味地通过提高压实能来提高填土压实质量,必然造成施工成本的增加和施工难度的加大,事倍功半,甚至影响施工进度。1987 年水利水电部制定土工试验规程时曾对不同能量的击实仪击实相同土样后的压实度进行比较,表明击实能的增量和压实度的增量相差较大,击实能增加 43%,压实度只提高 2%。庄艳峰、王钊(2005)也曾举例指出,在山西省侯马—运城高速公路的路堤强夯施工时,将压实度从 90% 提高到 93%,需要增加一倍的击实能。庄艳峰等认为实现过大的压实度是建立在进一步增加土体压缩变形基础之上的,但使土体从密实状态进一步压缩,压实能将大幅度增加。他们在假设土体压缩变形与压力呈线性关系的前提下得到了压实能耗与干密度的关系,并在此基础上,得到了基于 e-log$p$ 曲线的土体压实能耗方程。表明即使是假设线性应变的前提下,压实能耗也将随干密度增大增加得越来越快,从而表明实际情况下随土体密实度增加,进一步压密越来越困难。因此,通过增大压实能以期获得更大的压实度是存在一个经济性问题的,合理的压实度要求将在保证安全性和经济性中起到至关重要的作用。

(4)压实度作为压实质量控制指标的讨论

压实度是检验回填地基或路基施工质量的一个重要指标,因此压实度的准确性对填土压实质量的控制至关重要。但压实度受多种因素影响其自身准确性难以保证,将压实度作为唯一重要指标并不十分合理,只有通过对影响压实因素的研究确定相应指标并将其与压实度共同加以规定和控制,才能保证压实填土的施工质量,改善工程性能。

(5)压实度自身的不确定性

由压实度定义可知,室内标准击实试验得到的最大干密度是计算压实度的前提基础,现场检查干密度值则决定了压实度的大小。然而室内试验和现场试验的差别、最大干密度和现场检测干密度的准确性以及可比性都影响到压实度的准确性,因此压实度自身是存在不确定性的。

相关研究表明,击实试验结果的可重复性不好,即相同的试验操作人员对同一种土进行多次击实试验,得到的最大干密度和最优含水率的值有一定差别。因此,压实度计算中的室内标准击实试验所得的最大干密度是否能真正代表土体的最大干密度,是影响压实度准确性的一个重要因素。

另外,余土高度和超尺寸颗粒含量也对室内击实试验确定最大干密度有影响。张志权等(2004)通过试验研究表明,最大干密度随余土高度增加而减小,当余土高度在 -3 ~ 3mm 范围内变化时,干密度的变化不大。《土工试验方法标准》(GB/T 50123—2019)中对余土高度的控制要求是不超过 6mm,范围还是比较大的,因而对最大干密度的确定会产生影响。《公路土工试验规程》(JTG 3430—2020)则在击实试验中规定对重型击实试验时大于 40mm 的超尺寸颗粒含量达到 3% ~ 30% 时用大型试筒,说明了超尺寸颗粒含量对击实结果的影响。

此外,现场试验与室内试验存在的差别也是导致压实度准确性难以保证的另一方面。首先,压实土料自身就存在较大差异。室内标准击实试验在试样制备时土料经过风干、碾压、过筛、喷水、拌匀、闷置等多个步骤处理后表现出良好的均匀性,孔隙率也比较小,再加上扰动对胶结连接的破坏,击实后胶结连接将大大降低;现场压实时土样的颗粒组成和含水率难以保证均匀,尽管一些规范对填料的最大粒径有相关规定,对不符合规范要求的大块土颗粒要粉碎后再进行碾压,但实际施工时很难按照规范要求来做。日照、降雨等自然环境因素的影响也使得现场碾压时含水率难以控制在标准要求范围,这些不均匀性都将导致现场检测干密度出现偏差,从而影响压实度的准确性。此外,室内击实试验和现场试验侧限条件不同,压实方法和压实能量不同,这些都表明了压实度自身存在不确定性。

(6)压实度作为唯一重要指标的不合理性

除不确定性之外,因为压实度仅仅是指现场检测干密度和室内击实试验得到的最大干密度的比值,因此仅通过压实度无法反映含水率对压实填土的影响。图5-25所示击实曲线上,除最高点对应最大干密度和最优含水率外,其余干密度值均对应两个不同含水率w_A和w_B,分别位于最优含水率干、湿两侧,干密度值越小,w_A和w_B的差值将越大。那么,从理论上讲,现场压实时对分别位于最优含水率干侧或湿侧的土体进行压实都可能达到要求的压实度。但早期的试验研究和工程实际问题均表明含水率对黄土或压实黄土的工程性质而言,均是很重要的影响因素。那么压实黄土在最优含水率干、湿两侧时的工程性质有何差别?什么情况下的含水率对压实填土的水稳定性更有利呢?压实度并不能说明这些问题。此外,研究还表明,“对细粒含量较多的土,在道路使用期间路基可能浸水的情况下,不宜在含水率小的情况下压实”,而压实度指标同样是不能反映这一特点的。因此,若以压实度作为评判填土压实质量的唯一重要指标,并不是十分合理。

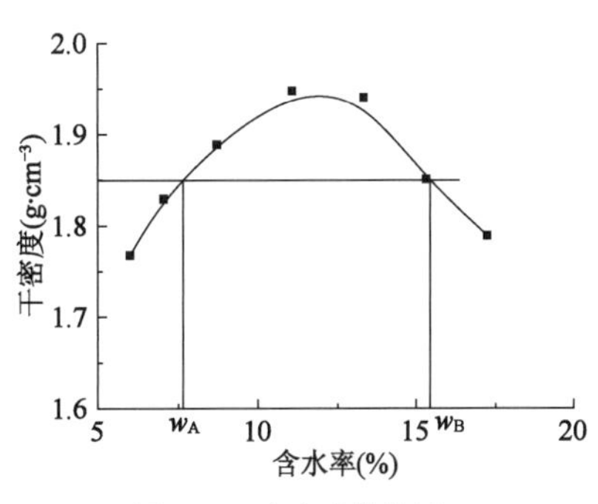

图5-25　击实曲线分析

此外,提高压实度是否一定可以减小压实土体的压缩性或提高其强度呢?若将提高压实度简单地理解为增大击实能,那么研究击实能增大时压实土体的强度和压缩性将说明提高压实度对增加压实土强度所做的贡献。以压缩性为例,反映的是压实黄土试样TYLL在各不同含水率下的压缩系数$\alpha_{1\text{-}2}$随击实能的变化关系。压实黄土的压缩系数并不一定随击实能增加而减小,可见提高压实度与减小压实黄土的压缩性之间并不存在绝对的关联性。进一步分析表明,不同含水率下的压实黄土土样,当击实能变化时,土样的压缩系数只有在最优含水率附近时为最小。可见,含水率对压实黄土土体的压实性能也是非常重要的。综上所述,将压实度指标作为控制填土压实质量的唯一重要指标显然存在一定的不合理性。

5.3　本章小结

本章通过对山西吕梁和山西太原两地黄土开展室内击实试验,分析不同初始含水率和击实能下试样击实曲线,结果表明:

(1)不同的击实能作用下,压实黄土的干密度均是随含水率先增大后减小,击实曲线均呈现出“单驼峰形”的特点。

(2)压实黄土的最优含水率随相应的击实能增大而减小,最大干密度则随击实能增大而增大。可见增加击实能使得土体能克服较大的粒间阻力,从而使其干密度增加而最优含水率减小。

(3)压实黄土的压缩系数并不一定随击实能增加而减小,可见提高压实度与减小压实黄土的压缩性之间并不存在绝对的关联性。

6 黄土路基变形特性数值模拟分析

6.1 路基评价数值计算原理

本章的数值模拟工作采用 PLAXIS 大型有限元软件,将试验路段断面按照平面应变问题来进行考虑,划分网格时采用 15 节点平面三角形单元,同时通过在不同材料的接触面上使用接触单元来考虑土工格栅、EPS、填土以及地基土等不同材料之间的摩擦作用。

(1)桥台及基础是混凝土材料,在计算时采用理想线弹性模型,这种模型以广义胡克定律为基础,它包括各向同性弹性模型、正交各向异性模型和各向异性模型。

该模型所采用的本构方程为:

$$\sigma = D^{\mathrm{el}} \varepsilon^{\mathrm{el}} \tag{6-1}$$

式中:σ——应力分量向量;

$\varepsilon^{\mathrm{el}}$——应变分量向量;

D^{el}——弹性矩阵。

在各种线弹性模型中,各向同性模型最为简单,其应力-应变关系式为:

$$\begin{bmatrix} 1/E & -\mu/E & -\mu/E & 0 & 0 & 0 \\ -\mu/E & 1/E & -\mu/E & 0 & 0 & 0 \\ -\mu/E & -\mu/E & 1/E & 0 & 0 & 0 \\ & & & 1/G & 0 & 0 \\ & \text{对称} & & & 1/G & 0 \\ & & & & & 1/G \end{bmatrix} \tag{6-2}$$

这种各向同性线弹性模型所用的模型参数包括以下三个:①杨氏模量 E;②泊松比 μ;③剪切模量为 G。这三者之间有如下关系:

$$G = \frac{E}{2(1+\mu)} \tag{6-3}$$

(2)作为散体材料的地基土和填土在本构模型的选取时均可采用理想弹塑性模型,由于这类材料具有抗压强度远大于抗拉强度的特点,并且这类材料在受剪时,一般情况下都会发生膨胀,故选择使用 Mohr-Coulomb 准则来进行描述。

①模型特性

a. 这类材料服从经典的 Mohr-Coulomb 屈服准则。

b. 这类材料所产生的硬化或软化是各向同性的。

c. 塑性流动势光滑,在子午面上的流动势形状为双曲线,在偏应力平面上则为分段的椭圆形。

d. 在弹性阶段为线弹性。

e.在岩土工程领域,简单荷载作用下土体等的力学性状可用其进行描述。

②屈服准则

Mohr-Coulomb 屈服准则中材料的剪切强度与作用在剪切面的正应力呈线性关系,作用在材料某一点的剪应力等于该点的抗剪强度时该点即发生破坏,Mohr-Coulomb 模型屈服准则如图 6-1 所示。

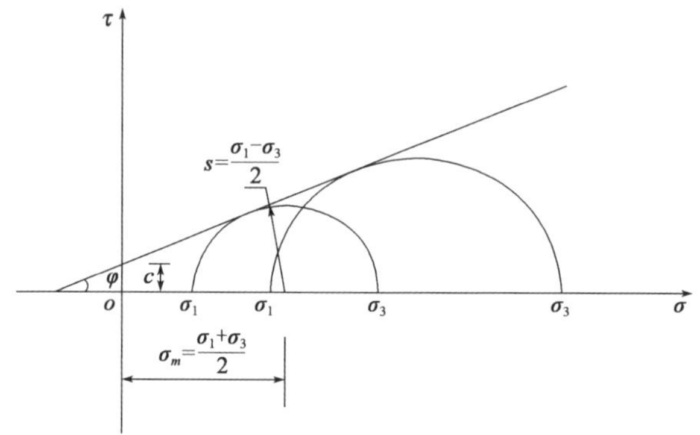

图 6-1　Mohr-Coulomb 破坏模型

经典 Mohr-Coulomb 理论的屈服准则为:

$$\tau = c + \sigma\tan\varphi \tag{6-4}$$

式中:τ——抗剪强度;

σ——正应力;

c——岩土体的黏聚力;

φ——岩土体的内摩擦角。

从图 6-1 中的剪应力与正应力关系图中,可以得到下列关系:

$$\begin{aligned} \tau &= s\cos\varphi \\ \sigma &= \sigma_{\mathrm{m}} + s\sin\varphi \end{aligned} \tag{6-5}$$

将式(6-5)代入式(6-4),则 Mohr-Coulomb 屈服准则用下式表示:

$$s + \sigma_{\mathrm{m}}\sin\varphi - c\cos\varphi = 0 \tag{6-6}$$

式中:s——最大剪应力,$s = (\sigma_1 - \sigma_3)/2$;

σ_{m}——大小主应力的平均值,$\sigma_{\mathrm{m}} = (\sigma_1 + \sigma_3)/2$。

因此,Mohr-Coulomb 屈服准则假定土体的破坏只与正应力有关而与中主应力无关,这点与 Drucker-Prager 屈服准则是不同的,虽然中主应力一般都会对岩土材料的破坏产生影响,但这种影响通常情况下较小,因此,在大部分的岩土工程计算和分析中,Mohr-Coulomb 准则一般都具有足够的精度。在 π 平面上,Mohr-Coulomb 模型的屈服面存在尖角,其投影为等边不等角的六边形,如图 6-2 所示。

有限元计算采用岩土专业软件 PLAXIS,该软件具有丰富的结构单元和较全面的土体本构模型。由于 EPS、土工格栅与土体之间刚度差异很大,在分析 EPS 及土工格栅与土体的相互作用时,在 EPS 与土体及格栅与土体的界面设置接触单元来模拟两者之间的相对滑移。图 6-3 表示界面单元与土单元的连接情况。当使用 6 节点土单元的界面单元时,相应的界面单元用 3 组节点定义,使用 15 节点土单元时,相应的界面单元则用 5 组节点定义。如图 6-3 所示的界面单元有一个有限的虚拟厚度,该虚拟厚度由虚拟厚度因子和平均单元尺寸控制,而在有限元计算公式里面每组节点的坐标是相等的。书中采用 15 节点三角形高精度单元,界面 5 对节点坐标两两相同。界面单元的刚度矩阵由 Newton-Cotes 积分得到。

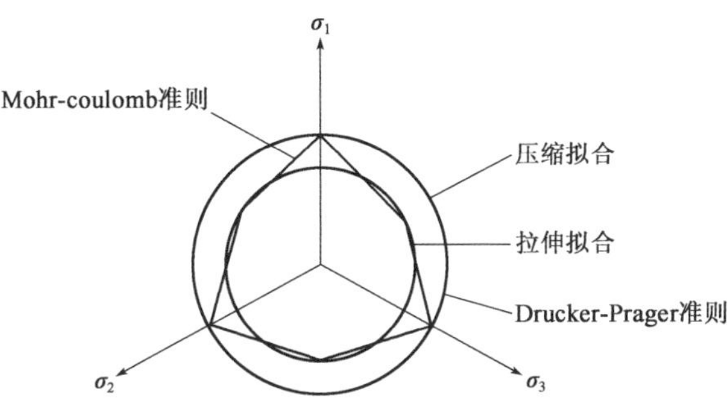

图 6-2　屈服面在 π 平面上的投影形状

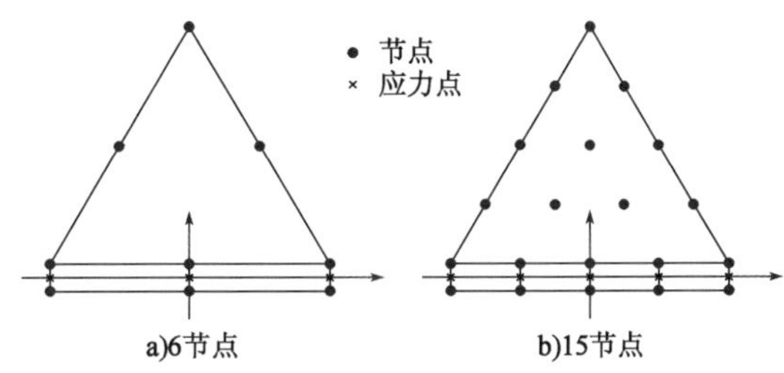

图 6-3　界面单元节点和应力点示意图

填土及地基土采用摩尔-库仑弹塑性模型,桩和格栅采用线弹性模型。对于 EPS、格栅和土体界面的模拟仍然采用弹塑性模型。当 EPS-土和筋-土之间的相对位移甚小,界面处于弹性状态;当 EPS-土和筋-土相对位移较大时,界面则处于塑性状态,弹性状态与塑性状态的转化由库仑准则确定。

当界面处于弹性状态时,界面剪应力为:

$$|\tau| < \sigma_n \tan\varphi_i + c_i \tag{6-7}$$

当界面处于塑性状态时,界面剪应力为:

$$|\tau| = \sigma_n \tan\varphi_i + c_i \tag{6-8}$$

式中:σ_n、τ——作用于 EPS-土和筋-土界面上的正应力和剪应力;

φ_i、c_i——界面的内摩擦角和黏聚力,它们由相应的土体的强度参数折减得到:

$$c_i = R_{inter} c_{soil} \tag{6-9}$$

$$\tan\varphi_i = R_{inter} \tan\varphi_{soil} \leqslant \tan\varphi_{soil} \tag{6-10}$$

式中:R_{inter}——界面强度折减系数。当桩-土和筋-土完全黏结时,R_{inter}取 1.0;当桩-土和筋-土界面完全光滑时,R_{inter}取 0.0。PLAXIS 中建议对钢-砂界面,R_{inter}取 0.7 左右,对钢-黏土界面,R_{inter}取 0.5 左右,对混凝土-土体界面,R_{inter}的取值亦适当增大。为反映由于桥台与路堤填土界面相对塑性滑移而导致的接触面强度的降低,下述分析中设定桥台与土界面强度折减因子 $R_{inter}=0.7$。

本节基于平面应变问题,基于平面应变假设建立轴对称模型。采用15节点三角形高精度单元,为了反映筋-土及EPS-土之间的相互作用,在界面处设置接触单元,界面接触单元由5对节点组成,接触单元的刚度矩阵由Newton-Cotes积分得到。计算模型中路堤填土及地基土采用摩尔-库仑准则,加筋材料采用线弹性模型。

模拟过程如下:

(1)建立模型。

(2)确定边界条件,划分网格。

(3)确定土体参数,杀死路堤填土土体单元,平衡初始地应力。

(4)根据实际工况路堤填筑过程,激活已填筑路堤填土,进行计算直至平衡。

(5)重复第(4)步,直到路堤填筑结束。

计算模型包括几何模型与材料模型,模型选用得当与否,会直接影响到计算结果的精度以及能否反映实际真实的受力情况。

6.2 黄土路基工程概况及模型建立

根据山平高速公路K210+987~K211+087现场试验路段,并对比分析加筋技术与EPS处治效果。现场试验路段土层分布、模型尺寸及边界条件如图6-4所示。数值模拟时采用15节点三角形高精度单元,为了反映筋-土及EPS-土之间的相互作用,在界面处设置接触单元,界面接触单元由5对节点组成,接触单元的刚度矩阵由Newton-Cotes积分得到。计算模型中路堤填土及地基土采用摩尔-库仑准则,加筋材料采用线弹性模型。数值计算模型尺寸选取与山平高速公路试验段现场实际几何条件相同。

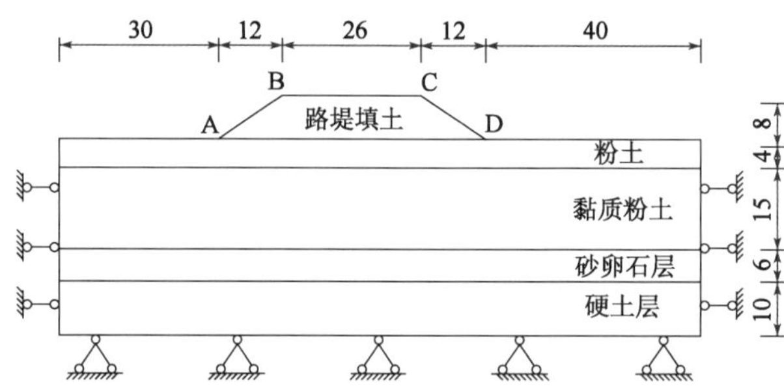

图6-4 试验段几何尺寸(尺寸单位:m)

根据现场地质勘察报告选取数值模拟计算参数见表6-1。

试验段土层物理力学参数　　表6-1

土　层	E(MPa)	重度(kN/m³)	泊　松　比	黏聚力(kPa)	内摩擦角(°)
路堤填土	20.4	19.2	0.3	38.4	17.6
冲沟	4.5	17.8	0.35	12.0	16.0
粉土	8.2	18.4	0.33	18.4	20.8
黏质粉土	12.6	19.2	0.33	26.0	17.3

续上表

土　层	E(MPa)	重度(kN/m³)	泊　松　比	黏聚力(kPa)	内摩擦角(°)
砂卵石层	18.4	19.2	0.3	14.2	24.6
硬土层	25.4	19.7	0.3	44.5	18.2
EPS	6.7	0.2	0.3	—	—
土工格栅	EA = 86.0MPa				

数值模拟中断面尺寸的选取如图 6-5 所示。

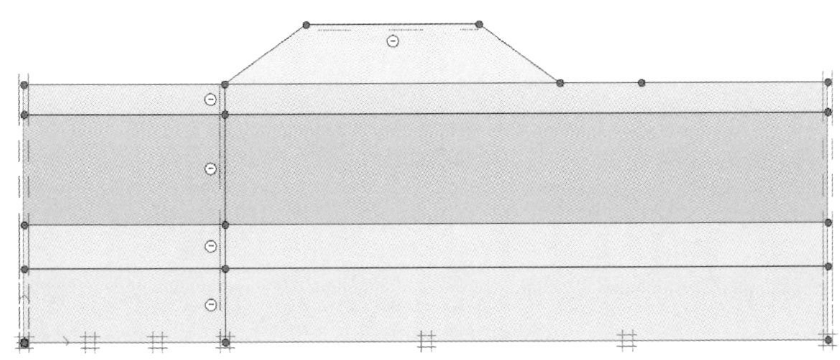

图 6-5　计算模型示意图

6.3　黄土路基模拟计算结果分析

如图 6-6 所示为 I 断面在不同加筋工况下竖向位移云图，可以看出：三种不同工况下的最大竖向位移量分别为 28.2cm、26.9cm 和 20.9cm，大小关系为：无加筋 > 加筋 > EPS；相对无加筋工况，土工格栅加筋工况的沉降量减小了 4.6%，EPS 加筋减载工况减小了 25.9%。

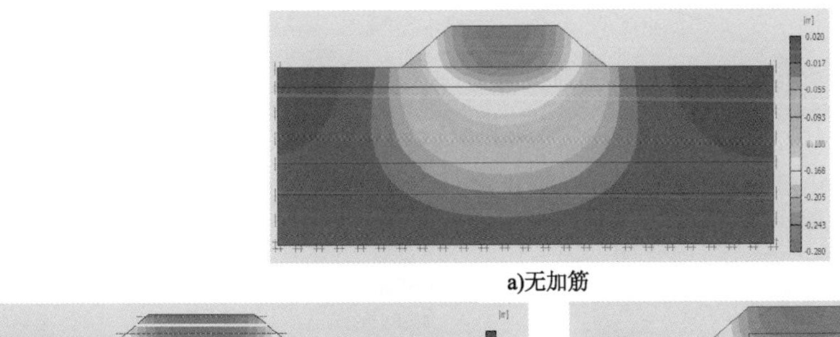

a)无加筋

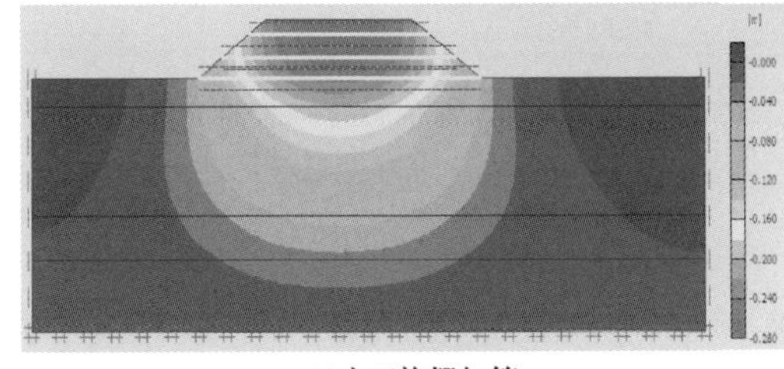

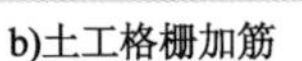

b)土工格栅加筋

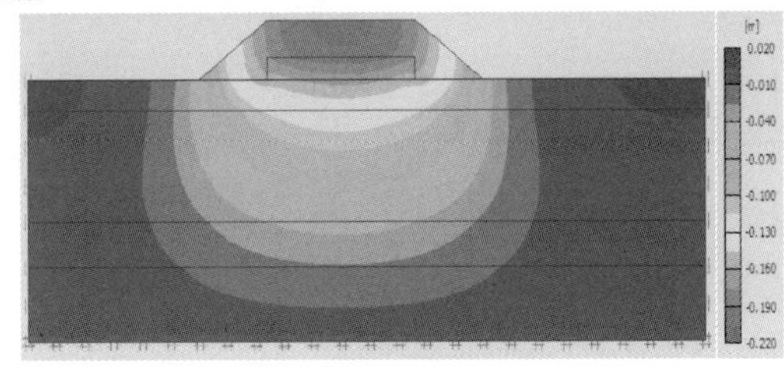

c)EPS加筋减载

图 6-6　不同工况路基竖向位移云图

如图 6-7 所示为 I 断面不同加筋工况下水平位移等值线图。三种工况下最大水平位移均发生在两侧坡脚下部一定深度处的黏质粉土层中，最大水平位移值关系为：无加筋 > 格栅

加筋 > EPS 加筋；发生深度为：无加筋 > 格栅加筋 > EPS 加筋。无加筋工况下最大水平位移为 4.9cm，格栅加筋的最大水平位移为 4.0cm，与无加筋工况相比，对水平向变形的控制效果不明显，这是由于水平位移总体不大，格栅的水平向约束作用没有充分发挥。EPS 加筋减载工况下最大水平位移为 3.5cm，与无加筋工况相比，最大水平位移减小了 28.6%，这主要是由于采用 EPS 板大大减小了作用在地基上的路堤荷载，从而减小路基土体的水平位移。

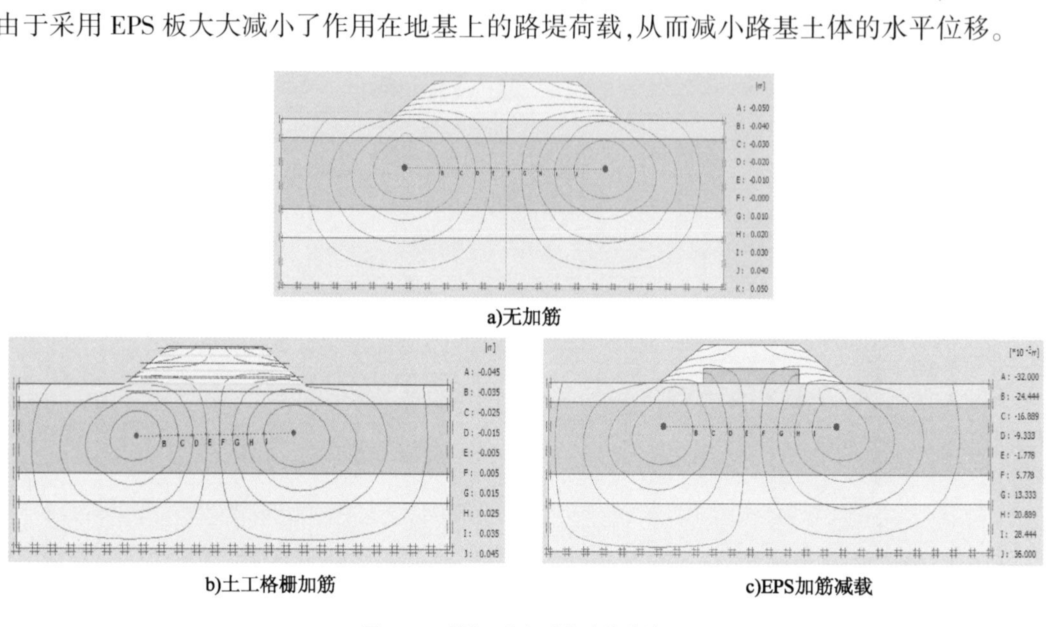

a)无加筋

b)土工格栅加筋

c)EPS加筋减载

图 6-7　不同工况水平位移等值线图

如图 6-8 所示为不同工况下路堤顶面沉降曲线。

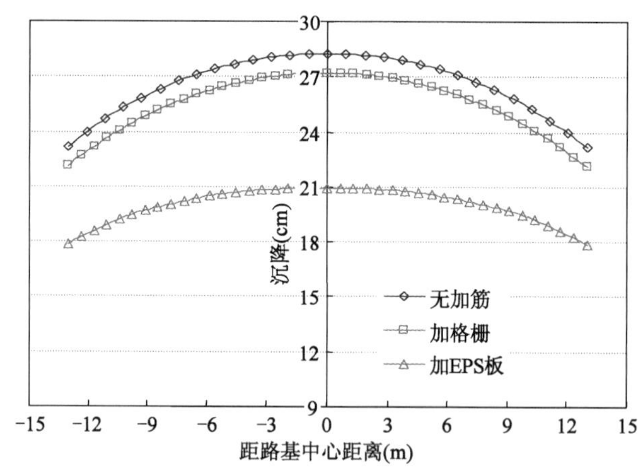

图 6-8　不同工况下路堤顶面沉降曲线

三种不同工况，路堤顶面沉降曲线形状相近，路堤中心轴线处的竖向位移最大，随着距中心轴线距离的增大，竖向位移逐渐减小。与无加筋工况相比，加筋工况沉降要小于无加筋，但是沉降减小值较小。EPS 加筋减载工况的沉降要比无加筋和加格栅两种工况都要小，且沉降减小值较大。说明采用 EPS 技术可以更有效地减小路堤顶面的沉降。

如图 6-9 所示为三种工况下路堤左侧坡脚断面不同深度地基的水平位移曲线。三种工况下，路堤左侧不同深度水平位移曲线形状相近，最大水平位移发生在坡脚以下12m处，之后随着深度的增加，侧向位移逐渐减小。与无加筋相比，在路堤浅部格栅加筋效果最好，EPS次之；在路堤深部则EPS效果较好，格栅加筋次之；加EPS板工况下的最大水平位移最小，但各工况的差值不是很大。由于该路堤断面对称，因此只给出左侧坡脚下地基的水平位移曲线。

如图6-10所示，为格栅加筋工况下各层格栅沉降曲线图。图中显示：各层格栅沉降曲线相近，且随着距路基中心距离的减小而增加。在距路基中心相同距离处底层格栅的沉降最小，顶层格栅沉降量越大；底层格栅与中间层格栅之间的相对沉降量大于中间层和顶层格栅之间的相对沉降量。

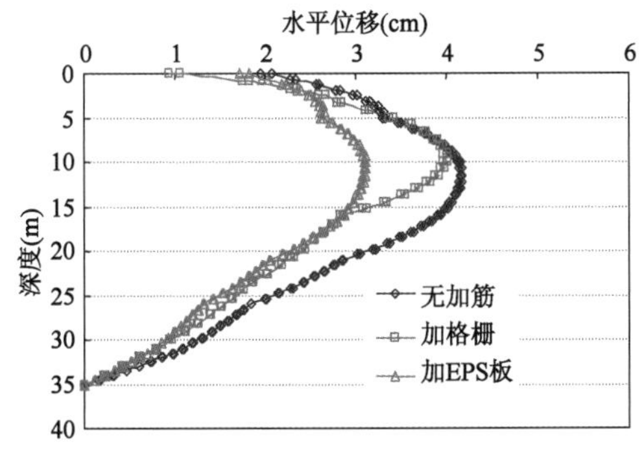

图6-9　左侧坡脚侧向位移曲线

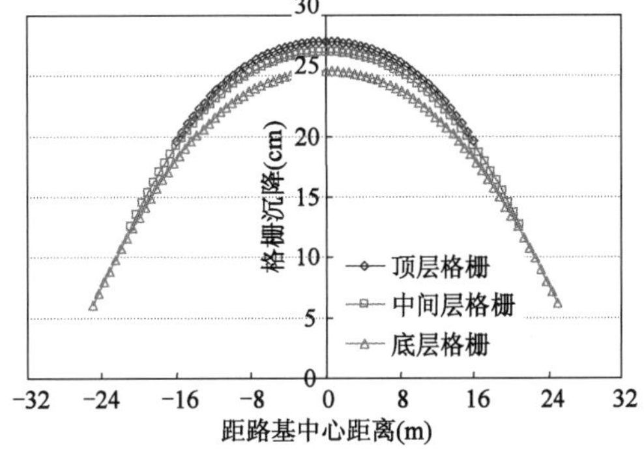

图6-10　格栅加筋工况下各层格栅沉降曲线

如图6-11所示为格栅加筋工况下各层格栅轴力分布图。由于路基对称性，格栅轴力也呈对称分布，图中显示：顶层格栅轴力几乎为0，中间层格栅次之，底层格栅轴力最大，最大轴力达104.4kN/m，说明主要是中间层和底层格栅发挥了约束作用。

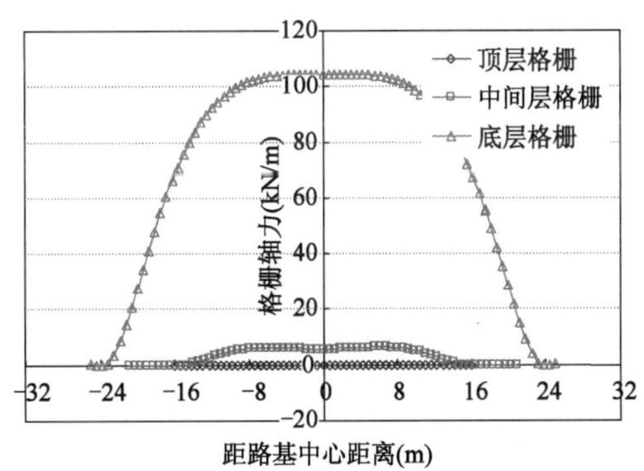

图6-11　格栅加筋工况下各层格栅轴力曲线

6.4　交通作用下黄土路基变形特性分析

山西省是产煤大省，对于运煤公路，两侧的运输道路承受的荷载是不同的：一侧运行装煤车，其承受的荷载较大；另一侧主要运行空车，其承受的荷载较小。根据山西省独特的交通荷载形式，设计如图6-12所示的各类交通荷载。

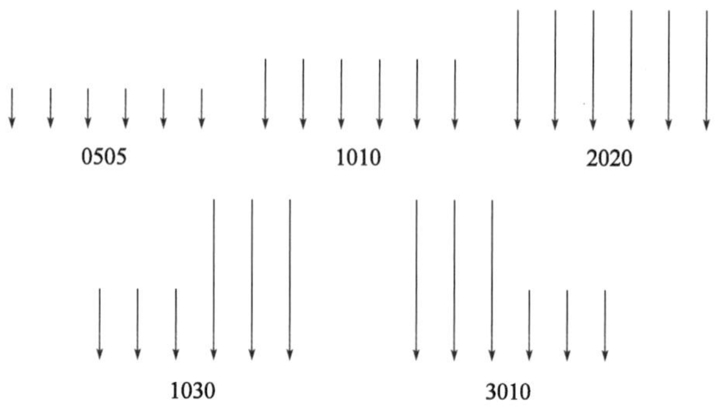

图 6-12　交通荷载类型

如图 6-13 所示为不同交通荷载作用下路堤顶面最大沉降变化曲线。

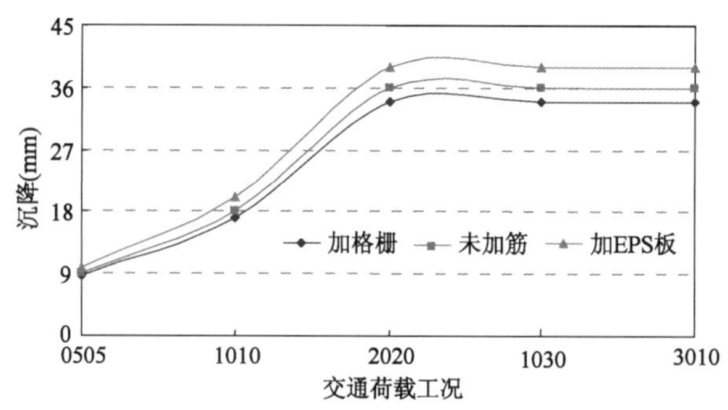

图 6-13　不同交通荷载作用下路堤顶面最大沉降变化曲线

图 6-13 中显示不同工况下各曲线变化趋势相近。随着交通荷载的增加，路堤顶面沉降量随着增加，三种加筋工况下，“2020”“1030”和“3010”三种交通荷载导致的沉降相差不大。在相同交通荷载作用下，格栅加筋路堤的沉降最小，未加筋的次之，加 EPS 板的路堤沉降最大。分析原因，可能是由于 EPS 板的压缩模量仅为 6.7MPa，小于路堤填土的压缩模量 20.4MPa，因此在路堤顶面交通荷载作用下，EPS 板的压缩量大于原有路堤填土的压缩量，从而导致路堤沉降最大。但是如果考虑路堤填筑导致的地基沉降，EPS 板加筋减载路基的沉降仍为最小。

如图 6-14 所示为不同交通荷载作用下左侧坡顶和坡脚水平位移变化曲线。

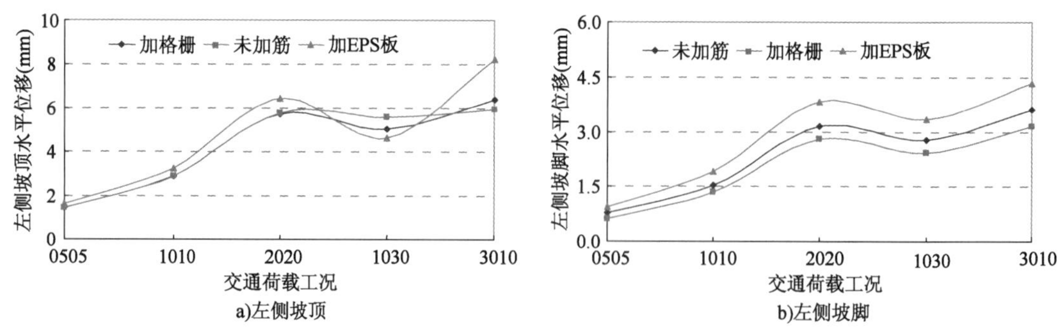

图 6-14　不同交通荷载工况下路基不同部位水平位移变化曲线

图 6-14a)中显示不同工况下各曲线变化规律相近,尤其是未加筋和加格栅两种工况。相同均布交通荷载作用下,格栅加筋路堤的侧向位移量最小,EPS 板加筋减载的水平位移最大。随着交通荷载的增加,路堤沉降量随着增加。由“2020”“1030”和“3010”三种交通荷载作用下侧向位移数据分析可知,路堤同侧荷载对该侧侧向位移影响较大,格栅加筋的效果也就越明显,另一侧路面的荷载对该侧也能产生一定的影响。据图 6-14b)可知,不同加筋工况下各曲线的变化规律相似,相同交通荷载作用下,格栅加筋的左侧坡脚水平位移最小,未加筋的次之,EPS 板加筋的最大。随着交通荷载的增加,路堤坡脚水平位移也随之增大。

如图 6-15a)所示,为交通荷载作用下中间层格栅轴力分布曲线图。据图可知,均布交通荷载作用下格栅轴力分布规律相近,随着距路基中心距离的减小而增加,在距路基中心 7m 左右达到最大值,之后趋于稳定。随着交通荷载的增大,格栅轴力最大值的增大幅度也越来越大。非对称荷载对格栅轴力分布影响显著,轴力最大值出现在较大荷载作用侧,且距路基中心 6m 左右的位置。值得注意的是,“1030”和“3010”两种非对称荷载作用下路基中心位置处的格栅轴力与均布荷载“2020”作用下的格栅轴力相同。

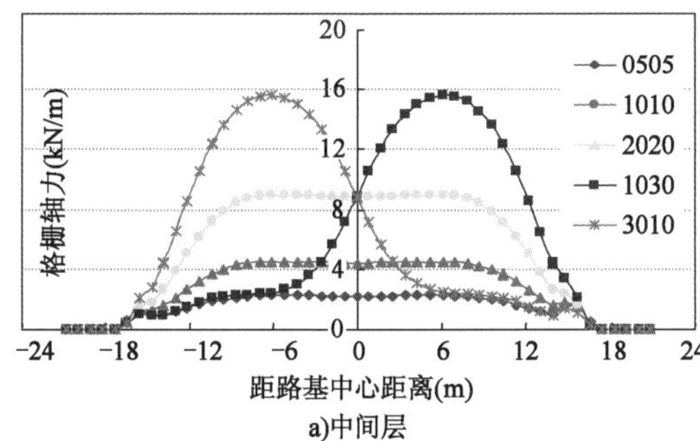

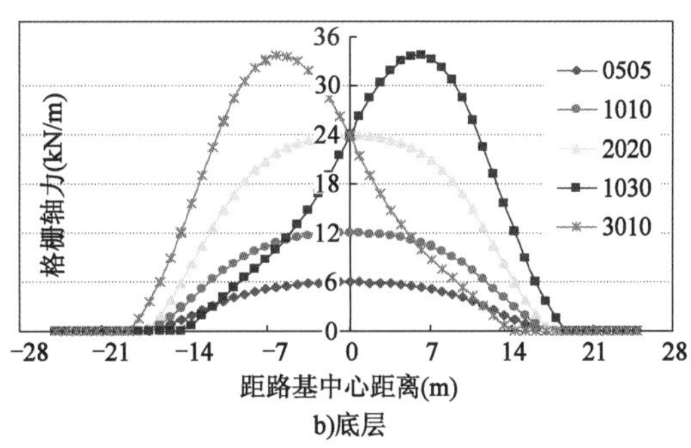

图 6-15 交通荷载作用下格栅轴力分布曲线

图 6-15b)为交通荷载作用下路堤底层格栅个轴力分布曲线。均布交通荷载作用下,与中间层格栅不同的是底层格栅轴力随着距路基中心距离的减小而增加,在路基中心处达到最大值,且随着荷载的增大,趋势越明显。非对称荷载作用下,格栅轴力最大值出现在荷载较大侧距路基中心 6m 左右的位置。与中间层格栅相同的是,非对称荷载“1030”和“3010”作用下路基中心处格栅轴力与对称荷载“2020”作用下的格栅轴力相同。

图 6-16a)为交通荷载作用下中间层格栅沉降分布曲线,均布交通荷载作用下,格栅沉降随着距路基中心距离的减小而增大,并在路基中心处达到最大。随交通荷载的增加,格栅沉降的增加幅度也在增大。非对称荷载作用下的最大沉降出现在距路基中心 5.3m 左右的位置。非对称荷载“1030”和“3010”作用下中间层格栅路基中心处沉降与对称荷载“2020”作用下的格栅沉降相同。

图 6-16b)为交通荷载作用下底层格栅沉降分布曲线。不同交通荷载工况下格栅沉降的分布规律与底层格栅相近,但最大值稍有增加,这是由于中间层格栅和底层格栅之间路堤的自身的压缩导致的。具体分布规律不再赘述。同样,非对称荷载作用下的最大沉降出现在距路基中心 5.3m 左右的位置。非对称荷载“1030”和“3010”作用下底层格栅路基中心处沉降与对称荷载“2020”作用下的格栅沉降相同。

图 6-17a)和图 6-17b)分别为均布交通荷载“2020”和非对称交通荷载“1030”作用下的

各层格栅沉降分布曲线。均布交通荷载作用下,格栅沉降随着距路基中心距离的减小而增大,并在路基中心处达到最大。非对称荷载作用下,各层格栅最大沉降出现的位置相近,都在距路基中心 5.3m 左右的位置。两种交通荷载工况下,格栅沉降最大值依次为顶层格栅 > 中间层格栅 > 底层格栅。

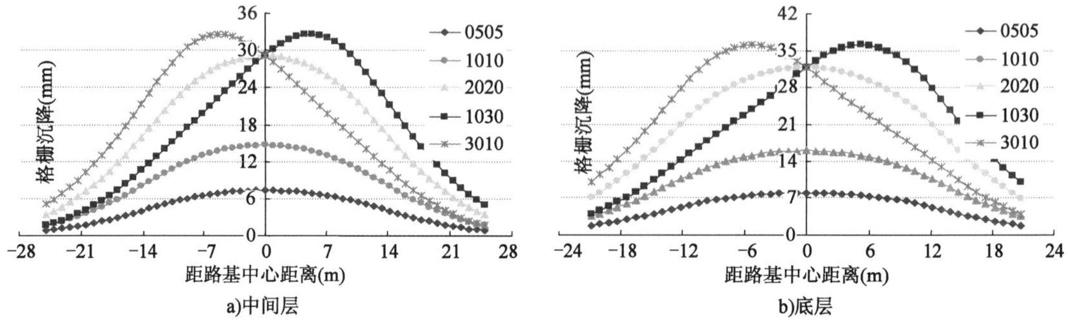

图 6-16　交通荷载作用下底层格栅沉降分布曲线

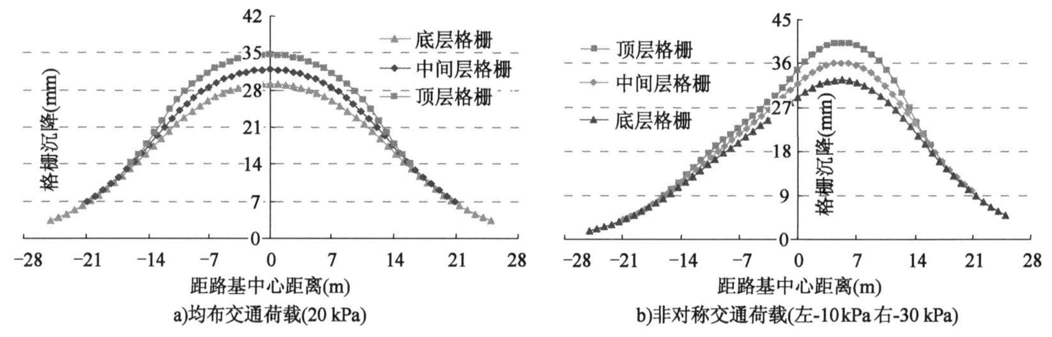

图 6-17　不同交通荷载下各层格栅沉降分布曲线

6.5　本章小结

本章介绍了 EPS 板的基本物理力学性质及在其实际工程中的应用范围,建立数值静力模型,对比分析了路堤铺设格栅和铺设 EPS 板在路堤填筑施工期和在运营期等效静力交通荷载作用下的加筋效果,通过对路堤位移、格栅轴力和沉降等相关变化规律的分析,得到以下结论:

(1)在路堤填筑施工期,三种不同工况下的最大竖向位移量大小关系为:无加筋 > 加筋 > EPS;相对无加筋工况,土工格栅加筋工况的沉降量减小了 4.6%,EPS 加筋减载工况减小了 25.9%。

(2)在路堤填筑施工期,三种工况下最大水平位移值大小关系为:无加筋 > 格栅加筋 > EPS 加筋;发生深度为:无加筋 > 格栅加筋 > EPS 加筋。格栅加筋的最大水平位移与无加筋工况相比相差不大,这是由于水平位移总体不大,格栅的水平向约束作用没有充分发挥;EPS 加筋减载工况下最大水平位移与无加筋工况相比减小了 28.6%,这主要是由于采用 EPS 板大大减小了作用在地基上的荷载,从而减小路基土体的水平位移。

(3)施工填筑完毕后,三种工况下路堤顶面沉降曲线形状相近,路堤中心轴线处的竖向位移最大,随着距中心轴线距离的增大,竖向位移逐渐减小;三种工况下,路堤左侧不同深度水平位移曲线形状相近,最大水平位移发生在坡脚以下 12m 处,之后随着深度的增加,侧向位移逐渐减小;由于路基对称性,格栅轴力也呈对称分布,中间层和底层格栅发挥主要约束作用。

(4)交通荷载作用下,不同工况下各曲线变化趋势相近,在相同交通荷载作用下,格栅加筋路堤的沉降最小,未加筋的次之,加 EPS 板的路堤沉降最大。分析原因,可能是由于 EPS 板的压缩模量远小于路堤填土,在交通荷载作用下,EPS 板的压缩量大于原有路堤填土的压缩量,从而导致路堤沉降最大。但是如果考虑路堤填筑导致的地基沉降,EPS 板加筋减载路基的沉降仍为最小。

(5)交通荷载作用下,中间层格栅和底层格栅轴力的分布规律相近,随着交通荷载的增大,格栅轴力最大值的增幅也越来越大;非对称荷载对格栅轴力分布影响显著,轴力最大值出现在较大荷载作用侧,且距路基中心 6m 左右的位置,“1030”和“3010”两种非对称荷载作用下路基中心位置处的格栅轴力与均布荷载“2020”作用下的格栅轴力相同。

(6)交通荷载作用下,底层格栅和中间层格栅沉降分布规律相似,均布交通荷载作用下,格栅沉降随着距路基中心距离的减小而增大;非对称荷载作用下的最大沉降出现在距路基中心 5.3m 左右的位置,非对称荷载“1030”和“3010”作用下底层格栅路基中心处沉降与对称荷载“2020”作用下的格栅沉降相同。

7 重载作用下黄土路基工作特性研究

7.1 车辆荷载对路基工作状态的影响研究

7.1.1 路基数值模型的建立

由于路基纵向长度远远大于其横断面尺寸,其纵向的任意一个断面都可假设为纵向对称面,而在此面上沿纵向的应变即可假设为0,因而在路基沉降计算时可将空间问题简化为平面应变问题来求解。采用FLAC3D有限差分软件,利用实体单元模拟土体,建立二维平面应变有限元分析模型。

(1)几何模型和网格划分

有限元是一种数值分析方法,其解的精度与网格密度、模型尺寸等许多因素有关。为了简化分析,视地基为弹性半空间体,它在水平和垂直方向上是无限大的。实际上采用有限差分求解时不可能在无限域内划分单元,因此要合理地确定地基的二维尺寸。工程实践经验表明,黄土地基沉降主要发生在0~15m,将压缩层厚度人为定得太深,不符合实际情况,本书取地基压缩性厚度20m。地基压缩层有效宽度根据经验取坡脚外距离$3h$(h为路堤填土高度)。路堤宽度根据实际情况取值,高速公路取26m,高度h取4m、6m、8m、10m等,边坡坡度一律取为1∶1.5,不考虑路堤填土高度大于6m时实际设置护坡道的影响。因本次模拟主要关心路基的变形受力情况,故将路面结构略去,在处理车辆重载时,考虑到其通过路面层后传递到路基土体的荷载值将减小,且通过路面层后车辆荷载等效为均布荷载作用在路基上表面。通过计算与分析,将交通荷载取值分别定为10kPa、20kPa、30kPa、40kPa和50kPa。

(2)边界条件

在建模过程中必须考虑路堤和地基各种界面的边界条件,合理的边界条件对于正确分析路基受力及位移是十分关键的。

考虑路基是左右对称的,因此认为,路基中心线处没有水平位移,仅在竖直方向可以产生位移;通常认为地基深度和宽度达到某一尺寸后,地基底面和外侧面上位移很小,可以忽略不计。计算中认为对于几何模型,地基底面和外侧面为固定边界;路堤、地基表面为自由且透水透气边界;路堤与地基及填方中各填筑层之间的接触为连续接触且为透水自由。

(3)材料模型

由于土体结构及其力学特性的复杂性,关于土工数值分析的问题一直都是学者们不断进行深化研究的课题。其中核心的部分是如何确定合适的土本构关系,由不同的本构方程,得出的应力应变解答也截然不同。本书假设土体为各向同性体,应力-应变关系采用Mohr-Coulomb理想弹塑性本构模型,考虑土体的塑性变形。由于天然地基在其自重作用下的沉降已完成,故在数值计算时不考虑地基重力作用。不同层位路堤土体压实度不同,因而其密度也有所差异,计算中假设各层分别达到设计压实度,不考虑实际施工中压实度的差异。路堤土泊松比根据经验统一取为 0.3,地基土取为 0.35。不同填土高度的路基模型如图 7-1 所示。其他力学参数根据室内试验确定,见表 7-1。

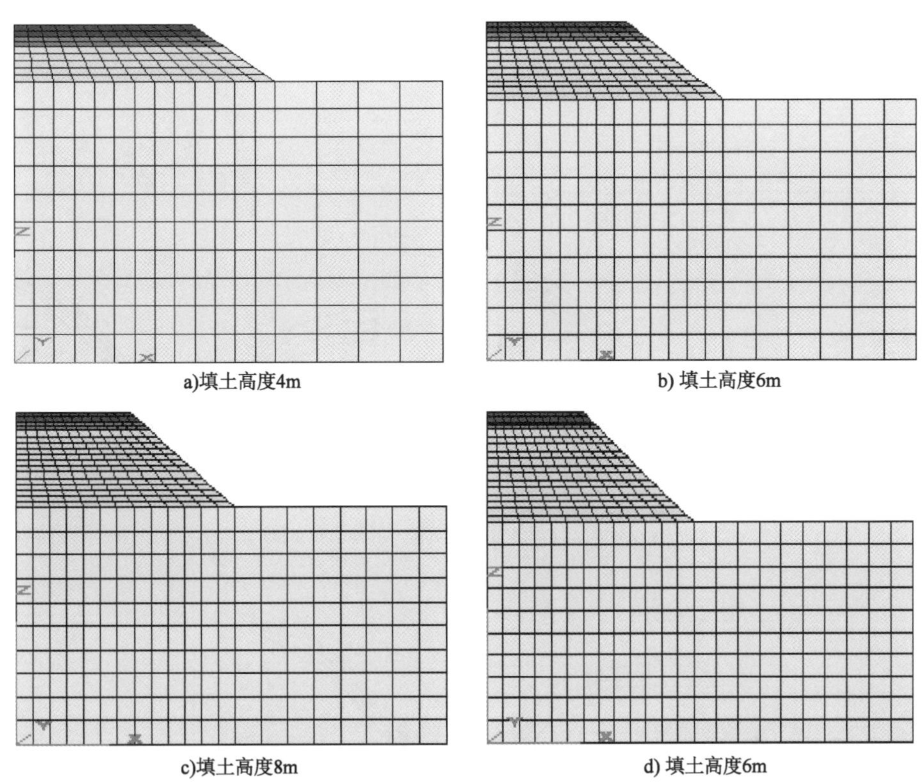

a)填土高度4m　b) 填土高度6m　c)填土高度8m　d) 填土高度6m

图 7-1　不同填土高度的路基模型

路基土体参数表　表 7-1

层位	压实度(%)	重度(kN/m^3)	变形模量(MPa)	黏聚力(kPa)	摩擦角(°)	膨胀角(°)	泊松比
路床	96	2090	12	43	32	0	0.3
上路堤	94	2040	10	41	31	0	0.3
下路堤	93	1980	7.5	38	30	0	0.3

7.1.2　数值模拟试验结果分析

重载交通是我省公路交通的一个重要特征,研究重载交通下黄土路基工作状态是非常有意义的。基于此考察了不同荷载水平下黄土路基变形规律。其中荷载根据《公路水泥混凝土路面设计规范》(JTG D40—2011)中规定的重载水平不小于 700kPa,考虑到路面的折减效应,参照相关经验,取荷载水平工况分别为 10kPa、20kPa、30kPa、40kPa 和 50kPa。相关曲线如图 7-2 所示。

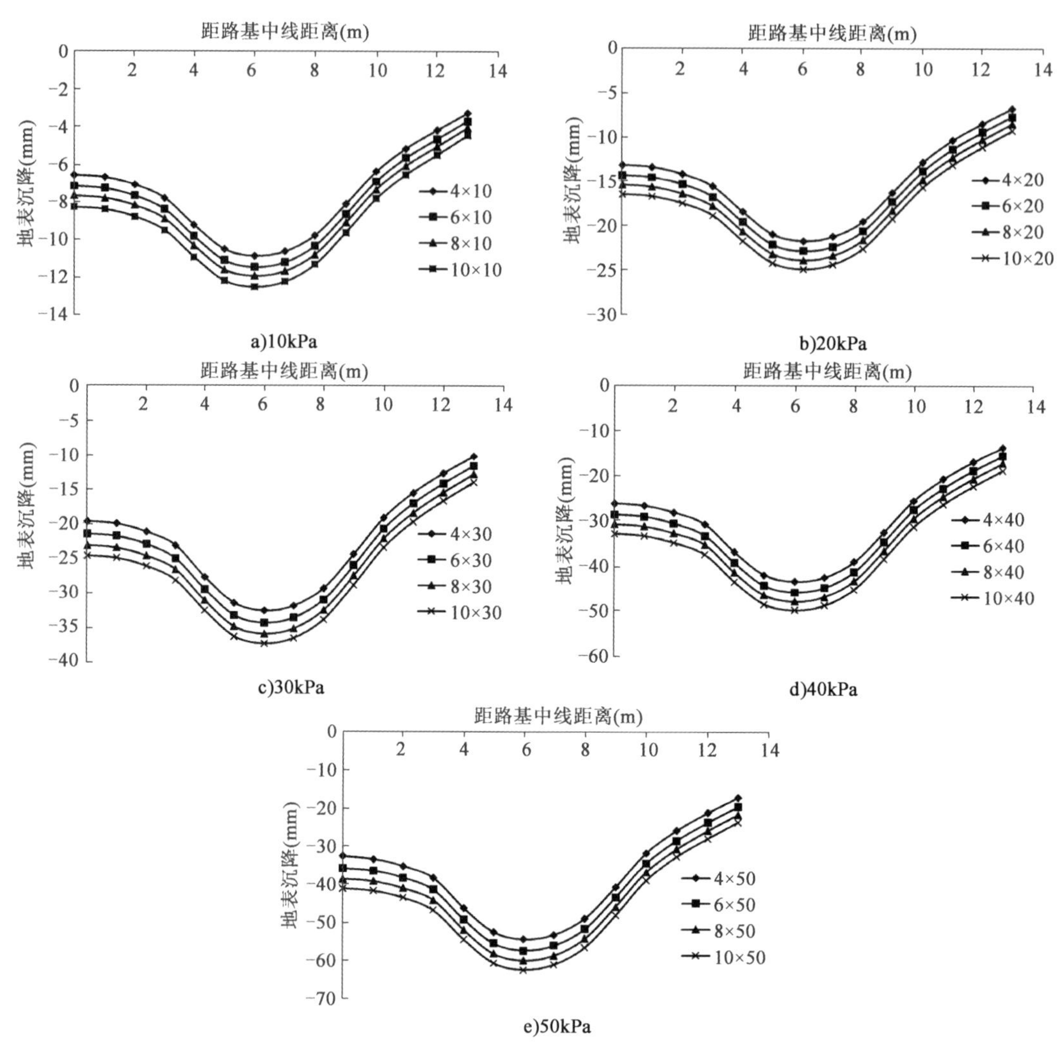

图 7-2　不同荷载水平下地表沉降曲线

从图 7-2a) ~7-2e) 中可以看出,不同荷载水平下黄土路基地表沉降规律基本一致:从中央分隔带往路肩方向,地表沉降先增大后减小,近似呈“勺子”状。同时,随着填土高度的增加,路基的沉降逐渐增大。在实际工程中,无论是水泥混凝土路面或是沥青路面,均当作刚性材料处理,如果路基中部的位移与两侧的位移差异沉降太大,易使得路基中部面板脱空,在长时间荷载作用下极易发生破坏,严重影响路面行车的舒适性。因此在填筑路基时应考虑此性质的影响,路基中部的土体回弹模量应略大于路基两侧的模量。

图 7-3 给出了填土高度分别为 4m、6m、8m 和 10m 时的路基地表变形规律,不难发现,填土高度对路基地表位移的影响规律一致。在荷载较小的情况下沉降槽不明显,当荷载较大时沉降较明显,且随着荷载水平的增加,地表沉降曲线间距近似相等。在考虑地表沉降时,一般关注焦点是最大沉降和最大差异沉降。下面考察下地表最大沉降在不同荷载水平和不同填土高度影响下的变化规律。

图 7-4 和图 7-5 分别为荷载水平和填土高度地表最大沉降的关系曲线。

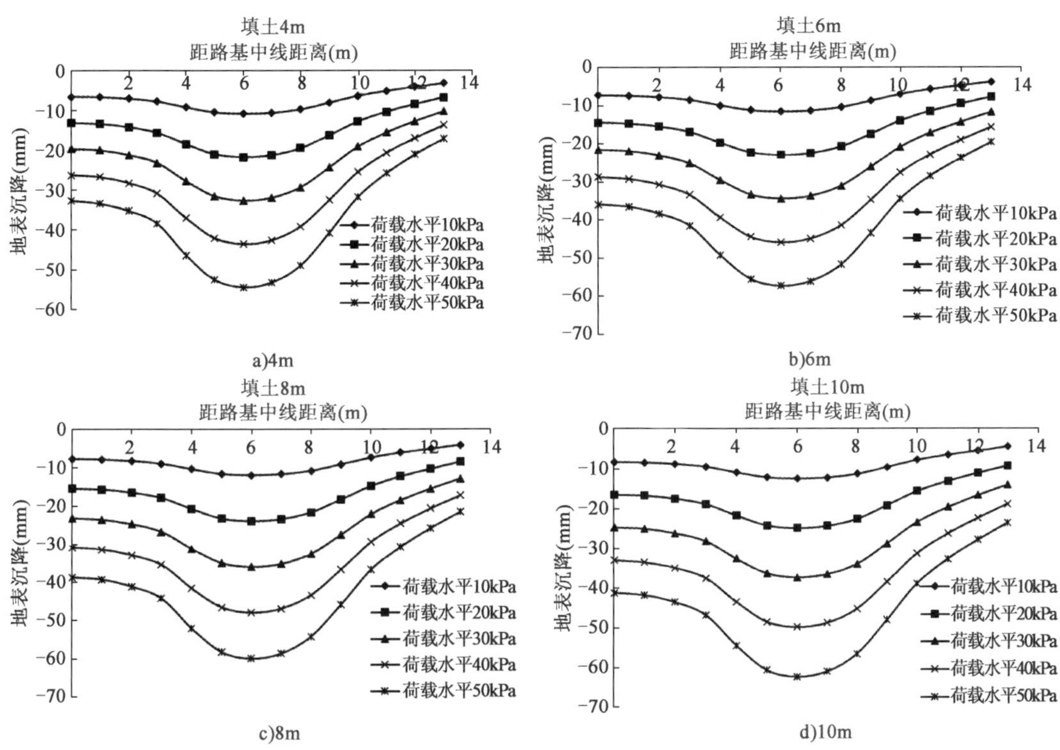

图 7-3 不同填土高度下路基地表变形规律

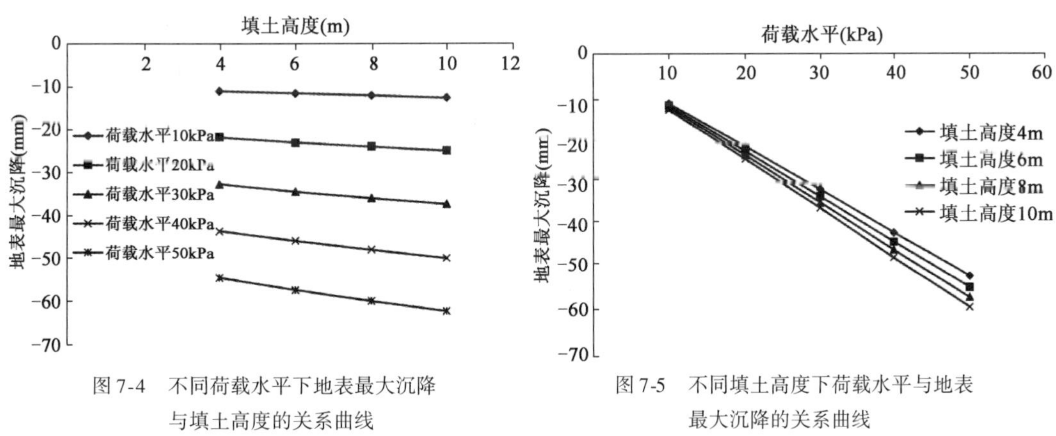

图 7-4 不同荷载水平下地表最大沉降与填土高度的关系曲线

图 7-5 不同填土高度下荷载水平与地表最大沉降的关系曲线

从图 7-4 和图 7-5 可以看出最大地表沉降和荷载水平与填土高度的关系曲线都呈线性，且相关性较好。因此考虑建立最大地表沉降与荷载水平与填土高度之间的函数关系，以期能够预测类似工程，为设计施工提供指导。

图 7-6 说明地表最大沉降与填土高度拟合效果较好，回归系数均在 0.9 以上。因此考虑建立地表最大沉降与填土高度的数学表达式如下所示：

$$s_{max} = a \cdot h + b \tag{7-1}$$

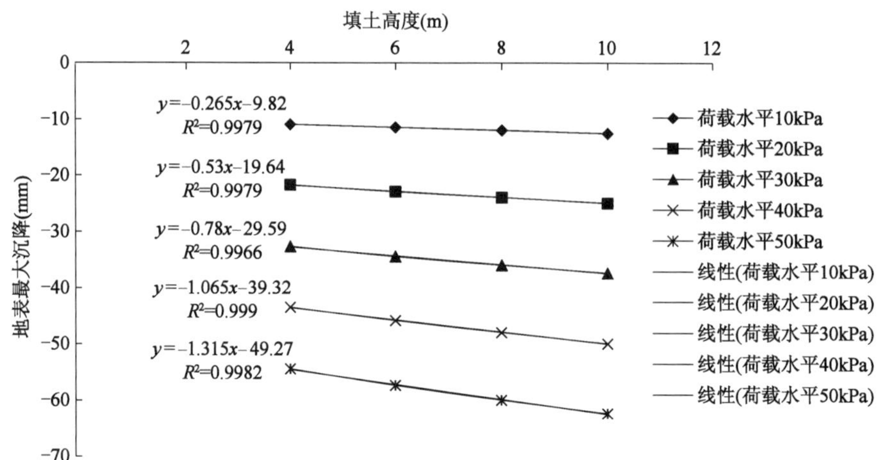

图 7-6 不同荷载水平下地表最大沉降与填土高度的拟合曲线

从图 7-6 中还可看出,地表最大沉降与荷载水平也存在必然联系,不同荷载水平下地表最大沉降与填土高度的拟合公式表达式不同,因此需建立荷载水平与拟合表达式之间的关系,才能综合反映填土高度和荷载水平对地表最大沉降的影响。通过整理数据发现,荷载水平与参数 a、b 之间存在联系,建立三者之间的关系,如图 7-7 所示。

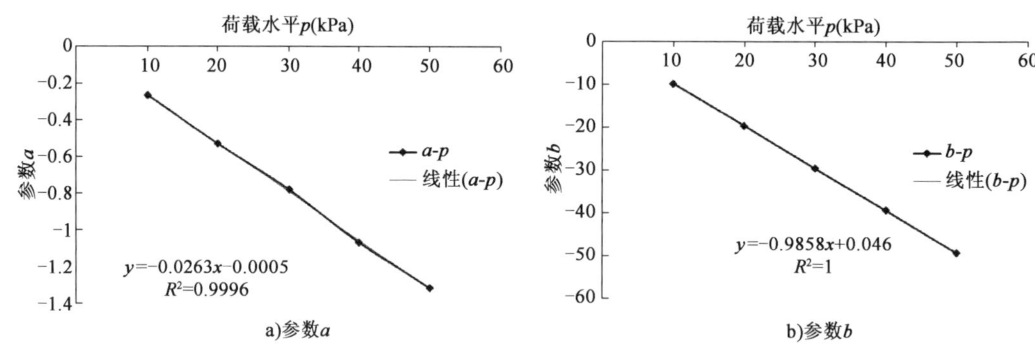

图 7-7 荷载水平与参数 a 和参数 b 之间的相关关系

从图 7-7 可以看出荷载水平与参数 a、b 的拟合曲线呈线性,拟合效果较好,回归系数均在 0.9 以上。因此建立三者之间的关系式:

$$a = -0.0264p - 0.0005 \tag{7-2}$$

$$b = -0.9858p + 0.046 \tag{7-3}$$

下面结合图 7-8,考虑先建立地表最大沉降与荷载水平的关系,然后建立填土高度与二者之间的关系。

参照前面的分析方法,对不同填土高度下地表最大沉降与荷载水平的关系进行拟合,得出了二者的线性表达式,如下所示:

$$s_{\max} = a \cdot p + b \tag{7-4}$$

考察参数 a、b 与填土高度的相关关系,如图 7-9 所示。

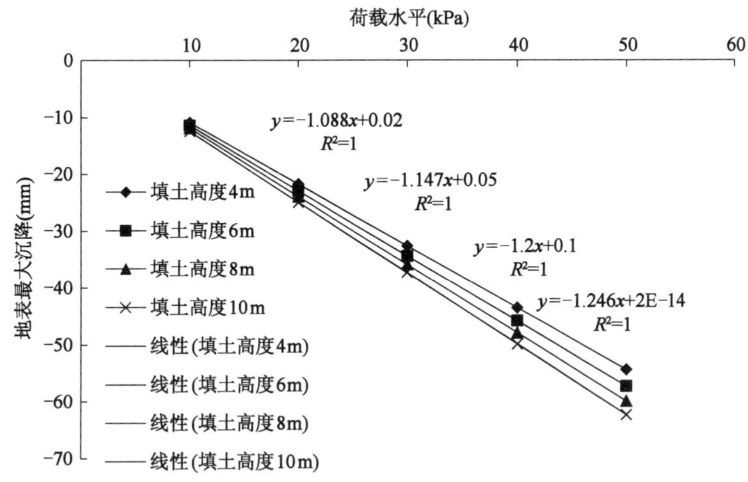

图 7-8 不同填土高度下地表最大沉降与荷载水平的拟合曲线

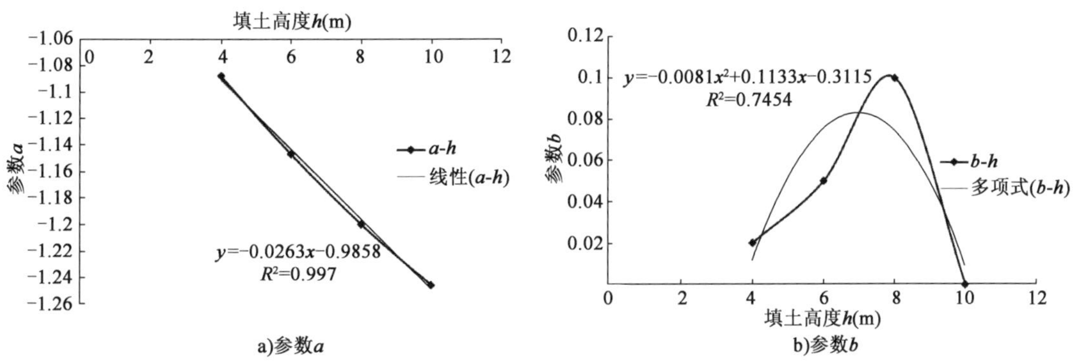

图 7-9 填土高度与参数 a 之间的相关关系

从图 7-9 可以看出,参数 a 与填土高度的拟合效果较好,但参数 b 与填土高度的拟合效果较差。因此综合考虑,先选取地表最大沉降与填土高度的数学关系,然后建立荷载水平与参数 a、b 之间的数学关系为计算标准,综上即得到最大地表沉降与填土高度、荷载水平之间的数学关系,如式(7-1)~式(7-3)所示,该表达式可预测类似工程在不同荷载水平和填土高度下的地表最大沉降量值,对设计施工具有一定的指导作用。

7.1.3 理论计算结果分析

目前在计算路基沉降时采用最多的应为分层总和法。其基本原理大致如下:假设一路堤高为 h,将其沿高度方向分成 n 层水平土条,每层厚度为,则第 i 层土条的压缩变形量 S_i 可按下式计算:

$$S_i = \sigma_{zi} \Delta h_i / E_{si} \tag{7-5}$$

式中:σ_{zi},E_{si}——第 i 层土条的平均自重应力和压缩模量。

则路堤中第 i 层土条的最终沉降量为:

$$S'_i = \sum_{j=1}^{i} S_j = \sum_{j=1}^{i} \sigma_{zj} \Delta h_j / E_{sj} \tag{7-6}$$

下面通过理论计算即分层总和法对路基沉降进行计算,将结果与数值计算结果进行比较,验证数值计算的可靠性。

图 7-10 给出了不同荷载水平下不同填土高度时路基地表沉降理论计算值和数值模拟结果的对比情况。可以看出,在荷载水平较小时,路基沉降理论计算结果与数值计算结果较为接近;荷载水平较大时,与数值计算结果偏差较大,但总体规律较为吻合。均是从路基中线至路肩处先增大再减小,最终趋于平稳。因此认为本次的数值计算结果较为合理可靠。

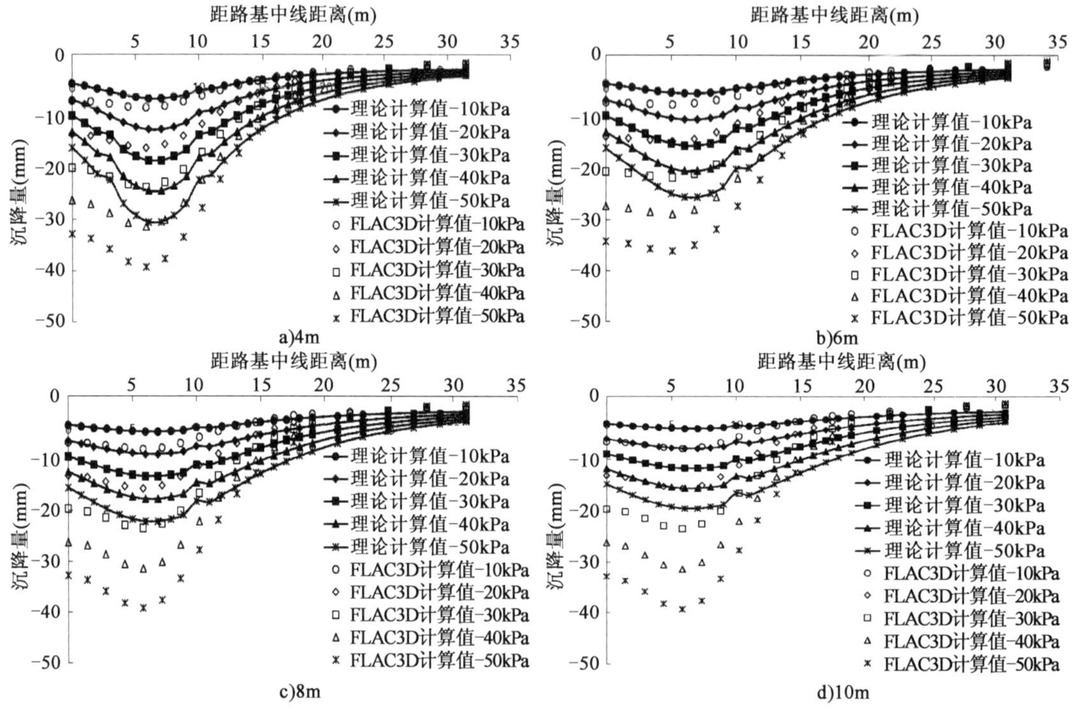

图 7-10　不同工况路基沉降量理论计算值与数值模拟值对比曲线

图 7-11 给出了理论计算时附加应力随埋深的变化规律。可以看出,沿地基底部方向,附加应力先增大后减小。随着荷载值的增大,这种趋势越明显。

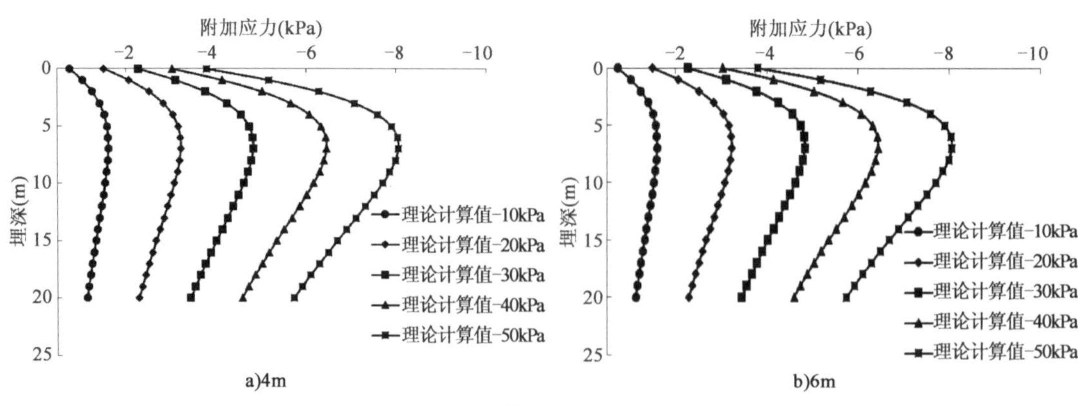

图　7-11

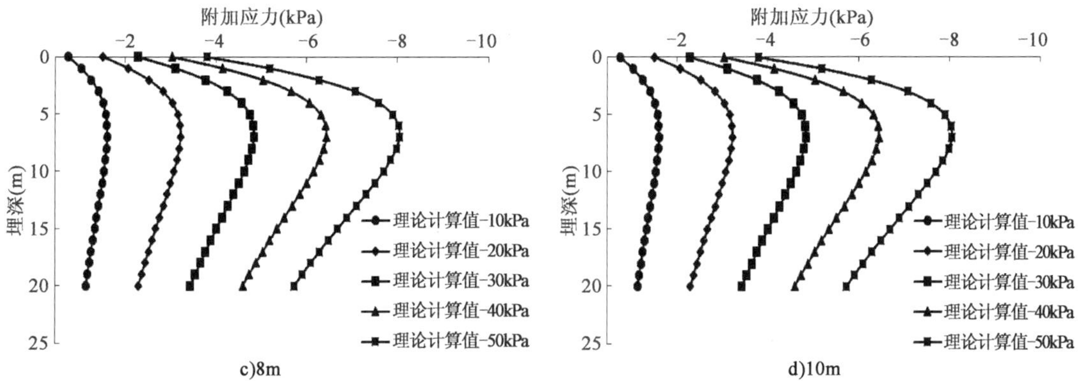

图 7-11　不同填土高度路基底面附加应力分布曲线

7.2　黄土路基动态质量控制研究

7.2.1　现场回弹模量与现场 CBR 的相关关系研究

为了进一步验证山西黄土地区土基回弹模量值和 CBR 值的变化以及两者之间的关系，根据公路自然区划按不同片区选择代表性路段进行土的物理性质参数、土基回弹模量、压实度和干湿类型、稠度等参数的调研和试验，用以分析土基回弹模量，CBR 值随稠度和压实度变化的关系。本书主要调研和测试了山平高速公路、广源高速公路、河运高速公路、临吉高速公路及运三高速公路的典型路段，调研结果归纳如下：

首先，在山平高速公路、广源高速公路、河运高速公路、临吉高速公路及运三高速公路选取典型路段作为试验场地，开展现场相关试验，测试的相关指标主要包括现场回弹模量、CBR、压实度和含水率，通过现场试验手段来研究回弹模量与 CBR 的相关关系。

(1)山平高速公路

试验路段为山平高速公路 A9 合同段，该路段为黄土路基，朔州土样取自该合同段。在该路段共测 9 个点，在选点分别进行回弹模量测定、压实度测定、承载比 CBR 测定、含水率的测定，压实度的测定不应在承载板旁边，以避免承载板试验的影响。如图 7-12、图 7-13 所示。

图　7-12

图 7-12　现场 CBR 试验

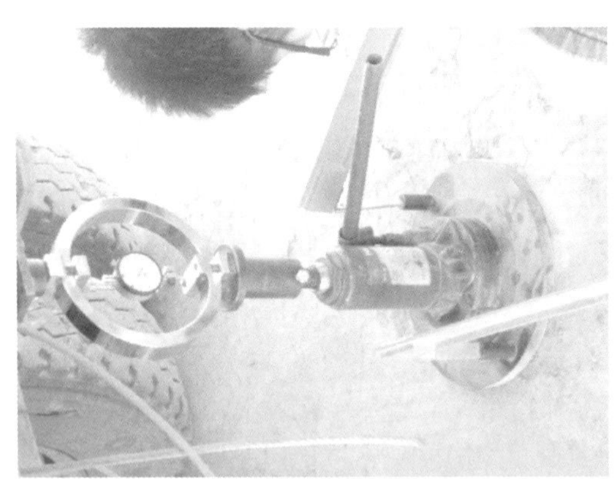

图 7-13　现场土基回弹模量试验

整理分析 9 个点的数据，承载比 CBR 与压实度 K（图 7-14），含水率值见表 7-2。

对表 7-2 数据进行线性回归分析，所得结果如下：

①回弹模量 E_0、承载比 CBR 与压实度 K 的关系

根据表 7-2，整理分析 CBR、回弹模量 E_0 与压实度 K 的关系。

图 7-14 灌砂法测定压实度现场试验

路基土的测定参数表 表 7-2

测　点	CBR(%)	回弹模量(MPa)	压实度 K(%)	含水率(%)
K218 +540	15.65059	26.770	93.4	10.478
K218 +550	11.64695	23.185	90.2	12.456
K218 +570	10.67637	15.966	89.2	11.460
K218 +590	16.01456	19.338	88.7	13.68
K218 +600	13.83076	17.684	89.4	14.56
K218 +620	7.910221	21.694	89.5	11.78
K218 +640	36.39672	44.990	94.6	7.860
K218 +660	30.57325	49.678	95.0	7.227
K218 +680	25.84167	50.116	94.3	7.346

从图 7-15 中可以看出,现场承载比 CBR 与压实度 K 的关系分布较好,基本上呈带状分布,对关系点进行数据拟合,得承载比 CBR 与压实度 K 的关系式为:

$$CBR = 61.578K^{14.827} \, (R^2 = 0.703) \tag{7-7}$$

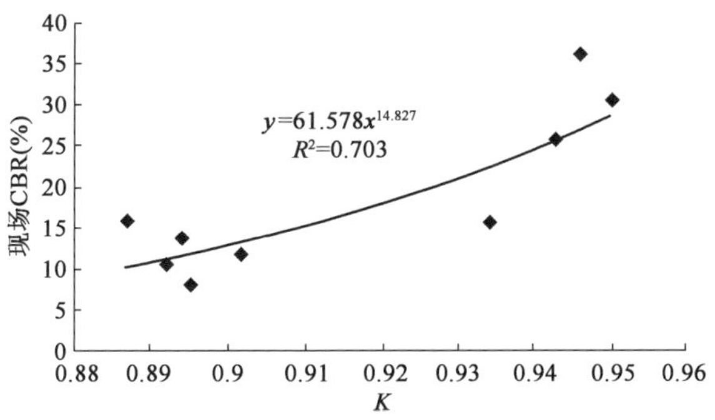

图 7-15 承载比与压实度的回归关系

从上式可以看出,随着压实度的提高,土体的 CBR 值不断增大,在开始阶段承载比 CBR 随压实度增长的速率比较缓慢,但当压实度不断增大,土体的 CBR 值会出现陡增的现象。对于山平高速公路现场土体来说,当压实度达到 96% 后基本已无法提高,主要由于山平段土体主要以粉土为主，较难压实，从而导致承载比 CBR 值无法大幅度提高，这就要求在现场施工时若要提高土体承载比 CBR，需在提高压实度的同时采取其他辅助措施来共同达到提高 CBR 的效果。

从图 7-16 可以看出，回弹模量 E_0 与压实度的关系与承载比 CBR 与压实度的关系曲线形态相似，也可近似拟合为幂函数关系：

$$E_0 = 100.31K^{14.778}\ (R^2 = 0.8848) \tag{7-8}$$

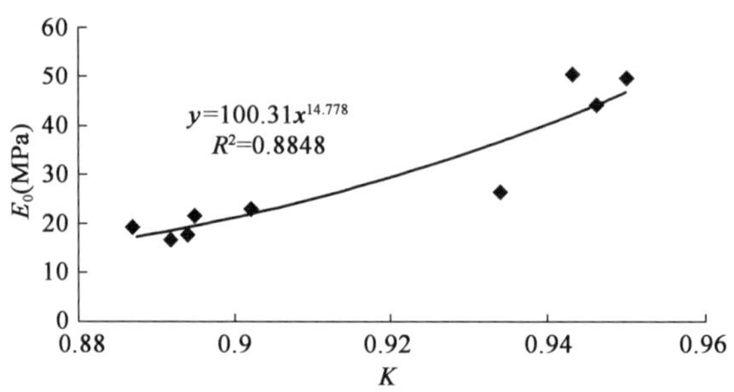

图 7-16　回弹模量与压实度回归关系

②回弹模量 E_0、CBR 与含水率的关系

在黄土路基上对选取的 9 个点做承载比 CBR、回弹模量 E_0 及相应的含水率试验，对数据整理分析得 CBR、回弹模量 E_0 与含水率 w 之间的关系（图 7-17）。

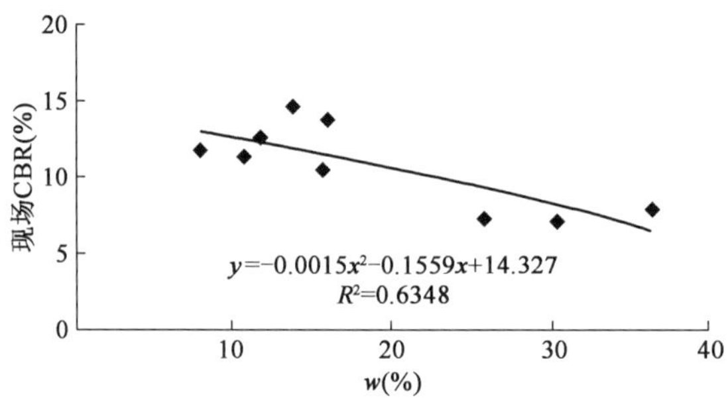

图 7-17　承载比与含水率的回归关系

对选定的 9 个点整理分析得，承载比 CBR 与含水率 w 的关系为：

$$\text{CBR} = -0.0015w^2 - 0.1559w + 14.327\ (R^2 = 0.6348) \tag{7-9}$$

对选定的 9 个点整理分析得，回弹模量 E_0 与含水率 w 的关系（图 7-18）为：

$$E_0 = 1140w^{-1.5925}\ (R^2 = 0.8868) \tag{7-10}$$

③现场回弹模量 E_0 与现场承载比 CBR 之间的关系

对所测 8 个点的 E_0 及 CBR 之间的关系整理得二者的关系（图 7-19）为：

从图 7-19 中看出一些点的离散性较大，这也由试验中人为误差、现场湿度不均、其他环境因素所导致，总体线性较好。

二者的关系为：

$$E_0 = 0.6996\text{CBR}^{0.9591}\ (R^2 = 0.7261) \tag{7-11}$$

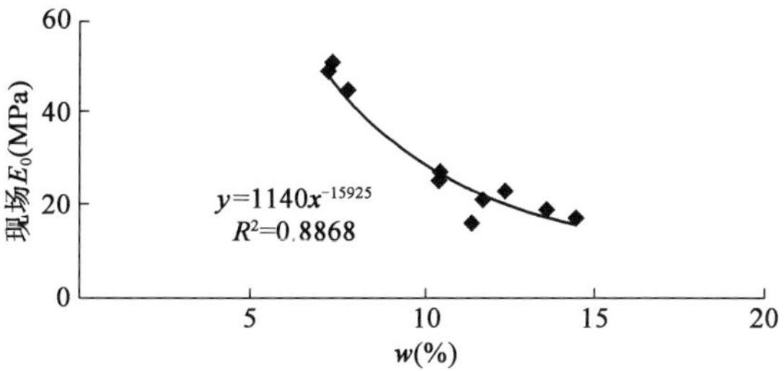

图 7-18 回弹模量与含水率的回归关系

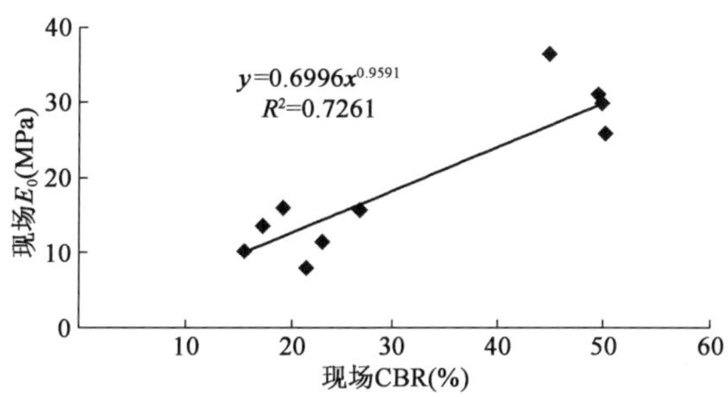

图 7-19 回弹模量与承载比的回归关系

④现场 CBR、E_0与含水率和压实度的相关关系

利用 SPSS 统计分析程序对表格中的数据进行非线性回归,得出如下结论:

$$E_0 = 9.293K^{5.901} w_c^{2.238} (R^2 = 0.939) \tag{7-12}$$

$$CBR = 35.413K^{13.828} w_c^{0.663} (R^2 = 0.775) \tag{7-13}$$

式中:K——压实度;

w_c——稠度。

(2)广源高速公路

试验路段为广源高速公路 12 标段,该路段为黄土路基,浑源土样取自该标段,在该标段共测 10 个点,在选点分别进行回弹模量测定、压实度测定、承载比 CBR 测定、含水率测定。

整理分析 10 个点的数据,承载比 CBR 与压实度 K,含水率值如表 7-3 所示。

路基土的测定参数表 表 7-3

测　　点	CBR(%)	回弹模量(MPa)	压实度 K(%)	含水率(%)
K78 +000	39.308	37.113	0.944	10.58
K78 +020	38.338	37.480	0.958	9.486
K78 +040	29.845	53.664	0.926	7.654
K78 +060	31.544	29.437	0.904	14.78
K78 +080	18.926	27.474	0.881	15.456
K78 +100	20.140	41.976	0.914	12.82
K78 +120	27.662	31.159	0.896	11.756

续上表

测　　点	CBR(%)	回弹模量(MPa)	压实度(%)	含水率(%)
K78 +140	32.029	38.889	0.957	7.598
K78 +160	25.478	28.259	0.895	14.57
K78 +180	34.213	35.480	0.914	12.82

对上表数据进行分析,将 K78 +040、K78 +100 两个歧义点剔除后,对剩余数据进行线性回归分析,所得结果内容如下:

①回弹模量 E_0、承载比 CBR 与压实度 K 的关系

根据表 7-3,整理分析承载比 CBR、回弹模量 E_0 与压实度 K 的关系(图 7-20)。

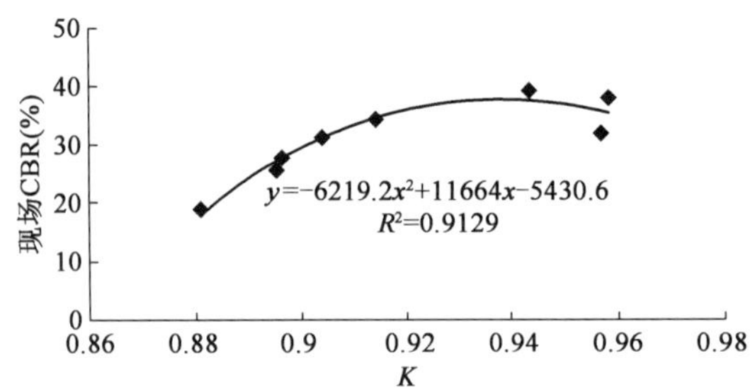

图 7-20　承载比与压实度的回归关系

对选取的 8 个试验点的数据整理分析得承载比 CBR 与压实度 K 的关系式(图 7-21)为:

$$\mathrm{CBR} = -6219K^2 + 11664K - 5430.6\ (R^2 = 0.9129) \tag{7-14}$$

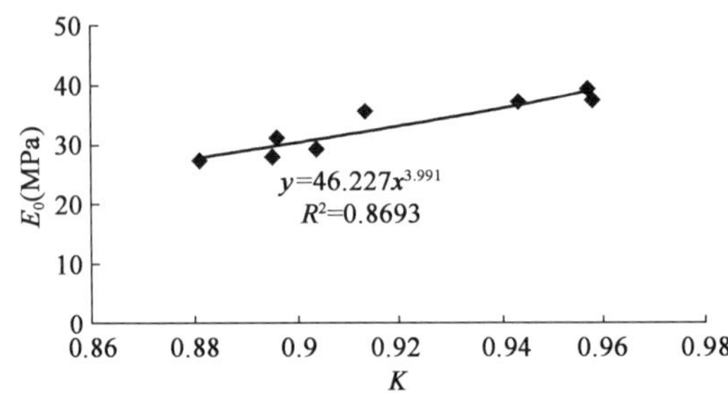

图 7-21　回弹模量与压实度回归关系

回弹模量 E_0 与压实度的关系(图 7-22)为:

$$E_0 = 46.227K^{3.991}\ (R^2 = 0.8693) \tag{7-15}$$

②回弹模量 E_0、CBR 与含水率的关系

在黄土路基上对选取的 8 个点做承载比 CBR、回弹模量 E_0 及相应的含水率试验,对数据整理分析得 CBR、回弹模量 E_0 与含水率 w 之间的关系为:

$$\mathrm{CBR} = -0.4982w^2 + 10.105w - 14.93\ (R^2 = 0.6289) \tag{7-16}$$

对选定的 8 个点整理分析得,回弹模量 E_0 与含水率 w 的关系(图 7-23)为:

$$E_0 = 113.34w^{-0.501}\ (R^2 = 0.7895) \tag{7-17}$$

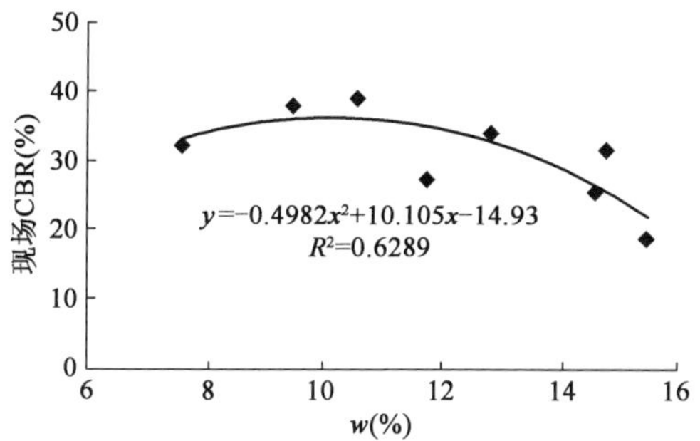

图 7-22 承载比与含水率的回归关系

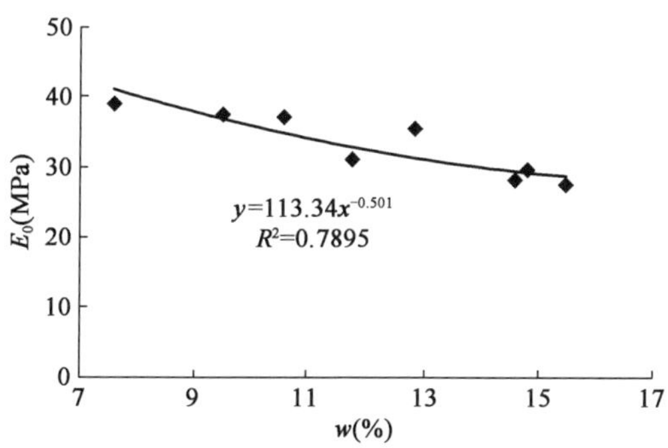

图 7-23 回弹模量与含水率的回归关系

③现场回弹模量 E_0 与现场承载比 CBR 之间的关系

对所测 8 个点的 E_0 及 CBR 之间的关系整理得二者的关系为：

从图 7-23 中看出一些点的离散性较大，这也由试验中人为误差、现场湿度不均、其他环境因素所导致，总体线性较好。

二者的关系（图 7-24）为：

$$E_0 = 6.4577\mathrm{CBR}^{0.4776}\ (R^2 = 0.6741) \tag{7-18}$$

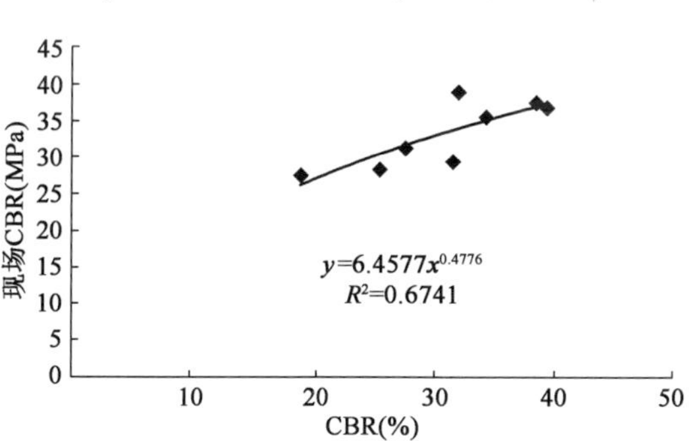

图 7-24 回弹模量与承载比的回归关系

④现场 CBR、E_0 与含水率和压实度的相关关系

利用 SPSS 统计分析程序对表格中的数据进行非线性回归，得出如下结论：

$$E_0 = 31.846K^{2.359}w_c^{0.358}\ (R^2 = 0.899) \tag{7-19}$$

$$\mathrm{CBR} = 11.468K^{10.472}w^{0.757}\ (R^2 = 0.774) \tag{7-20}$$

式中：K——压实度；

w——含水率；

w_c——稠度。

(3)河运高速公路

试验路段为河运高速公路6标段，该路段为黄土路基，万荣土样取自该合同段，在该合同段共测10个点，在选点分别进行回弹模量测定、压实度测定、承载比测定、含水率的测定。

整理分析10个点的数据，承载比CBR与压实度K、含水率w的值如表7-4所示。

路基土的测定参数表　　表7-4

测　点	CBR(%)	回弹模量 E_0(MPa)	压实度 K(%)	含水率 W(%)
K18+700	56.294	66.445	0.909	12.64
K18+720	60.419	64.793	0.911	11.24
K18+740	53.867	70.673	0.903	9.11
K18+760	65.029	57.244	0.881	11.34
K18+780	53.139	45.918	0.879	9.4
K18+800	54.595	44.354	0.889	9.0
K18+820	52.411	60.043	0.885	10.4
K18+840	53.382	47.502	0.895	8.8
K18+860	40.764	31.078	0.847	13.6
K18+880	45.860	33.753	0.867	9.0

对上表数据进行分析，将K18+740歧义点剔除后，对剩余9个数据进行线性回归分析，所得结果内容如下：

①回弹模量E_0、承载比CBR与压实度K的关系

根据表7-4，整理分析承载比CBR、回弹模量E_0与压实度K的关系，如图7-25所示。

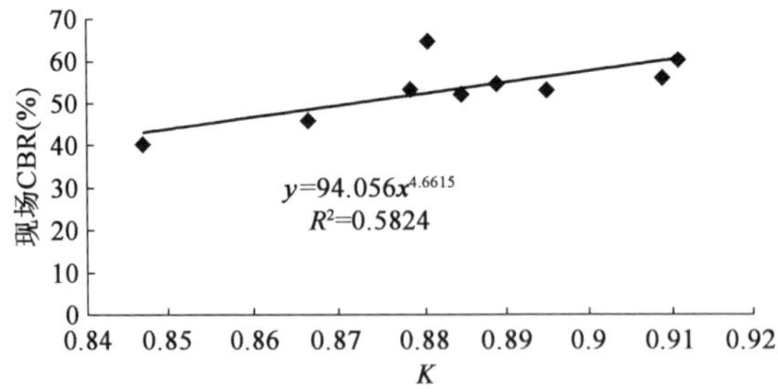

图7-25　承载比与压实度的回归关系

对选取的9个试验点的数据整理分析得承载比CBR与压实度K的关系式为：

$$CBR=94.056K^{4.6615}\ (R^2=0.5824) \tag{7-21}$$

回弹模量E_0与压实度K的关系(图7-26)为：

$$E_0=173.85K^{10.399}\ (R^2=0.7453) \tag{7-22}$$

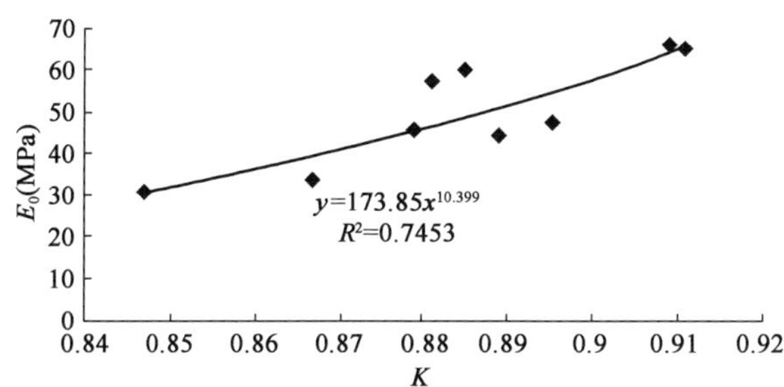

图 7-26 回弹模量与压实度回归关系

②回弹模量 E_0、承载比 CBR 与含水率w的关系

在黄土路基上对选取的 9 个点做承载比 CBR、回弹模量 E_0及相应的含水率试验，对数据整理分析得 CBR、回弹模量 E_0与含水率w之间的关系，如图 7-27 所示。

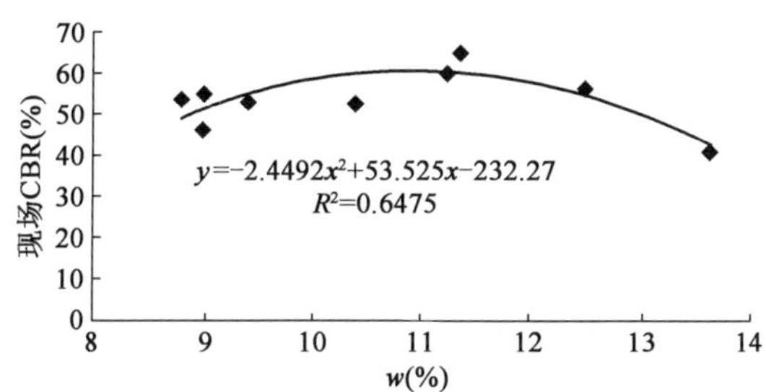

图 7-27 承载比与含水率的回归关系

对选定的 8 个点整理分析，得承载比 CBR 与含水率w的关系为：

$$CBR = -2.4492w^2 + 53.525w - 232.27 \quad (R^2 = 0.6475) \tag{7-23}$$

对选定的 8 个点整理分析，得回弹模量 E_0与含水率w的关系（图 7-28）为：

$$E_0 = -4.5792w^2 + 102.11w - 505.79 \quad (R^2 = 0.7291) \tag{7-24}$$

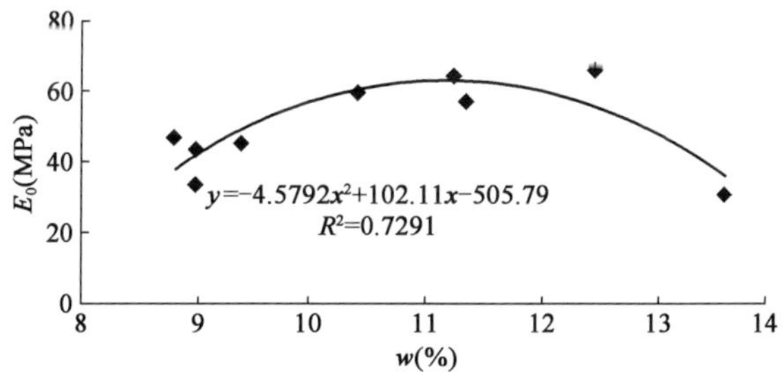

图 7-28 回弹模量与含水率的回归关系

③现场回弹模量 E_0与现场承载比 CBR 之间的关系

对所测 9 个点的 E_0及 CBR 之间的关系整理得二者的关系，如图 7-29 所示。

从图 7-29 中看出一些点的离散性较大，这也由试验中人为误差、现场湿度不均、其他环境因素所导致，总体线性较好。

二者的关系为：

$$E_0 = 0.0666CBR^{1.6596} \quad (R^2 = 0.7083) \tag{7-25}$$

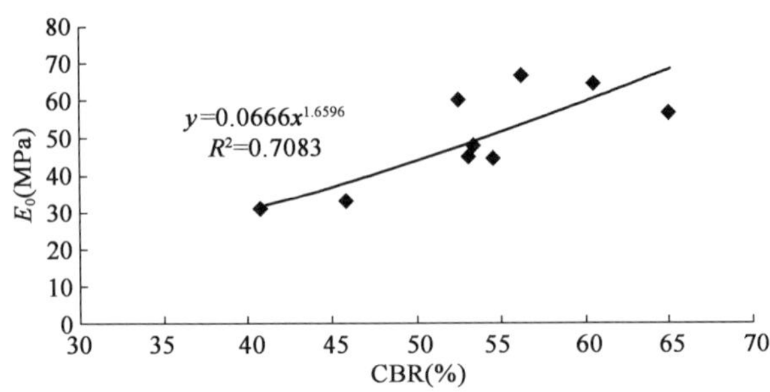

图 7-29 回弹模量与承载比的回归关系

④现场 CBR、E_0与含水率和压实度的相关关系

利用 SPSS 统计分析程序对表格中的数据进行非线性回归，得出如下结论：

$$E_0 = 50.972K^{9.310}w^{0.471}(R^2 = 0.794) \tag{7-26}$$

$$CBR = 83.381K^{4.181}w^{0.028}(R^2 = 0.506) \tag{7-27}$$

式中：K——压实度；

w——含水率。

(4)临吉高速公路

试验路段为临吉高速公路 1 标段，该路段为黄土路基，襄汾土样取自该标段，在该标段共测 19 个点，在选点分别进行回弹模量测定、压实度测定、承载比 CBR 测定、含水率的测定。

整理分析 19 个点的数据，承载比 CBR 与压实度 K，含水率值如表 7-5 所示。

路基土的测定参数表 表 7-5

测　点	回弹模量 E_0(MPa)	承载比 CBR(%)	压实度 K(%)	含水率 w(%)
K169 +580	77.943	55.323	0.962	10.75
K169 +600	87.713	65.514	0.993	9.978
K169 +620	122.847	80.073	0.994	9.139
K169 +640	43.091	61.874	0.881	11.34
K169 +660	58.573	54.596	0.969	9.09
K169 +680	61.586	59.448	0.955	9.14
K169 +700	62.175	56.294	0.965	11.29
K169 +720	41.068	53.139	0.943	8.79
K169 +740	71.119	98.999	0.952	9.43
K169 +760	39.985	55.808	0.864	12.58
K169 +780	27.054	53.867	0.885	12.67
K169 +800	124.763	56.294	0.978	9.49
K169 +820	46.817	43.676	0.945	12.46
K169 +840	30.373	62.117	0.858	13.47
K169 +860	68.238	52.411	0.981	8.754

续上表

测　　点	回弹模量 E_0(MPa)	承载比 CBR(%)	压实度 K(%)	含水率 w(%)
K169 +880	52.978	59.691	0.958	10.12
K169 +900	108.824	61.147	0.986	7.45
K169 +920	44.824	51.441	0.960	10.56
K169 +940	31.601	36.397	0.931	13.6

对上表数据进行分析,选取其中典型 12 个数据进行线性回归分析,所得结果如下:

①回弹模量 E_0、承载比 CBR 与压实度 K 的关系

根据表 7-5,整理分析 CBR、回弹模量 E_0与压实度 K 的关系如图 7-30 所示。

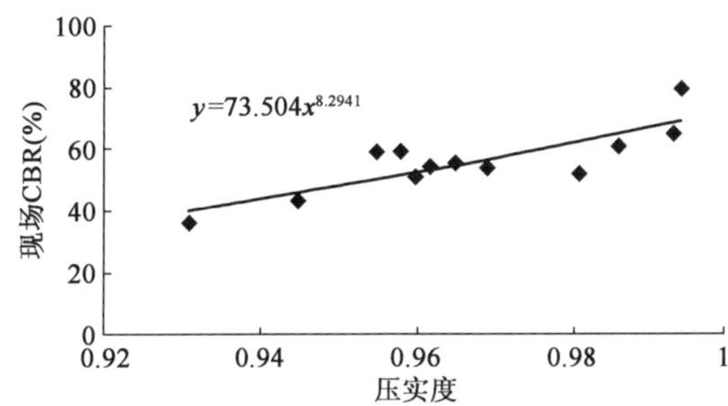

图 7-30　CBR 与压实度 K 的回归关系

对选取的 12 个试验点的数据整理分析得承载比 CBR 与压实度 K 的关系式为:

$$\text{CBR}=73.504K^{8.2941}\ (R^2=0.7012) \tag{7-28}$$

回弹模量 E_0与压实度的关系(图 7-31)为:

$$E_0=116.07K^{17.325}\ (R^2=0.806) \tag{7-29}$$

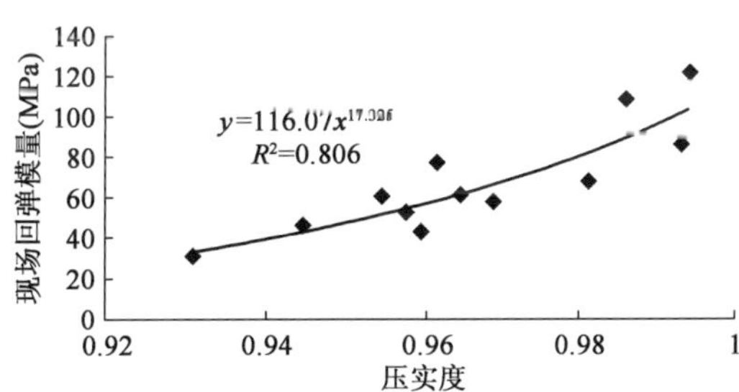

图 7-31　回弹模量 E_0与压实度回归关系

②回弹模量 E_0、CBR 与含水率的关系

在黄土路基上对选取的 12 个点做承载比 CBR、回弹模量 E_0及相应的含水率试验,对数据整理分析得 CBR、回弹模量 E_0与含水率 w 之间的关系,如图 7-32 所示。

对选定的 12 个点整理分析,得承载比 CBR 与含水率 w 的关系为:

$$\text{CBR}=-1.0621w^2+18.215w-16.185\ (R^2=0.5576) \tag{7-30}$$

对选定的 12 个点整理分析,得回弹模量 E_0与含水率 w 的关系(图 7-33)为:

$$E_0=3453.4w^{-1.725}\ \ (R^2=0.5431) \tag{7-31}$$

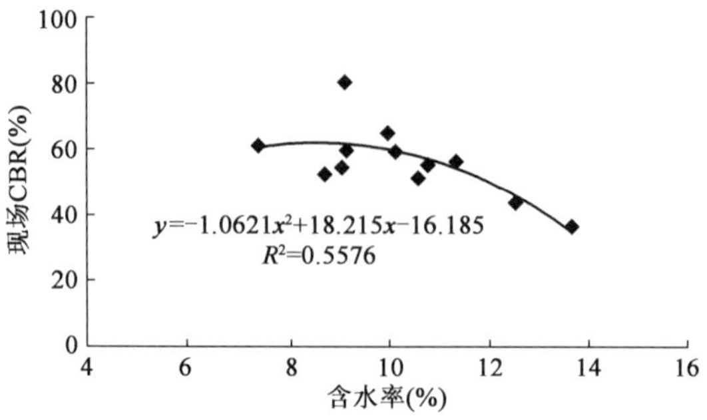

图 7-32　承载比 CBR 与含水率的回归关系

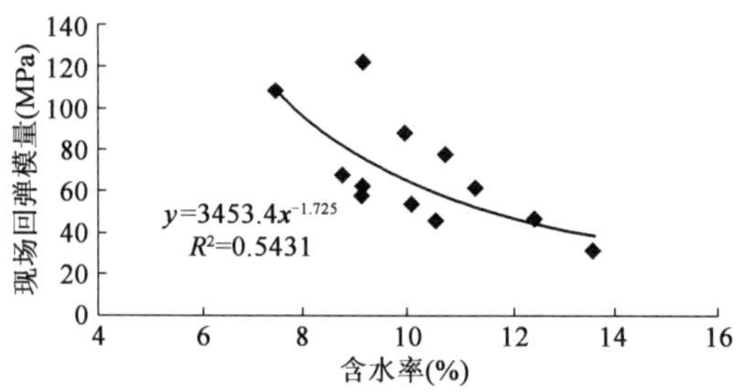

图 7-33　回弹模量 E_0 与含水率的回归关系

③现场回弹模量 E_0 与现场承载比 CBR 之间的关系

对所测 12 个点的 E_0 及 CBR 之间的关系整理得二者的关系，如图 7-34 所示。

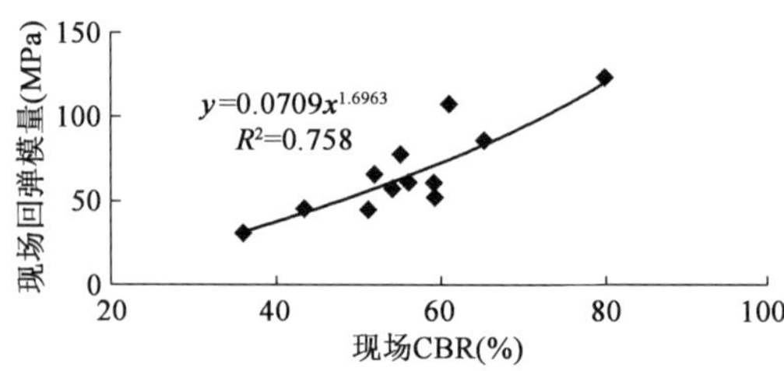

图 7-34　回弹模量 E_0 与承载比 CBR 的回归关系

从图 7-34 中看出一些点的离散性较大，这也由试验中人为误差、现场湿度不均匀、其他环境因素所导致，总体线性较好。

二者的关系为：

$$E_0 = 0.0709\mathrm{CBR}^{1.6963}\ (R^2 = 0.758) \tag{7-32}$$

④现场 CBR、E_0 与含水率和压实度的相关关系

利用 SPSS 统计分析程序对表格中的数据进行非线性回归，得出如下关系：

$$E_0 = 60.938K^{15.964}w_c^{0.665}\ (R^2 = 0.789) \tag{7-33}$$

$$\mathrm{CBR} = 60.764K^{7.264}w_c^{0.674}\ (R^2 = 0.674) \tag{7-34}$$

式中：K——压实度；

w_c——稠度。

(5)运三高速公路

运城至三门峡高速公路起点为运城市，途经庙前、张店，终点为平陆县以南三门峡黄河

大桥桥头，全长 42.6km。采用现场 CBR 测试方法和承载板法对 CBR 值和土基模量进行定点检测。该路段土样的液限主要集中在 30% 左右、塑限平均在 19.5% 左右，塑性指数平均在 11 左右。整个路段土基的检测结果见表 7-6。

路基土的测定参数表 表 7-6

测点	回弹模量 E_0(MPa)	承载比 CBR(%)	压实度 k(%)	含水率 w(%)
K2 +000	129.7	112.5	108.5	11.6
K3 +000	105.7	43.8	102.7	10.3
K4 +000	129.3	83.6	103	11.9
K5 +000	141.6	46.1	102.9	11.6
K21 +000	68.1	25.3	104.6	7.43
K27 +500	83.7	22.3	91	10.5
K28 +780	75.3	18.2	90	6.5
K30 +700	72.9	14.2	88.7	8
K33 +150	96.4	47.2	96.1	10
K37 +350	92.3	36.8	90	12
K37 +800	66.1	13.6	88.4	9.6
K40 +000	101.9	21.3	96.2	7.6

对上表数据进行分析，所得结果如下：

①回弹模量 E_0、CBR 与压实度 K 的关系

根据表 7-6，整理分析 CBR、回弹模量 E_0 与压实度 K 的关系，如图 7-35 所示。

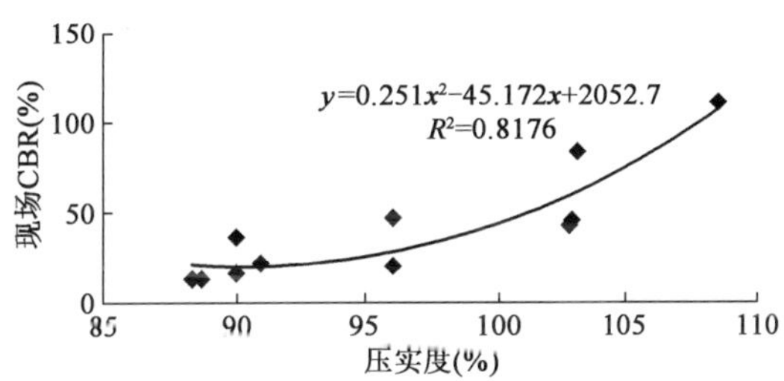

图 7-35 CBR 与压实度 K 的回归关系

如图 7-36 所示，对选取的 12 个试验点的数据整理分析，得承载比 CBR 与压实度 K 的关系式为：

$$CBR = 0.251K^2 - 45.172K + 2052.7 (R^2 = 0.8167) \tag{7-35}$$

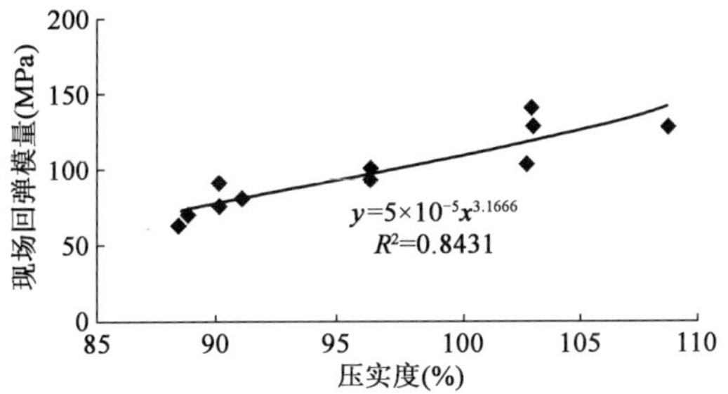

图 7-36 回弹模量 E_0 与压实度回归关系

回弹模量 E_0 与压实度的关系为：

$$E_0 = 5 \times 10^{-5} K^{3.167} (R^2 = 0.843) \tag{7-36}$$

②回弹模量 E_0、CBR 与含水率的关系

在黄土路基上对选取的 12 个点做承载比 CBR、回弹模量 E_0 及相应的含水率试验，对数据整理分析得 CBR、回弹模量 E_0 与含水率 w 之间的关系，如图 7-37 所示。

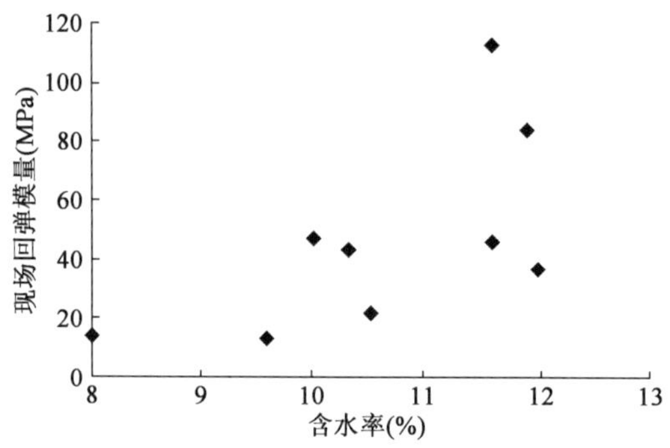

图 7-37　承载比 CBR 与含水率的回归关系

对选定的 12 个点整理分析得，承载比 CBR 与含水率 w 的相关性较差。从图 7-38 中看出一些点的离散性较大，这与现场湿度不均以及环境因素有关系。

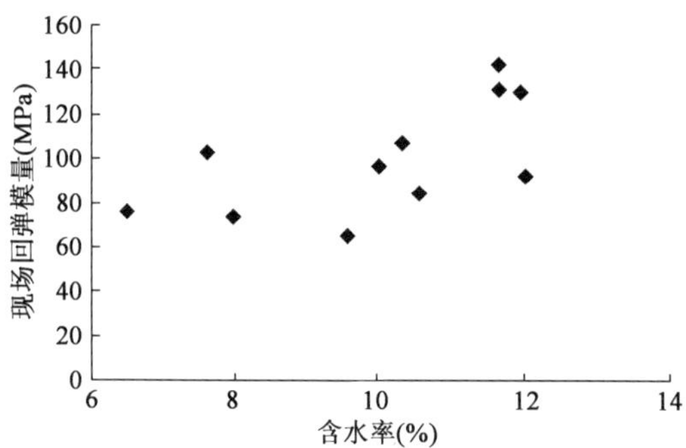

图 7-38　回弹模量 E_0 与含水率的回归关系

对选定的 12 个点整理分析得，回弹模量 E_0 与含水率 w 的相关性较差。从图中看出一些点的离散性较大，这是由试验中人为误差、现场湿度不均、其他环境因素所导致的。

③现场回弹模量 E_0 与现场承载比 CBR 之间的关系

对所测 12 个点的 E_0 及 CBR 之间的关系进行整理，得二者的关系如图 7-39 所示。

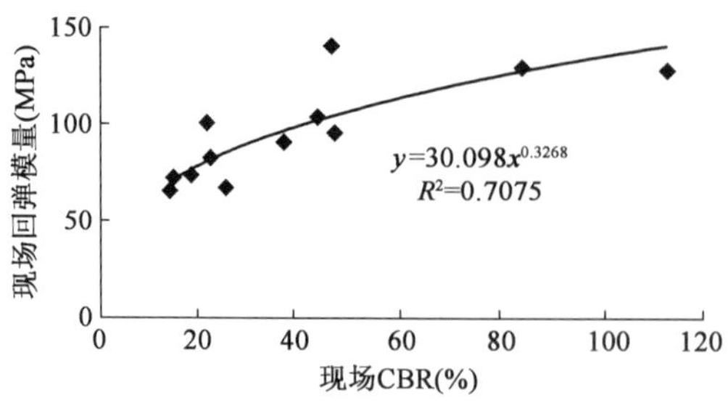

图 7-39　回弹模量 E_0 与承载比 CBR 的回归关系

从图中看出，由回弹模量 E_0 和 CBR 组成双对数坐标，二者的关系为：

$$E_0 = 30.098\mathrm{CBR}^{0.3268} \; (R^2 = 0.708) \tag{7-37}$$

④现场 CBR、E_0 与含水率和压实度的相关关系

利用 SPSS 统计分析程序对表格中的数据进行非线性回归，得出如下结论：

$$E_0 = K^{-0.979} w^{0.126} \; (R^2 = 0.676) \tag{7-38}$$

$$\mathrm{CBR} = K^{-0.959} w^{0.005} \; (R^2 = 0.519) \tag{7-39}$$

式中：K——压实度；

w——含水率。

对五个典型场地的回弹模量求平均值，可以发现在地理位置上呈现出由北向南回弹模量逐渐增大的趋势，如图 7-40 所示。

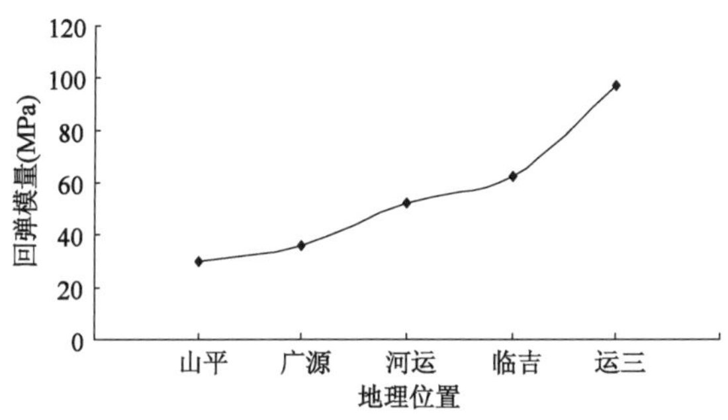

图 7-40 回弹模量随地理位置的变化曲线

7.2.2 现场回弹模量与 CBR 测定值的修正系数研究

现行《公路沥青路面设计规范》(JTG D50)仅是简单地以公路自然区划和土质类型给出了模量参考值，随着路基湿度的波动和土质类型的变化，路基回弹模量会产生很大的变化。而且，对于不同土质类型的回弹模量和 CBR 值并没有进一步详细的划分和规定。相对来说室内试验的影响因素较少，得出的试验数据规律性较好，因此本项目通过大量的室内试验对现场回弹模量进行修正，以期能为设计和施工提供一定的指导作用。

(1)室内回弹模量与 CBR 试验

选取四条高速公路典型黄土路基断面，现场取土样，在室内测定土样在最佳含水率条件下的室内 CBR 值和土基回弹模量值，室内土的承载比 CBR 的测定采用承载比(CBR)试验(T 0134—1993)测定，回弹模量采用承载板法(T 0135—1993)测定。相关的试验结果见表 7-7。

在最佳含水率条件下不同路段的 CBR 值和回弹模量值 表 7-7

工 程 名 称	最佳含水率	最佳含水率条件下不浸水室内 CBR 值(%)	最佳含水率条件下室内回弹模量值(MPa)
山平高速公路	12%	21.738	33.391
河运高速公路	12%	55.827	41.965

续上表

工程名称	最佳含水率	最佳含水率条件下不浸水室内CBR值(%)	最佳含水率条件下室内回弹模量值(MPa)
广源高速公路	12%	28.962	15.675
临吉高速公路	10%	45.728	42.965

(2)现场回弹模量与CBR的调整系数

对不同地区的E_0值和CBR值采用公式$F_S=M_R/M_{ROPT}$来计算路基回弹模量调整系数,其中,M_R为现场回弹模量值或者CBR值,M_{ROPT}为室内最佳含水率条件下的回弹模量或者CBR值。利用最佳含水率状态下的CBR与路基实际状态下的CBR建立关系,提出现场CBR的修正系数,从而利用修正系数推算现场CBR值。利用最佳含水率状态下的回弹模率与路基实际状态下的回弹模量值建立关系,提出现场回弹模量的修正值,从而推算现场回弹模量值。

选取四条高速公路,选取典型断面进行相关的现场试验,试验结果及调整系数的换算结果如下。

①山平高速公路

试验路段为山平高速公路A9合同段,该路段为黄土路基,压实度为96%,共测9个点,在选点出分别进行回弹模量的测定(T 0943—2008)、承载比CBR值的测定(T 0941—2008)。

该路段黄土的物理性质如下:液限30.295%;塑限20.760%;最佳含水率12%;最大干密度1.884g/cm^3。

从表7-8中不难发现,现场测试的土基回弹模量值普遍小于室内承载板测定的回弹模量值,原因主要是由于室内承载板试验法测定土基的回弹模量时未考虑试件高度方向和水平方向的尺寸效应,而仍将土基简化为弹性半空间体进行计算,因压缩层厚度非常有限,故相应的回弹模量值较现场的偏大。根据回弹模量的调整系数可知,现场回弹模量的取值范围为14.2~44.5MPa。

②河运高速公路

试验路段为河运高速公路6标段,该路段为黄土路基,压实度为96%,共测10个点,在选点处分别进行回弹模量值的测定(T 0943—2008)、承载比CBR值的测定(T 0941—2008)。

该路段黄土的物理性质如下:液限32.305%;塑限20.890%;最佳含水率12%;最大干密度1.952g/cm^3。

从表7-9可以看出,现场回弹模量值总体上较室内最佳含水率条件下的回弹模量值小,根据回弹模量的调整系数可以推出现场回弹模量的范围为38.6~87.8MPa。

③广源高速公路

试验路段为广源高速公路12标段,该路段为黄土路基,压实度为96%,共测8个点,在选点处分别进行回弹模量值的测定(T 0943—2008)、承载比CBR值的测定(T 0941—2008)。该路段黄土的物理性质如下:液限30.09%;塑限20.77%;最佳含水率12%;最大干密度1.942g/cm^3。

现场回弹模量 E_0 与承载比 CBR 测定值以及两者调整系数的计算结果　　表 7-8

测　点	CBR（%）	E_0（MPa）	室内 CBR（%）	室内 E_0（MPa）	CBR 调整系数	E_0 调整系数
K218 +540	15.65059	26.770	21.738	33.391	0.720	0.802
K218 +550	11.64695	23.185			0.536	0.694
K218 +570	10.67637	15.966			0.491	0.478
K218 +590	16.01456	19.338			0.737	0.579
K218 +600	13.83076	17.684			0.636	0.530
K218 +620	7.910221	21.694			0.364	0.650
K218 +640	36.39672	44.990			1.674	1.347
K218 +660	30.57325	49.678			1.406	1.488
K218 +680	25.84167	50.116			1.189	1.501
K218 +540	15.65059	26.770			0.720	0.802
调整系数平均值					0.8473	0.8871

现场回弹模量 E_0 与承载比 CBR 测定值以及两者调整系数的计算结果　　表 7-9

测　点	CBR（%）	E_0（MPa）	室内 CBR（%）	室内 E_0（MPa）	CBR 调整系数	E_0 调整系数
K18 +700	56.294	66.445	55.827	41.964	1.008	1.583
K18 +720	60.419	64.793			1.082	1.544
K18 +740	53.868	70.673			0.964	1.684
K18 +760	65.029	57.244			1.165	1.364
K18 +780	53.140	45.918			0.952	1.094
K18 +800	54.596	44.354			0.978	1.057
K18 +820	52.411	60.043			0.939	1.431
K18 +840	53.382	47.502			0.956	1.132
K18 +860	40.764	31.078			0.730	0.741
K18 +880	45.860	33.753			0.821	0.804
调整系数平均值					0.960	1.243

从表 7-10 中可以看出，现场 CBR 值与室内最佳含水率条件下的 CBR 值几乎相吻合，现场回弹模量的测定值相对室内最佳含水率条件下的回弹模量值偏小，根据回弹模量调整系数推的现场回弹模量推荐值的范围为 58.1 ~82.3MPa。

现场回弹模量 E_0 与承载比 CBR 测定值以及两者调整系数的计算结果　　表 7-10

测　点	CBR（%）	E_0（MPa）	室内 CBR（%）	室内 E_0（MPa）	CBR 调整系数	E_0 调整系数
K78 +000	39.308	37.113	28.963	15.675	1.357	2.368
K78 +020	38.338	37.480			1.324	2.391
K78 +060	31.544	29.437			1.089	1.878

续上表

测 点	CBR（%）	E_0（MPa）	室内CBR（%）	室内E_0（MPa）	CBR 调整系数	E_0调整系数
K78+080	18.926	27.474	28.963	15.675	0.653	1.753
K78+120	27.661	31.1594			0.955	1.988
K78+140	32.029	38.889			1.106	2.481
K78+160	25.478	28.2599			0.880	1.803
K78+180	34.213	35.480			1.181	2.264
调整系数平均值					1.068	2.116

④临吉高速公路

试验路段为临吉高速公路1标段，该路段为黄土路基，压实度为96%，共测11个点，在选点处分别进行回弹模量值的测定（T 0943—2008）、承载比CBR值的测定（T 0941—2008）。

该路段黄土的物理性质如下：液限26.29%；塑限19.81%；最佳含水率10%；最大干密度2.006g/cm^3。

从表7-11可以看出，现场CBR值比室内最佳含水率条件下的CBR值小，现场回弹模量值与室内最佳含水率条件下的回弹模量值相差不大，现场回弹模量的推荐范围为35.2～79.4MPa。

现场回弹模量 E_0 与承载比 CBR 测定值以及两者调整系数的计算结果 表7-11

测 点	CBR（%）	E_0（MPa）	室内CBR（%）	室内E_0（MPa）	CBR 调整系数	E_0调整系数
K169+640	61.874	43.091	45.728	42.964	1.353	1.002
K169+660	54.595	58.573			1.193	1.363
K169+680	59.448	61.586			1.300	1.433
K169+700	56.294	62.175			1.231	1.447
K169+720	53.139	41.068			1.162	0.955
K169+760	55.808	39.985			1.220	0.930
K169+820	43.676	46.817			0.955	1.089
K169+840	62.117	30.373			1.358	0.707
K169+860	52.411	68.238			1.146	1.588
K169+880	59.690	52.978			1.305	1.233
K169+920	51.440	44.824			1.124	1.043
调整系数平均值					1.214	1.163

7.3 本章小结

本章采用FLAC3D有限差分软件，利用实体单元模拟土体，建立二维平面应变有限元分析模型，并进行现场回弹模量测试，结果表明：

(1)不同荷载水平下黄土路基地表沉降规律基本一致:从中央分隔带往路肩方向,地表沉降先增大后减小,近似呈"勺子"状。同时,随着填土高度的增加,路基的沉降逐渐增大。

(2)在荷载水平较小时,路基沉降理论计算结果与数值计算结果较为接近;荷载水平较大时,与数值计算结果偏差较大,但总体规律较为吻合。

(3)现场测试的土基回弹模量值普遍小于室内承载板测定的回弹模量值,原因主要是由于室内承载板试验法测定土基的回弹模量时未考虑试件高度方向和水平方向的尺寸效应,而仍将土基简化为弹性半空间体进行计算,因压缩层厚度非常有限,故相应的回弹模量值较现场的偏大。

8　重载作用下典型黄土路基全寿命时空演化规律研究

为深入分析和揭示黄土地区路基长期性能时空演化规律,项目依托吉河高速公路黄土路基的特殊地质环境条件,充分考虑施工、降雨和地基影响范围对路基的影响,形成系统的现场试验监测方案,建立了路基智能监测系统。系统监测施工过程和工后运营过程中黄土路基不同区域(动)土压力、沉降、路基侧向变形等重要指标,揭示黄土路基变形和力学演化规律。

8.1　黄土路基监测指标选取

根据黄土路基的特殊地质环境条件,本书确定了4个监测参数:路基沉降量、路基侧向位移量、路基湿度以及土层压力。其中沉降量是主要监测参数和路基湿度。水对路基沉降的影响是不可忽略的,在湿陷性黄土地区则更为重要。水对路基的影响是通过水对路基填土的稳定性破坏来实现的。水的入渗和浸泡使得路基填土的黏聚力和内摩擦角值显著降低,从而使路基填土的抗剪强度大大降低,导致路基发生沉降变形。对湿陷性黄土而言,水对路基沉降的影响除了上述表现以外,最主要的原因是对湿陷性黄土结构的破坏,使得黄土的承载能力迅速下降,导致路基沉降。因此,把路基湿度也作为一个重要的监测参数。对于高填方路基,由于填筑体自重较大,加上行车荷载作用,容易产生压缩变形,导致路基产生侧向位移,因此也需要对水平位移进行监测,项目采用测斜仪对路基侧向位移进行监测。

8.2　黄土路基长期远程自动监测系统

8.2.1　监测系统

路基沉降的变形规律是一个长期的过程,需要大量的沉降数据为之支撑,在监测时间、监测数据数量、监测数据的时效性和监测数据分析处理等方面都有更高的要求,如果依靠人工每天用测量仪器采集数据,其成本很高,而且准确度不高。这就需要一个能长期、实时和方便的路基沉降监测系统。因此,本研究选择具有监测数据自动采集和无线传输功能的监测采集及分析系统。

(1)数据采集:能定期地、自动地获取各种监测数据,不需要人工现场操作。所有数据能及时地传输到监控主机进行处理。这样就可以方便、低成本地采集数据,对于研究路基沉降变形规律是非常重要的,这也是本监测系统的一个特殊点。

(2)数据分析:能对同一监测指标进行分析,还可对不同指标进行相关性分析。

(3)长期监测:在高速公路运营后,能长期、持续地监测路基的沉降变形大小,为后期研究沉降规律提供基础数据。

该系统利用GPRS或CDMA等无线公用网络进行数据传输,实现远程无线数据采集和监控。采集箱自动化数据采集系统通过无线模块接入Internet网,监控主机只要接入Internet网就可进行远程数据采集和监控。监测系统示意图如图8-1所示。

图8-1 采集系统调试及维护

数据采集软件要求:通过对有效采集数据的综合处理和分析,自动生成多种曲线图;操作界面简单、直观、易用。采集软件界面及监测机房如图8-2所示。

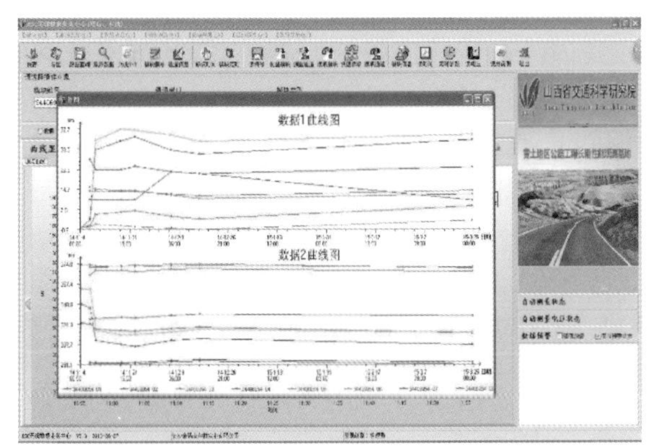

图8-2 采集软件界面及监测机房

8.2.2 监测仪器

本研究选择四种传感器:单点沉降计、土压力盒、土壤湿度计和测斜仪,分别对沉降量、土压力、土壤含水率、水平位移进行监测。所选监测仪器在路基监测方面有许多成功应用的案例,为本研究的顺利进行提供了可靠的技术和数据支持及保障。

(1)单点沉降计

①单点沉降计工作原理

单点沉降计由位移计、锚头、法兰沉降盘、测杆等部件组成。适用于测量锚头与沉降盘之间土体的变形位移,可进行长期监测和自动化测量。单点沉降计的锚头设置在相对不动点(一般是设置在基岩处),法兰沉降盘则设置在需要监测高程处。当地基下沉时,沉降盘与地基同步下沉，使传感器的活动导磁体在其磁通感应线圈内发生相对滑移，通过读数仪测出位移量，实现沉降观测目的。量程为10～40cm，分辨率为0.01～0.1mm。

②单点沉降计安装方法及步骤

a.钻孔：在观测点位置进行准确测量放样后即可进行钻孔，孔径大小以ϕ90～110mm为宜，并测量钻孔是否垂直。钻孔深度穿过软土层、大于地基压缩层厚度，直至基岩且应入岩500mm，应无缩孔、塌孔现象。若发生缩孔或塌孔时，则应立即采用ϕ110PVC套管进行护壁。套管埋入深度应大于缩孔或塌孔部位深度。

b.探孔：首先用等径接头连接好锚头与测杆，将接好锚头的测杆缓慢放入已钻好的钻孔内(锚头朝下，测杆朝上)。待测杆顶部离孔口高约200mm时停住，且用等径接头加长测杆，再往下放置，直至锚头下放到孔底。根据下放至孔内测杆长度确定孔的实际深度。在进行探孔时要保证孔底无沉渣、淤泥等，保证单点沉降计的锚头与基岩直接接触。

c.安装：为了更好地保护单点沉降计主体，要求法兰沉降盘应安装与地基基础面以下10～20cm，因此在探孔、确定好孔深后，所需测杆总长应采用不同长度的测杆来配置。其所需测杆总长=实际孔深-1.4m(沉降计主体拉伸总长)-(0.1～0.2)m。在确定好所需测杆后，将锚头、测杆与沉降主体连接好、安装至孔内且锚头至基岩。

d.注浆：为了将锚头与基岩更好地锚固成为整体，必须用注浆方式将锚头固定。首先，将注浆管直插到孔底，把注浆管的另一端与地质钻水镑出水管相连接，用地质钻水镑进行注浆。水泥浆比例(水：水泥=1：1)，孔底浆层深度为1～2m。

e.灌沙：单点沉降计安装好，待水泥浆沉淀2h后，往孔内灌沙回填，以防止安装孔塌孔而影响测试数据。灌沙时应缓慢灌注，以防孔被堵塞，在灌沙的同时用2m长的竹竿或钢管将沙稍微夯实，使灌沙至法兰沉降盘以下10cm处，再用混凝土填实至法兰沉降盘(防止施工后期雨水渗入孔内而影响路基结构)，法兰沉降盘上部可用中粗沙回填至地基面。

f.保护：单点沉降计及传输电缆的保护是安装后其不被损坏的关键所在，因此装好单点沉降计后，将传输电缆套上ϕ20mmPVC钢丝波纹管进行保护，钢丝波纹管首端应插入法兰沉降盘下，并挖深300mm、宽100mm的布线槽，集中从观测箱一侧引出路基，有条件的可引入自动采集箱内，并注意使钢丝波纹管及导线适当松弛。布线槽用中粗沙回填至地基面，接头注意防水。单点沉降计现场安装过程如图8-3所示。

(2)土壤湿度计

①土壤湿度计原理

通过测量土壤的介电常数，能直接稳定地反映各种土壤的真实水分含量。标定方式采用比较法，测量与土壤本身的机理无关的土壤水分的体积百分比，土壤温湿度计将土壤含水率与温度结合为一体进行测量，可进行长期监测和自动化测量。其安装采用于路基、边坡、待测土壤成型后再钻孔埋入的方式和预埋方式，即在观测处将土壤温湿度计埋设于土体内。

②土壤湿度计安装方法及步骤

a.土壤温湿度计安装前检验：首先，仔细阅读土壤温湿度计与测试仪说明书，了解土壤温湿度计具体参数，熟悉测试仪使用操作；再将土壤温湿度计与测试仪连接，按测试仪“开/关”键开机进行测量，检测土壤温湿度计是否工作正常；检查安装杆、安装杆等径接头、安装套筒是否齐全。检查传感器数量及导线长度是否正确，以确定传感器在运输过程中是否损坏或丢失。

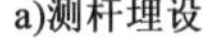

a)测杆埋设

b)测孔回填

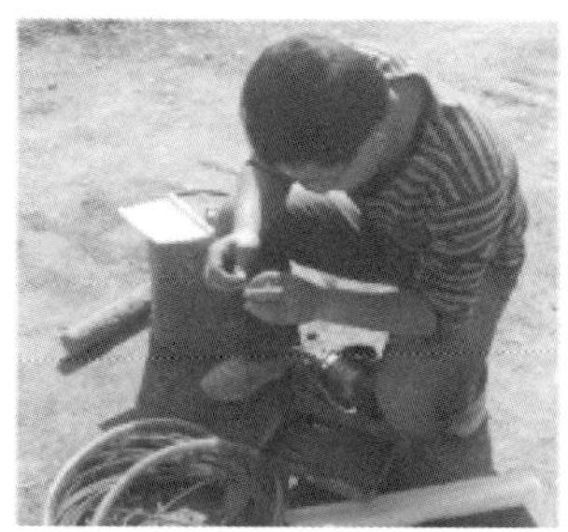

c)数据采集

图 8-3 点沉降计安装及采集

b. 安装时间确定：一般原地面上部填筑垫层 300mm 以上，清理好场地后，选择无雨、雪天气进行钻孔预埋安装。

c. 布点：根据设计方案进行测量，确定土壤温湿度计安装孔位。

d. 成孔：在预埋位置要求钻孔，孔径大小以大于 ϕ80mm 为宜，钻孔偏差应小于 1.5%。并无塌孔、缩孔现象存在，软土层应以泥浆护壁，钻孔至拟埋底部土壤温湿度计拟埋高程以上 0.2 ~ 0.3m 的深度。若有塌孔或缩孔较快现象，必须先下套管再进行钻孔。套管深度应大于缩孔或塌孔部位深度。

e. 安装：先把将要装入钻孔底部的土壤温湿度计进行调零，并做好记录、存档。一是将土壤温湿度计连接好测试仪进行测量；二是调零，手工记录好十壤温湿度计编号、零点时温度；三是用测试仪对整个安装过程进行监测。在整个安装过程中，土壤温湿度计埋设深度由安装杆长度准确控制。首先将土壤温湿度计装上安装套筒，装好定位销，连接安装杆，将土壤温湿度计下放到钻孔中，待安装杆杆顶离孔口高约 200mm 时停住，用等径接头加长安装杆，再继续下放，直至土壤温湿度计安装到孔底，用人工或钻机缓慢加压安装杆顶部，将土壤温湿度计压至埋设深度，此时定位销脱落，再将安装杆退出钻孔。退出安装杆后，观察测试仪数据显示，确定土壤温湿度计安装后工作是否正常。记录好土壤温湿度计埋设深度、断面里程、测点编号、现场埋设安装人员、日期、天气。回填钻孔。直至该土壤温湿度计埋设完备。

f. 保护：埋设安装好该断面土壤温湿度计后，将土壤温湿度计测试导线集中套上 PVC 钢丝软管进行保护，并挖槽将 PVC 钢丝软管从一侧引出路基，制作好相应标示牌，插在土壤温湿度计导线布置部位，以作标示。并安排专职人员负责看管，以防土壤温湿度计导线因施工或自然因素而破坏。土壤温湿度计现场安装过程如图 8-4 所示。

a)浅层埋设

b)深层埋设

c)数据采集

图8-4 土壤温湿度计安装及采集

(3)测斜仪

①测斜仪原理

测斜管通常安装在穿过不稳定土层至下部稳定地层的垂直钻孔内。使用数字垂直活动测斜仪探头、控制电缆、滑轮装置和读数仪来观测测斜管的变形。第一次观测可以建立起测斜管位移的初始断面,其后的观测会显示当地面发生运动时断面位移的变化。观测时,探头从测斜管底部向顶部移动,在半米间距处暂停并进行测量倾斜工作。探头的倾斜度由两支受力平衡的伺服加速度计测量所得。一支加速度计测量测斜管凹槽纵向位置,即测斜仪探头上测轮所在平面的倾斜度;另一支加速度计测量垂直于测轮平面的倾斜度。倾斜度可以转换成侧向位移。对比当前与初始的观测数据,可以确定侧向偏移的变化量,显示出地层所发生的运动位移。绘制偏移的变化量可以得到一个高分辨率的位移断面图。此断面图有助于确定地面运动位移的大小、深度、方向和速率。

②测斜仪安装方法及步骤

a. 在选定的部位钻孔,孔径以大于测斜导管最大外径40mm为宜,钻孔的铅直度偏差不应大于正负1°。孔深达无水平位移处,即应埋入硬土层或基岩中不少于1m。

b. 接长管道时,应使导向槽严格对正,不得偏扭。

c. 将有底盖的测斜导管放入钻孔内，用管接头将测斜导管连接，然后逐根边铆接、边封闭边下入孔内，注意应使测斜导管内的一对导槽向预计位移的主方向靠近。安装测斜管时必须保证管内清洁。

d. 导向槽与欲测方位应用经纬仪严格对正。

e. 测斜导管与孔壁之间的空隙用粗砂回填。

f. 埋设完成后，应及时记录测斜孔编号、孔深、孔口高程、孔底高程、埋设位置、导槽方向等有关资料，并经一段时间稳定后，即可建立初值。

测斜管现场安装过程如图 8-5 所示。

a)测斜管埋设

b)测斜探头放置

c)数据采集

图 8-5　测斜管安装及采集

(4) 土压力盒

①土压力盒原理

当被测结构物内土应力发生变化时，土压力计感应板同步感受应力的变化，感应板将会产生变形，变形传递给振弦转变成振弦应力的变化，从而改变振弦的振动频率。电磁线圈激励振弦并测量其振动频率，频率信号经电缆传输至读数装置，即可测出被测结构的压应力值。

②土压力盒安装方法及步骤

a. 埋设前应先将把土压力盒置于与所测环境温度一致的环境中半个小时以上，再测定其初始频率，该数值应等于或接近该土压力计出厂标定表中的零点频率，记录该数值，将其作为以后代入计算公式的数据。

b. 埋设时将土压力盒受力膜(承压膜)面朝向土体并与拟测压力方向垂直。监测垂直土压力时，应将土压力盒底部填入 10cm 深中砂压实垫平，用水平尺控制将土压力盒安装水平。

c. 埋设过程中应有土压力膜保护措施。

d. 安装好土压力盒后，在其周围覆盖 30cm 厚的中砂，压实。

e. 同断面土压力盒安装完成后，测试导线应套上 PVC 钢丝软管或蛇纹管进行保护，并集中从一侧引出路基。

f. 在土压力盒上填筑层较薄的情况下,其附近 0.5m 范围内土方或碎石应用人工推平及小型机具碾压,不得用大型机械推土碾压,以防土压力盒及导线因施工或自然因素而破坏。

土压力盒现场安装过程如图 8-6 所示。

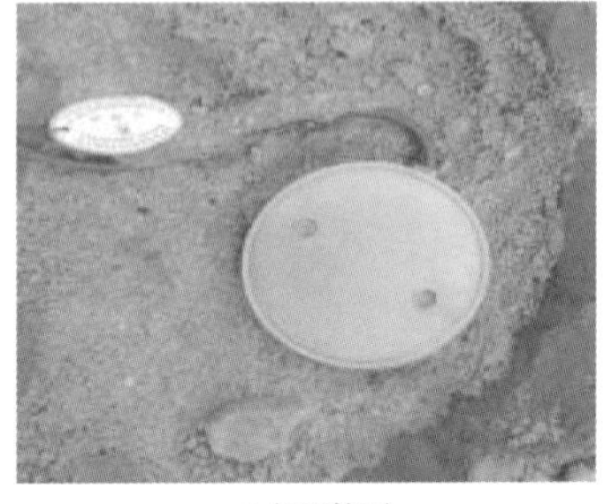

a)水平校对

b)压力盒刻槽

c)连接线刻槽

图 8-6 土压力盒安装

8.2.3 监测断面布设

监测断面及点位的选择应按照以下原则进行:

(1)观测断面应根据不同的地基条件、不同的结构部位等具体情况选择。

(2)观测点应布置在同一个路基横断面上,有利于集中观测,统一观测频率,更重要的是便于对各种监测数据的综合分析。

(3)监测点及传感器的埋设应确保标设准确、埋置稳定,并在沉降监测期间对监测点埋设区域采取有效的保护措施,防止人为因素对仪器造成破坏,保证监测的连续性和安全性。

8.3 黄土路基施工阶段监测

依托山阴至平鲁段高速公路,对黄土地区公路路基变形特性进行了施工阶段的现场监测工作。在路基基底埋设土压力盒、单点沉降计、分层沉降计和测斜管,并对路基力学和变形特性进行分析和研究。

8.3.1 施工监测方案

监测方案如图 8-7 所示,具体监测内容如下:

(1)路基基底沉降:采用单点沉降计,在两侧路肩和中心轴对应位置设置。

(2)路堤顶面沉降:采用钢钎桩,在两侧路肩对应位置设置,中心埋设一个沉降板,沉降板底埋设在路基中心轴对应位置。

(3)地基分层沉降:采用分层沉降仪,设置在路基中心。

(4)地基深层侧向(水平)位移观测:采用测斜仪对主观测断面进行地基深层水平变形观测,设置在路基两侧坡脚处(靠近排水沟内侧)。

(5)基底压力:采用土压力盒监测基底压力,在两侧路肩、路肩与坡脚中心和中心轴对应位置设置。

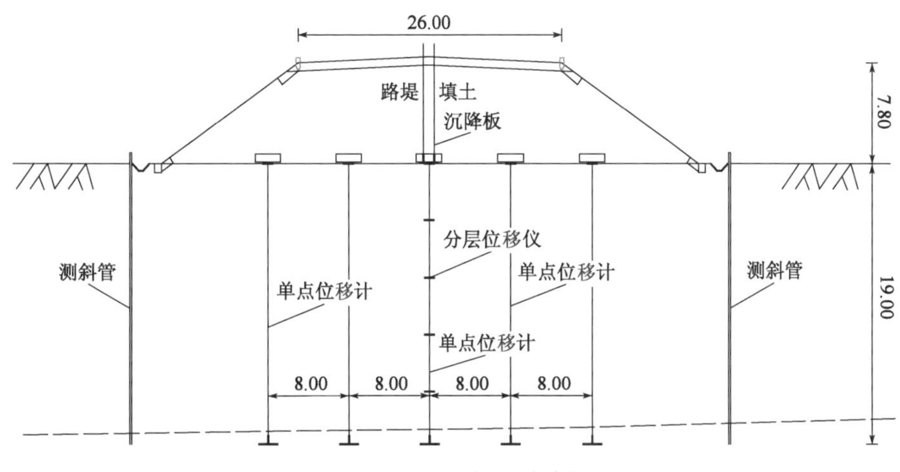

图 8-7　施工监测方案(尺寸单位:m)

对现场监测段土性进行取样分析,如图 8-8 所示,传感器埋设如图 8-9 所示,路堤于 2012 年 5 月 1 日开始填筑,目前路堤填筑已基本完成,正在进行路面结构施工。

图 8-8　监测段钻孔取样

图 8-9　测斜管埋设

8.3.2　黄土路基施工阶段演化规律研究

(1)路基沉降规律分析

图 8-10 为无筋工况地基表面沉降随路堤填筑高度的变化曲线。从图中可看出:地基表面沉降随着路堤填筑高度的增加而增加;在填筑初期(填筑路堤高度 4.5m 前),随着路堤高度的增加,路堤表面各处产生的沉降量几乎相同;当路堤填筑高度从 4.5m 增加至 7.0m 时,

路堤表面各处产生的沉降量呈线性显著增大,且不同位置处的增幅出现明显差异;当路堤填筑高度超过7.0m后,路堤表面各处产生的沉降增幅减小,此时路堤表面各处产生的沉降差异较明显;在路堤填筑结束后,路堤中心轴处沉降值最大达166.5mm,路堤左右侧16m处最小为129.7mm。

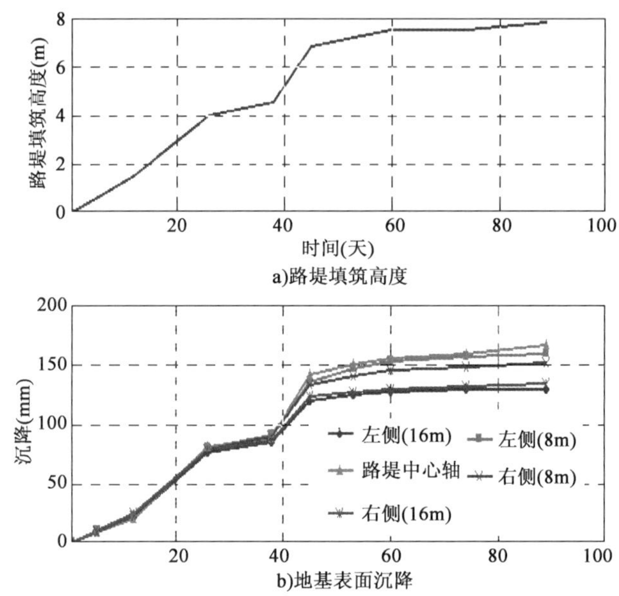

图8-10 地基表面沉降变化规律

图8-11为无筋工况不同时间地基表面沉降分布曲线。从图中可看出:地基表面沉降随着时间的增加而增加;路堤填筑初期,路堤表面沉降随着时间的增加而产生的沉降增量较大,在填筑后期随时间推移产生的沉降增量逐渐减小;在各时期路堤表面沉降均以路堤中心轴为对称轴向两侧递减。

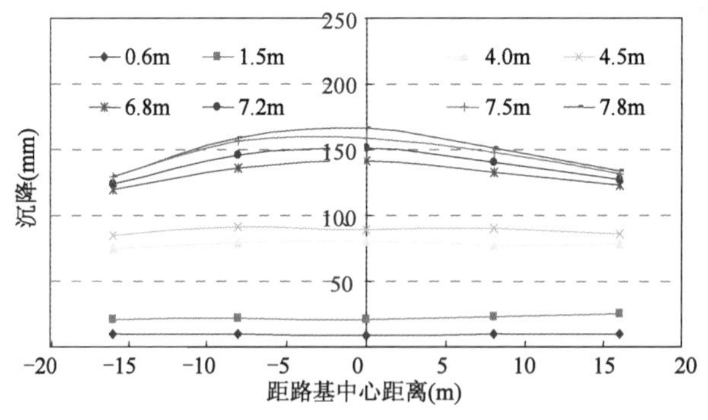

图8-11 地基表面沉降分布曲线

(2)路基土压力规律分析

图8-12为无筋工况地基表面土压力随路堤填筑高度的变化曲线。从图中可看出:地基表面土压力随着路堤填筑高度的增加而增加;路堤填筑初期(填筑路堤高度4.5m前),随着路堤高度的增加,路堤表面各处的土压力值几乎相同;当路堤填筑高度从4.5m增加至7.0m

时，路堤表面各处的土压力值呈线性显著增大，且不同位置处的增幅出现明显差异；当路堤填筑高度超过7.0m后，路堤表面各的土压力值随路堤填筑高度的增加产生的增幅减小，此时路堤表面各处的土压力值差异较明显；在路堤填筑结束后，路堤中心轴及路堤左右侧8m位置的土压力值最大达145kPa，路堤左右侧16m处较小约为123kPa。

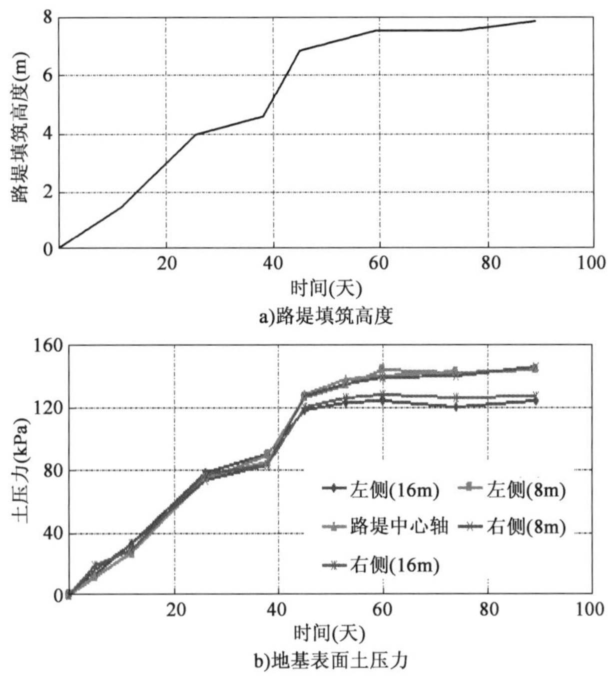

图8-12　地基表面土压力变化规律

图8-13为无筋工况地基表面土压力分布曲线。从图中可看出：地基表面土压力随着时间的增加而增加；路堤填筑初期（2012年6月12日前）路堤表面沉降随着时间的增加而产生的土压力值增量较大；在填筑后期，随时间推移产生的土压力值增量逐渐减小，在2012年6月20号后，路堤左右侧16m处的土压力值几乎不变，路堤中心轴及路堤左右侧8m处有小幅度增加，最后地基表面土压力以路堤中心轴为对称轴向两侧递减。

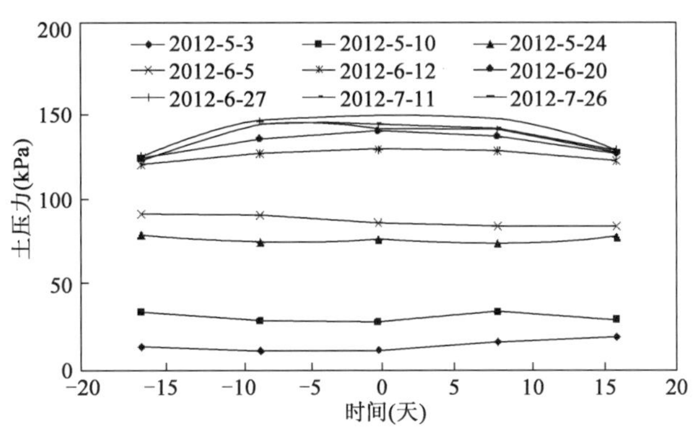

图8-13　地基表面土压力分布曲线

(3)路基分层沉降规律分析

图8-14为无筋工况地基分层沉降随路堤填筑高度的变化规律。从图中可看出:不同高度位置沉降计的沉降值均随着路堤填筑高度的增加而增加;在填筑前期(填筑路堤高度4.5m前),各位置处沉降量随着路堤高度的增加呈线性增加;当路堤填筑高度从4.5m增加至7.0m时,路堤表面各处产生的沉降量呈线性显著增大,增幅较前期的要大;当路堤填筑高度超过7.0m后,路堤表面各处产生的沉降增幅减小;在相同时间点,沉降值随着沉降计位置高度的增加而增加,在路堤填筑结束后,19.0m位置处的沉降值最大达113.82mm。

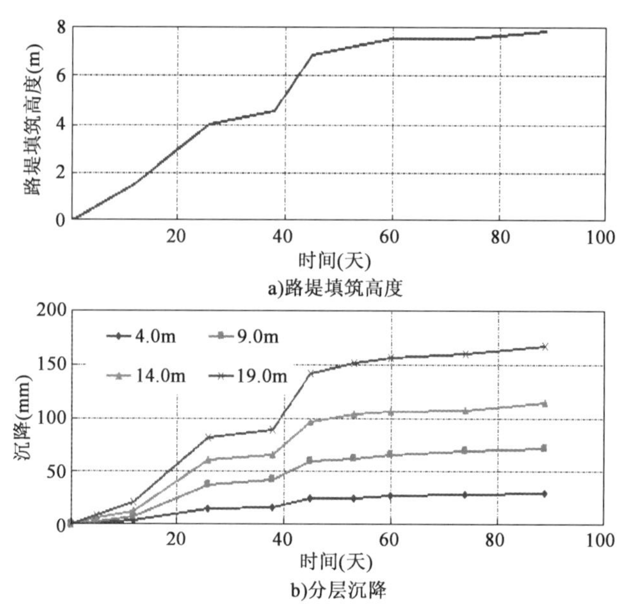

图8-14 分层沉降变化规律

图8-15为无筋工况地基分层沉降分布曲线。从图中可看出:地基表面分层沉降随着时间的增加而增加;在填筑初期(2012年6月12日前),路堤表面沉降随着时间的增加而产生的沉降增量较大,在填筑后期随时间推移产生的沉降增量逐渐减小。

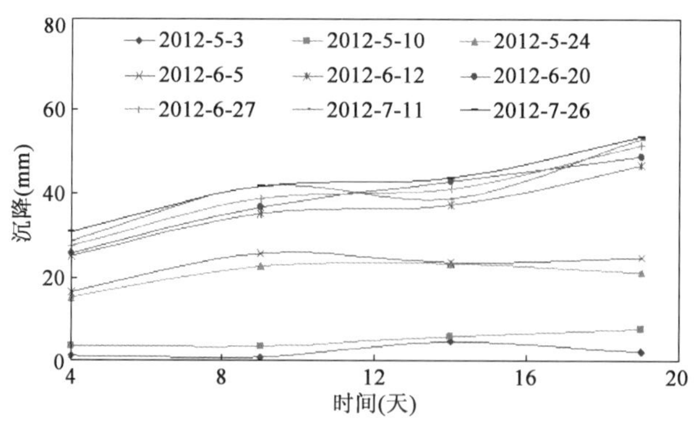

图8-15 分层沉降分布曲线

(4)路基侧向位移规律分析

图8-16为无筋工况左侧路基侧向位移沿深度分布曲线。从图中可看出:侧向位移随着

时间的增加而增加;在前期随时间的增加而产生的侧向位移增量比后期的要大;在前期各深度处产生的侧向位移值较均匀,随时间推移,不同深度处产生的侧向位移值存在较大差异。

图 8-17 为无筋工况右侧路基侧向位移沿深度分布曲线。从图中可看出:侧向位移随着时间的增加而增加;在前期随时间的增加而产生的侧向位移增量比后期的要大;在前期各深度处产生的侧向位移值较均匀,随时间推移,不同深度处产生的侧向位移值存在较大差异。

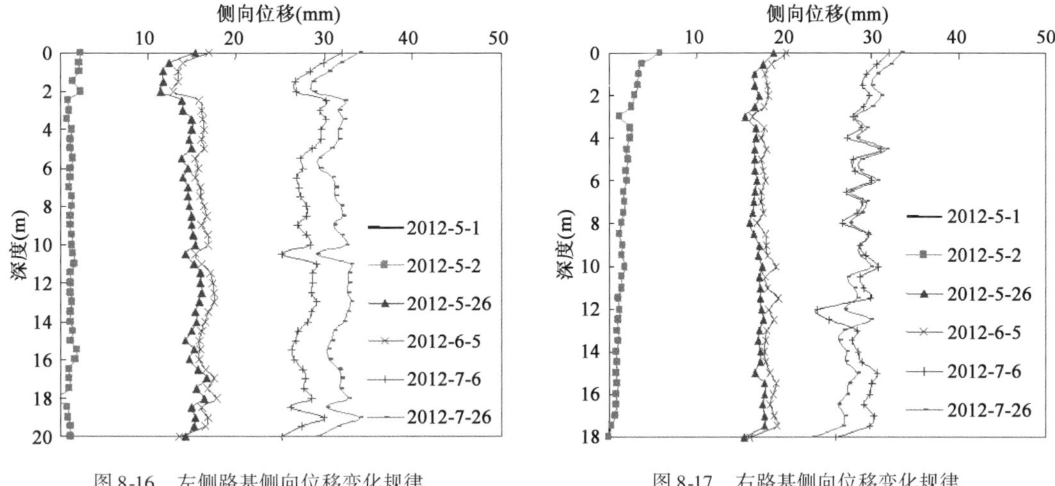

图 8-16 左侧路基侧向位移变化规律

图 8-17 右路基侧向位移变化规律

8.4 黄土路基长期性能监测

选取吉河高速公路 K6 +000 ~ K8 +000 段作为监测路段,选择 K6 +220、K6 +330、K7 +045、K7 +380 共计 4 个断面,分别为半挖半填、高填方、挖方、路基结构,基本涵盖了黄土路基常见结构形式。

8.4.1 长期监测方案

以路基沉降量、路基侧向位移量、路基湿度以及土层压力为监测参数。该系统埋设单点沉降计、土压力盒、土壤湿度计和测斜仪等累计 50 余个,16 通道自动化数据采集系统 4 套。通过该监测系统对路堤的全方位、长时间的跟踪监测,揭示了黄土路堤变形演化规律。

监测段的选择主要考虑路段的安全性级别和地基处理方式。监测路段具有典型性和代表性,便于监测方案的实施。监测路段概况如图 8-18 所示。

在对监测断面进行现场踏勘、地层资料研究及稳定性分析的基础上,进行了监测点的布设。断面监测点布设如图 8-19 所示。

8.4.2 黄土路基长期性能演化规律研究

(1)不同断面类型路基沉降规律分析

四个断面路基沉降时程曲线如图 8-20 所示。

监测断面一于 2014 年 10 月 13 日布设,从整体趋势看,不同位置处路基沉降规律相同,即在传感器埋设初期(前 13 ~25 天),由于路基各结构层的铺设,路基沉降量显著增加,直至达到最大沉降量;而后(20～40 天),路基沉降小幅度回落,之后(40 天之后),路基沉降由于土体固结等因素,缓慢增大。进入汛期(239 天以后),沉降速率变大。

a)监测断面一

b)监测断面二

c)监测断面三

d)监测断面四

图 8-18　监测断面现场

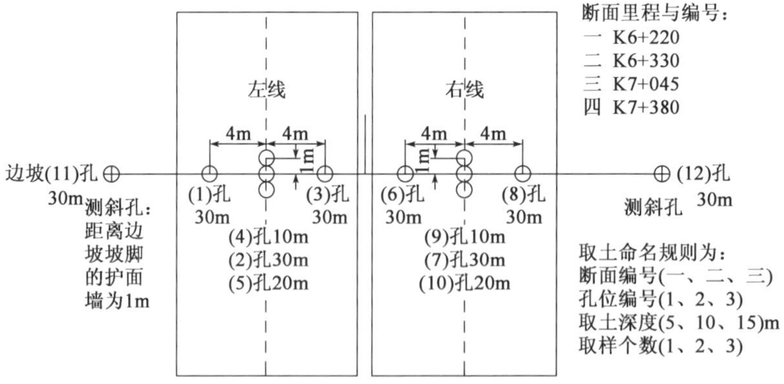

图 8-19　各断面测点布设示意图

不同位置处达到最大沉降量时间不同,监测第 25 天,编号 622870 号传感器达到初期最大沉降量最大,达到 26.2mm。监测第 13 天,编号 622866 号传感器、编号 622867 号传感器、编号 623281 号传感器和编号 623340 号传感器初期沉降量达到最大,分别为 9.2mm、10.9mm、14.1mm 和 15.44mm。

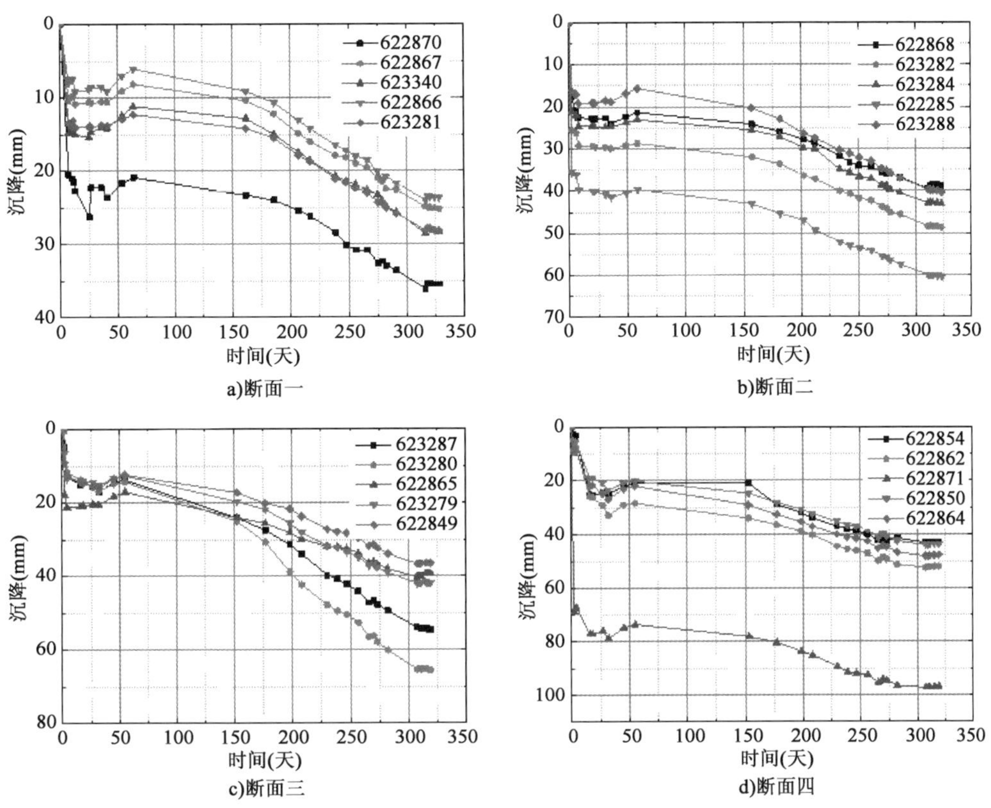

图 8-20 各监测断面沉降曲线

后期监测第 248 天和 256 天路基分别分两次填筑水泥稳定层 20cm 厚,共计 40cm。同时,从第 239 天开始(2015 年 6 月 9 日)路基所在地区开始进入汛期,故除路基填筑荷载外,降雨也是导致路基沉降速率增大的又一主要因素。

其他断面路基沉降变形整体趋势和断面一类似,在此不再赘述。现将不同断面形式下路基沉降规律进行比较分析,如图 8-21 所示。

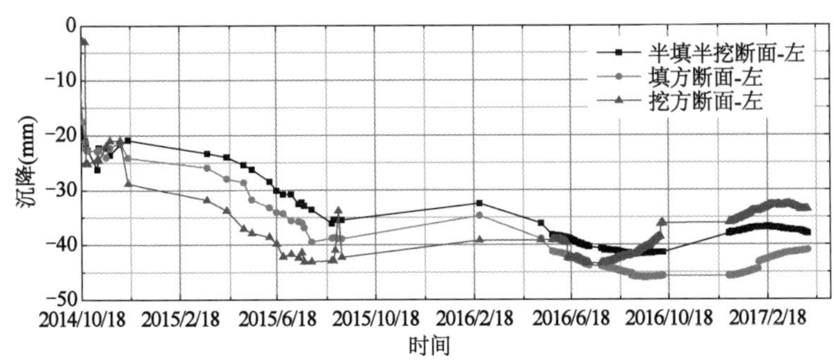

图 8-21 不同断面形式下路基沉降时程曲线

从图 8-21 可知,三种断面形式(半填半挖断面、填方断面和挖方断面)的监测点沉降总体上表现为两个阶段,即急剧增长段和缓慢增长段。其中急剧增长段主要发生在施工期,主要表现为路基土体的固结沉降和次固结沉降;缓慢增长段主要发生在运营期,主要表现在车辆荷载对路基的压缩变形和路基运营初期的次固结沉降。就三种断面形式而言,在施工期,挖方断面的沉降值最大,填方断面次之,半填半挖断面最小。进入运营期后,填方路基的沉降值变为最大,半填半挖断面沉降次之,挖方段的沉降变为最小。分析原因,认为在施工阶段,挖方段施工对监测点的扰动较大,加之挖方机械的荷载作用传递至监测点位置,使得挖方段的沉降值较大;填方断面由于沉降主要以固结沉降为主,所以传递至监测点处的沉降值也较大;而半填半挖断面为防止填挖结合处的不均匀沉降,铺设了土工格栅,使得该断面的沉降得到有效控制,沉降值增幅显著减小。在运营阶段,由于填方断面的固结时间较长,还未完全达到稳定状态,加之运营后车辆荷载的作用,路基的沉降值显著增大;对于挖方段而言,运营后路基稳定性较好,所发生的沉降均为车辆荷载的压缩变形,故沉降增幅最小;半填半挖断面由于填方沉降和挖方沉降的协同作用,沉降次之。

(2)不同结构形式下路基沉降规律

图 8-22 为 2 号断面轻幅和重幅、通车前后路基沉降曲线。

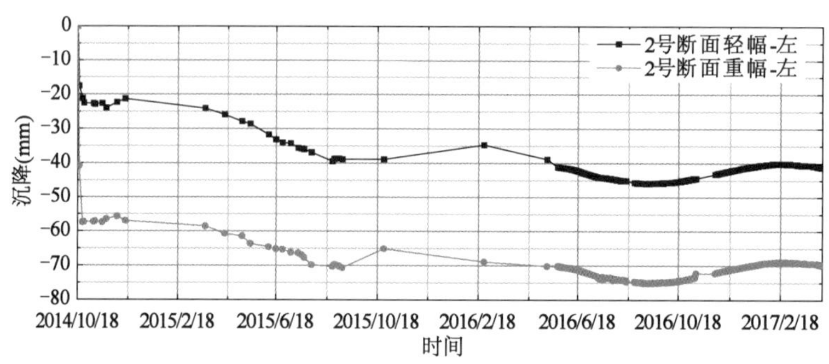

图 8-22　不同结构形式下路基沉降时程曲线

从图 8-22 断面二重幅侧和轻幅侧路基沉降曲线对比分析,不难发现,路基重幅侧观测点的沉降值无论在施工期还是运营期均大于路基轻幅侧的沉降。分析原因,认为重幅侧路基设计标准较高,在施工期主要表现为路床顶面的回弹模量较大,路基的压实度较大。在达到同样高度的沉降时耗费的机械作用越大,压实功越大。因此在施工期铺筑路基时重幅侧较轻幅侧路基的碾压遍数较多,多会出现经幅侧路基高程大于重幅侧路基高程的现象。在运营期由于路基重幅侧的车辆荷载较大,加之重幅侧路基路肩为黄土高边坡,受降雨和坡表径流影响较大,使得重幅侧路基的沉降偏大。

(3)同一断面路基空间沉降规律

为了掌握路基随时间的长期发展演化规律,本项目在每个断面分别设置了 5 个沉降观测点,其中沿路线设置了 3 个,间距为 1m,沿路基断面方向设置了 3 个,间距为 4m,路线方向的观测点和路基横断面方向观测点连线正交,中心点共用。下面具体分析了各个断面路基沉降的空间发展规律,如图 8-23 所示。

从图 8-23 可知,四个断面的观测点沉降大致呈现出逐渐增大的趋势,个别沉降点数据反常,原因是监测原件连接线路损坏,重新连接后数据受干扰较大。同时还可以发现,沉降的增大并不是平稳过渡的,而是波动变化的。分析原因主要是受季节因素影响的结果。以 1 号断面为例,在进入 8、9 月时,即雨季时期,路基的沉降量明显增大,过了雨季进入冬季后,路基的沉降量增幅减小，且有负增长的趋势。分析认为，雨季来临时路基土体的含水率增大，土体强度降低，使得路基的固结沉降和荷载作用下路基沉降值迅速增大。在冬季气温降低，路基内部的水分开始冻结，直接将土颗粒包裹形成复合体，提高了路基土体的整体强度，使得路基固结沉降和荷载作用下的沉降值减小。另外，还可以看出各个断面监测点的沉降在

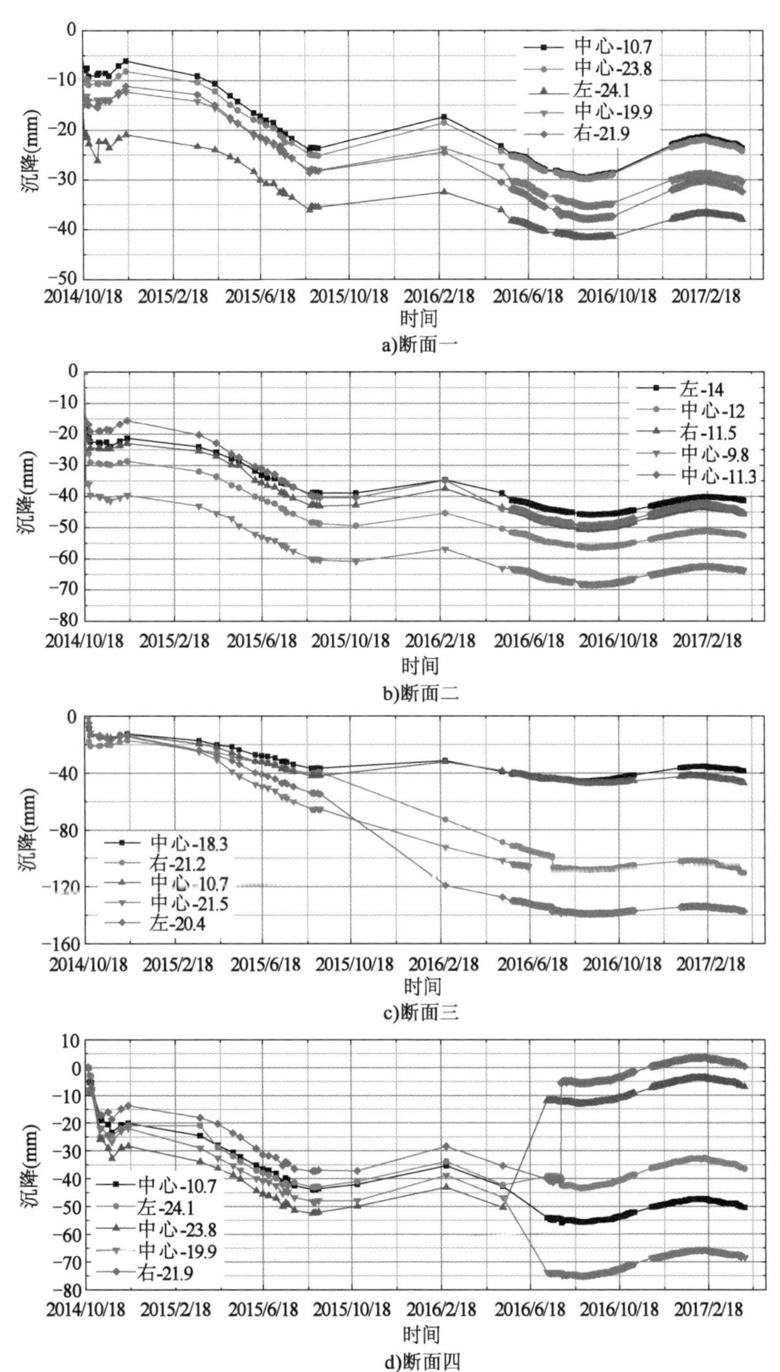

图 8-23　路基空间沉降时程曲线

观测初期沉降增幅较大,后期增幅较小,原因主要是由于前期仪器刚埋设完毕,埋设孔内有砂或者填土等充实孔洞,在前期仪器元件本身与砂或填土具有一定的协调耦合作用,所以产生了增量沉降,导致实际观测的沉降量增幅较大。后期二者协同作用,基本真实反映了路基本身的沉降量。

(4)路基测向位移

为研究路基测斜曲线,选取典型断面进行分析,该断面路基沉降时程曲线如图8-24所示。整条曲线呈平移趋势,表明整根测斜管沿路基侧向呈整体平移趋势。

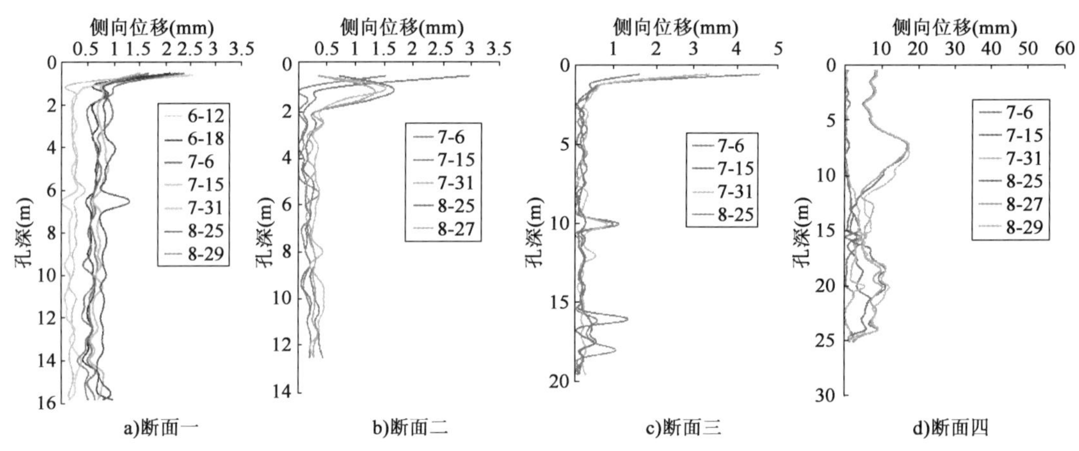

图8-24 路基水平位移曲线

如图8-24a)~图8-24d)所示的4个测斜孔的路基侧向位移曲线可看出,路基侧向位移沿路基竖向分布曲线大致可分为以下三类:第一类,半挖半填路基,如图8-24a)所示,整条曲线呈平移趋势,表明整根测斜管沿路基侧向呈整体平移趋势。第二类,填方路基侧向位移沿路基深度分布曲线,如图8-24b)和图8-24c)所示,除个别点有突变外(分析是由于测斜管接头错动所致),侧向位移从测孔深部到孔口呈注浆增大趋势,且幅度较小。第三类,挖方路基,如图8-24d)所示,图中侧向位移曲线呈"M"形,在孔深约7.5m处和20m处,侧向位移分别达到极大值。

(5)路基土压力

路基土压力时程曲线如图8-25所示。

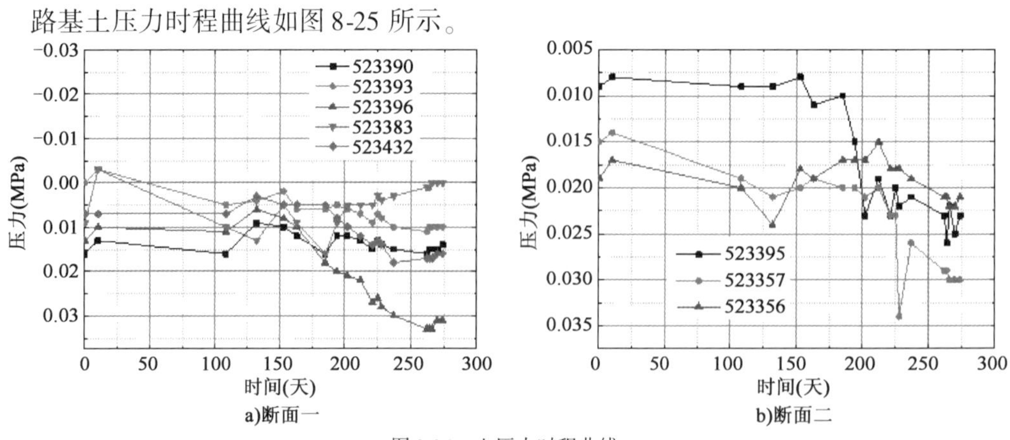

图8-25 土压力时程曲线

图 8-25a）和图 8-25b）分别给出了断面一和断面二的土压力时程曲线，可以看出在前期 150 天以内，各测点的土压力保持平稳发展，150～300 天内，断面一和断面二各测点的土压力值呈现缓慢增长的态势，且断面二各测点的土压力增长速率明显较大。

（6）路基土湿度

选取断面二路基土湿度进行分析，曲线如图 8-26 所示。其中，图 8-26a）选取一年中降雨量较大的月份，即 7 月，图 8-26b）选取一年中降雨量较小的月份，即 11 月，进行对比分析。

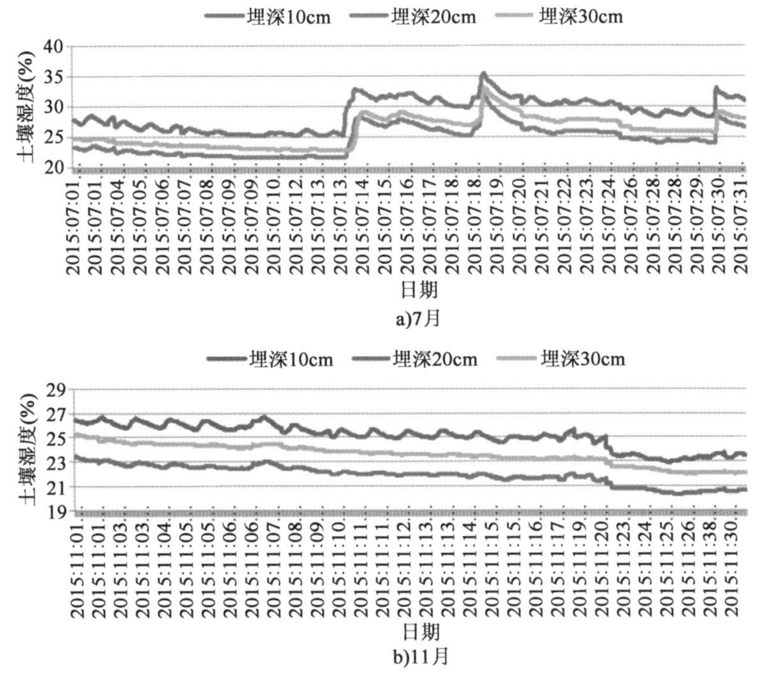

图 8-26　路基土湿度时程曲线

从图 8-26a）中可看出，监测范围内（地表—埋深 30cm 处），埋深 10cm 处路基土湿度最大，由于该范围内土壤湿度主要受大气降水影响，图中土壤湿度突变点均为该地区降雨所致，且上壤湿度大小与降雨量呈正相关关系。大气降水影响深度达到地表以下 30cm。埋深 30cm 处土壤湿度较 20cm 处稍大，是由于路基下的地下水通过毛细管作用上升到路基，导致该处湿度超过其上部路基土湿度。但在大气降水影响时，20cm 处路基土湿度由于有降水形成的积水渗入路基，故该处湿度与其下部路基土湿度相当。

对比图 8-26a）和图 8-26b），11 月，埋深 10cm 处路基土湿度受大气影响波动较大，表现为湿度以 24h 为一个循环，在 12：00—14：00 达到极大值，在夜间 0：00—5：00 达到极小值，且整体趋势为逐渐下降趋势。11 月埋深 20cm 与 30cm 处湿度差异较 7 月差异大，分析是由于 11 月降雨较少，埋深 20cm 处得不到地表降雨入渗补充，而 30cm 处有路基底部毛细水上升补充，导致二者差异较 7 月大。

8.5　本章小结

本章通过现场试验对黄土地区公路路基的受力和变形特性进行了分析，研究了随着路堤荷载的增加，地基沉降、侧向位移和土压力的变化规律，结果表明：

(1)路堤填筑初期，各监测点沉降增幅基本相同；随着路堤填筑高度的增加，路堤中心轴处地基沉降增幅逐渐大于中心轴两侧；路堤填筑完毕时，相对于距路堤中心轴16m处，路堤中心轴沉降量提高了近30%。

(2)分层沉降方面，路堤填筑初期，沉降主要发生在距地基表面10m范围内；随着路堤填筑高度的增加，深层地基沉降量逐渐增大。

(3)路堤填筑初期，随着路堤填筑高度的增加，各监测点土压力增幅基本相同，当路堤填筑至一定高度时，路肩范围内各监测点土压力基本相同，但路堤中心轴16m处土压力明显小于路肩范围内各监测点土压力。

(4)随着路堤填筑高度的增加，路堤坡脚处侧向位移逐渐增大，无筋工况下路堤两侧侧向位移变发规律基本相同。

9　重载作用下黄土路基养护辅助决策与病害优化处治技术

当现场试验各监测指标或检测结果发生异常突变或路面损坏严重时，采用钻探、开挖等有损检测技术对路基性能指标进行系统研究，深入揭示黄土地区公路路基路面长期性能时空演化规律，并根据监测结果提出路基路面养护辅助决策和优化设计。下面以吉河高速公路K6+970~K7+220段路基病害处治为例进行说明。

9.1　工程概况

吉县至河津高速公路K6+000~K8+000路段，全长2000m，线路中心最大挖深36.3m，位于K7+300处，最大坡高约51.4m，位于K7+300右64.7m处。局部路段为填方以及半挖半填路段。深挖路段由第四系上更新统风积（Q_3^{eol}）湿陷性黄土（低液限黏土）及第四系中更新统冲洪积（Q_2^{al+pl}）黄土（低液限黏土）组成，两侧均为高边坡，右侧开挖深度大于左侧。

病害路段K7+000~K7+220段路基为半填半挖，左侧为填方，右侧为挖方。设计路面厚度左侧74cm，右侧82cm；路床30cm石渣，50cm土；94、93区全部为黄土。（实际施工过程中，96区石渣厚度在30~80cm，右侧挖方段94区顶30cm为石渣。）

2015年8月4日，项目部在工地巡视过程中发现K6+145护面墙底部出现3m宽塌陷，深度较宽，现场不能观测塌陷高度；K7+060第二级平台处发现直径为70cm的水流空洞，不能观测空洞深度。2015年8月26日，暴雨致该路段路面积水积淤[图9-1a)]，填方路堤边坡水毁现象较为严重[图9-1b)、图9-1c)]。

a)路面积淤

b)边沟积水

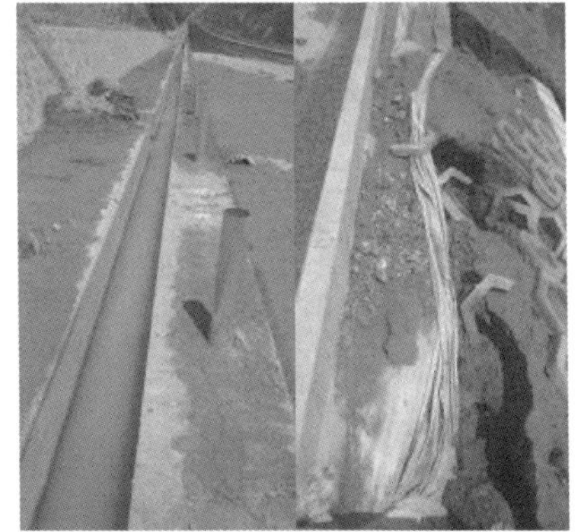
c)路堤坡面水毁破坏

图9-1　路基病害

9.2 黄土路基监测系统预警

同时,前期布置的黄土路基监测系统3号断面(K7+060)采集到的路基沉降数据也明显同相距最近断面(K7+380)不同,由于监测时间较长,为便于发现目标端面沉降变化规律,本次仅选取2015年监测数据进行分析,将2015年第一组数据值作为沉降起始点,后续监测值为累计沉降值。同时选择与目标断面(K7+060)相距最近断面(K7+380)进行对比分析,每个断面重载侧和轻载侧分别进行对比。

断面三重载侧路基沉降时程曲线如图9-2所示。

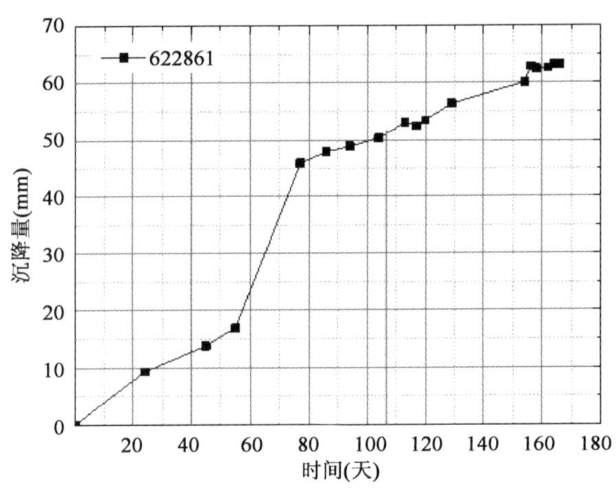

图9-2 断面三(K7+060)重载侧沉降曲线

断面四重载侧路基沉降时程曲线如图9-3所示。对比两个断面重载测沉降可看出,断面三截至9月6日沉降量63.3mm,而断面四截至9月6日沉降量为35.1mm,约为断面三的50%。两个断面沉降都随时间增大。第113天(7月15日)之前,路基由于自然固结、后期铺装荷载,沉降量稳步增大。第117天(7月19日)之后,沉降量增速大幅度增加,初步认为由于该期间内路基所在区域发生多次强降雨历程所导致。

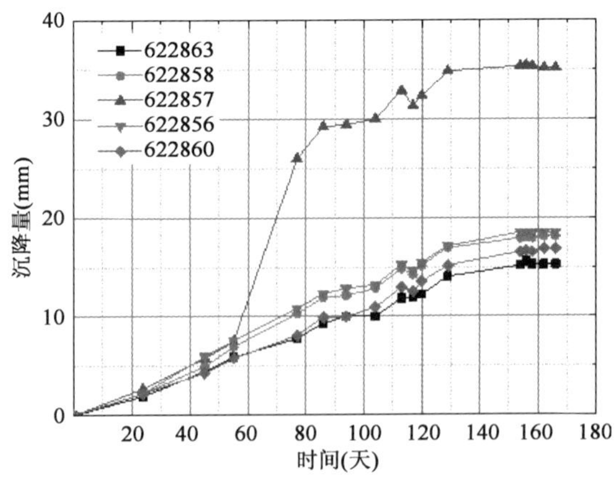

图9-3 断面四(K7+380)重载侧沉降曲线

两个断面重载侧沉降量增大情况分析如下：

断面三从7月19日到9月6日49天时间内，测点累计沉降量为10.9mm；断面四从7月19日到9月6日49天时间内，各测点累计沉降量为3.3mm、3.9mm、3.8mm、3.9mm、4.4mm，累计平均沉降量为3.86mm，约为断面三累计沉降量的35%。

断面三轻载侧路基沉降时程曲线如图9-4所示。

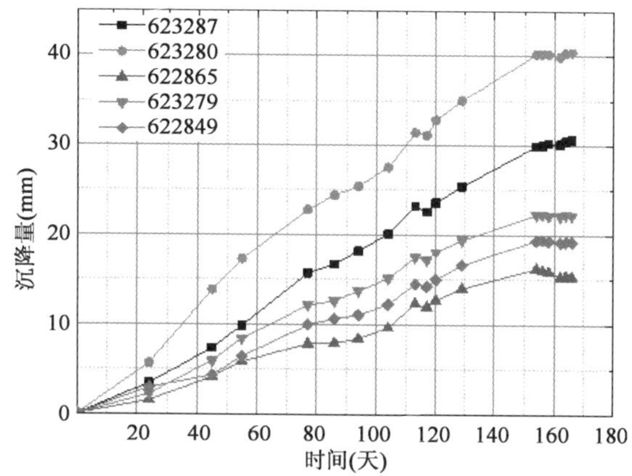

图9-4 断面三(K7+060)轻载侧沉降曲线

断面四轻载侧路基沉降时程曲线如图9-5所示。

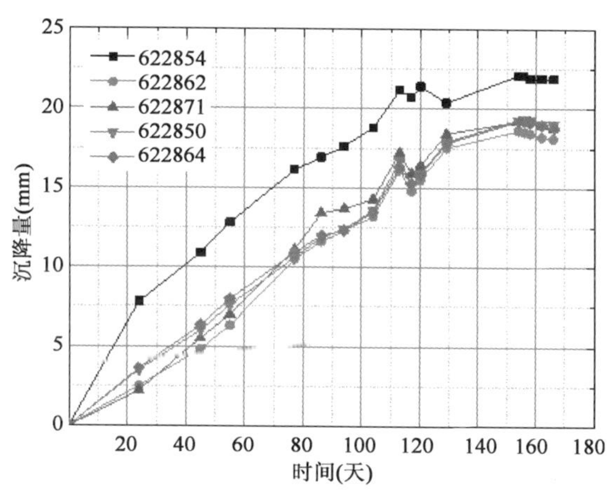

图9-5 断面四(K7+380)轻载侧沉降曲线

两个断面轻载测沉降规律和重载侧类似，断面三截至9月6日测点最大沉降量40.4mm，而断面四截至9月6日测点最大沉降量为21.9mm，约为断面三的54%。两个断面沉降都随时间增大。第113天(7月15日)之前，路基由于自然固结、后期铺装荷载，沉降量稳步增大。同样的，第117天(7月19日)之后，沉降量又出现新一轮增大趋势。

两个断面轻载侧沉降量增大情况分析如下：断面三从7月19日到9月6日49天时间内，测点累计沉降量为8mm、9.3mm、3.4mm、5mm、5mm，累计平均沉降量为6.14mm，；断面四从7月19日到9月6日49天时间内，各测点累计沉降量为1.2mm、3.3mm、2.9mm、3.8mm、3.5mm，累计平均沉降量为2.94mm，约为断面三累计沉降量的48%。通过对比分析邻近断面及以往历史沉降数据，监测系统对3号断面进行发出预警。由于不能确定路基的病害程度，在尽量减少路基破坏的原则下，先采用地质雷达无损检测的方法对3号断面区域路基密实情况检测及缺陷范围大小进行检测。

9.3 黄土路基无损检测

9.3.1 检测原理

地质雷达法基本原理是：雷达发射天线向地下连续发射脉冲式高频电磁波，当遇到有电性差异的界面或目标体(介电常数和电导率不同)时即发生反射波和透射波。接收天线接收反射波并经电缆传递给主机，在主机显示屏上形成实时的时间剖面。根据记录到的反射波的到达时间和求得的电磁波在介质中的传播速度，确定界面或目标体的深度；同时，根据反射波的形态、强弱及其变化等因素来判定目标体的性质。其示意图如图9-6所示。

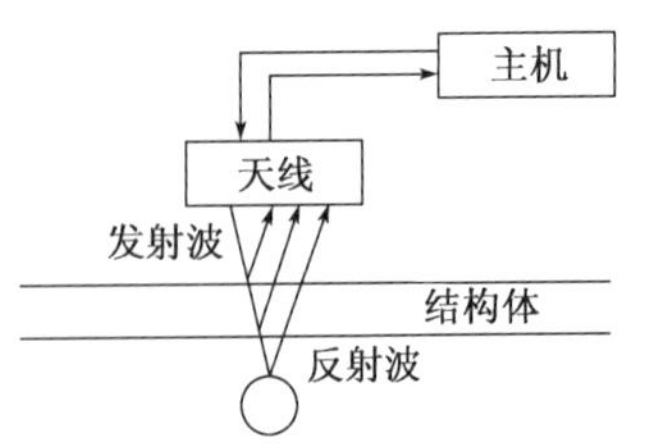

图9-6　质地雷达探测原理示意图

9.3.2 检测方法

本次检测采用美国GSSI公司生产的SIR3000探地雷达，选择中心频率为100MHz的天线紧贴路基表面，然后以1.5km/h的速度匀速移动天线，每5m打一个标记，进行连续测量。根据委托单位的要求及现场实际情况，此次雷达无损检测沿路基左线、右线纵向共布置6条测线。测线布置如图9-7所示。

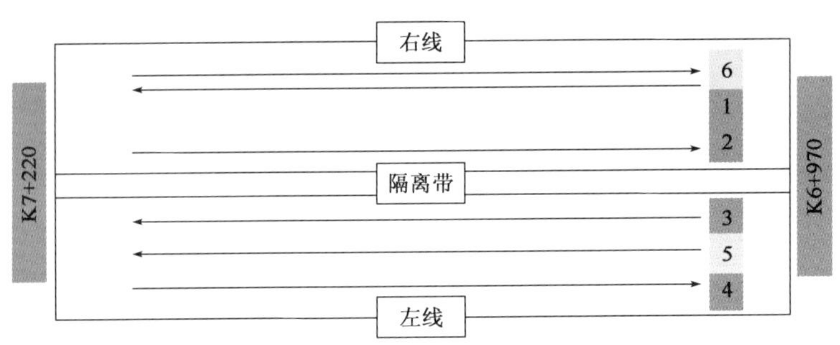

图9-7　路基检测测线示意图

9.3.3 数据处理、判释

数据处理是在RADAN7专用软件下进行，该软件为SIR3000探地雷达配备的数据后处理软件，可进行时间零点调整、滤波、距离归一化、反卷积、层面与钢筋追踪、厚度分析、图像生成等数据处理。

特别说明：地质雷达作为无损检测手段，采用反演方法推算目标体内部情况，结合本次检测使用的100M天线分辨率，深度上出现5～20cm误差，应在允许的范围之内；本次检测时测线布置沿线路方向，由于无法开挖验证，缺陷面积为大致估算，可能存在一定误差。

9.3.4 检测结果分析

经对检测数据进行分析,参考有关规范提供以下检测结果:

(1)K6 +970 ~ K7 +220 段路基密实情况检测及缺陷范围大小统计见表 9-1。

吉河高速公路 K6 +970 ~ K7 +220 段路基密实情况检测统计表 表 9-1

测线名称	抽查段落		测线部位	缺陷情况描述
	里程	长度(m)		
右线 1 号	K6 +970 ~ K7 +220	250	距水沟 2.5m	K7 +002 ~004.5 疑是不密实或空洞,深度约为 3.3m; K7 +006.5 ~010 疑是不密实或空洞,深度约为 3.3m; K7 +063 ~064.2 疑是不密实或空洞,深度约为 3.2m; K7 +066.5 ~068.5 疑是不密实或空洞,深度约为 3.4m; K7 +102 ~103.5 疑是不密实或空洞,深度约为 3.2m
右线 2 号	K7 +220 ~ K6 +970	250	距中线 3m	K7 +011 ~030 疑是不密实或空洞,深度约为 3.2m; K7 +039 ~046 疑是不密实或空洞,深度约为 3.2m; K7 +115 ~126 疑是不密实或空洞,深度约为 5.7m
左线 3 号	ZK6 +970 ~ ZK7 +220	250	距中线 3m	ZK7 +012 ~022 疑是不密实或空洞,深度约为 4.2m; ZK7 +038 ~049 疑是不密实或空洞,深度约为 4.2m; ZK7 +071 ~074.5 疑是不密实或空洞,深度约为 4.2m; ZK7 +082 ~087 疑是不密实或空洞,深度约为 4.2m; ZK7 +135 ~143 疑是不密实或空洞,深度约为 4.2m
左线 4 号	ZK7 +220 ~ K6 +970	250	距水沟 2.5m	ZK7 +022 ~023 疑是不密实或空洞,深度约为 4.7m; ZK7 +047 ~059.5 疑是不密实或空洞,深度约为 4.5m; ZK7 +087 ~090 疑是不密实或空洞,深度约为 5.2m; ZK7 +094 ~105 疑是不密实或空洞,深度约为 6.0m; ZK7 +113 ~115 疑是不密实或空洞,深度约为 4.2m; ZK7 +125 ~143 疑是不密实或空洞,深度约为 6.2m
左线 5 号(加密)	ZK6 +970 ~ ZK7 +155	185	左线中部	ZK7 +019 ~030 疑是不密实或空洞,深度约为 5.4m; ZK7 +032.5 ~035.5 疑是不密实或空洞,深度约为 5.5m; ZK7 +045 ~056 疑是不密实或空洞,深度约为 5.0m; ZK7 +066.5 ~067.2 疑是不密实或空洞,深度约为 5.0m
右线 6 号(加密)	K7 +155 ~ K6 +970	185	距水沟 1m	K7 +009 ~021 疑是不密实或空洞,深度约为 3.7m; K7 +029 ~034 疑是不密实或空洞,深度约为 4.0m

附图说明:

绿色、浅色区域代表密实区

红色、蓝色交替区域代表缺陷区

黑色线圈包围区域为缺陷区

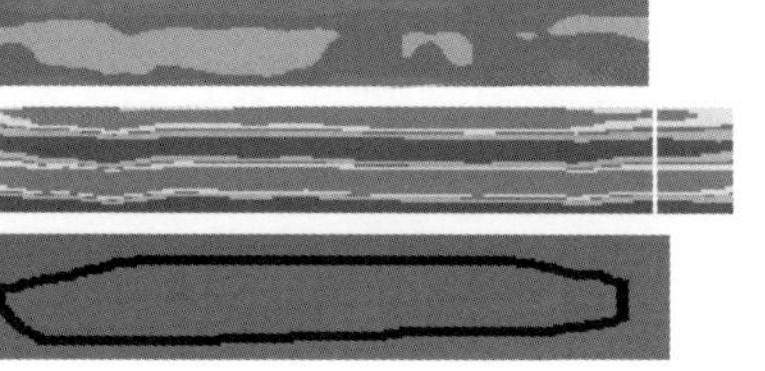

图 9-8 中疑是不密实或空洞，深度约为 3.3m。

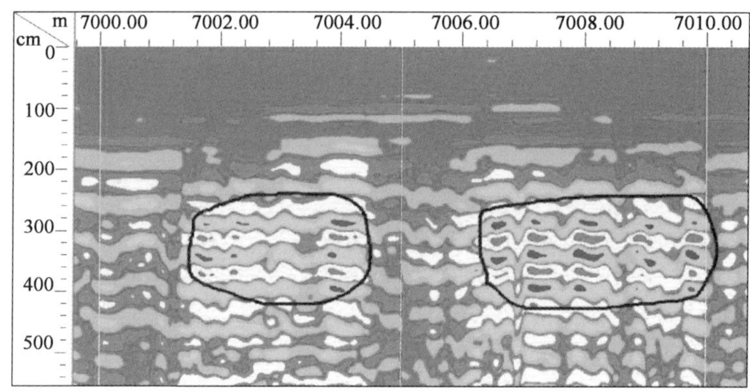

图 9-8　K7 + 002 ~ 004.5、K7 + 006.5 ~ 010

图 9-9 中疑是不密实或空洞，深度约为 3.2m；K7 + 066.5 ~ 068.5 疑是不密实或空洞，深度约为 3.4m。

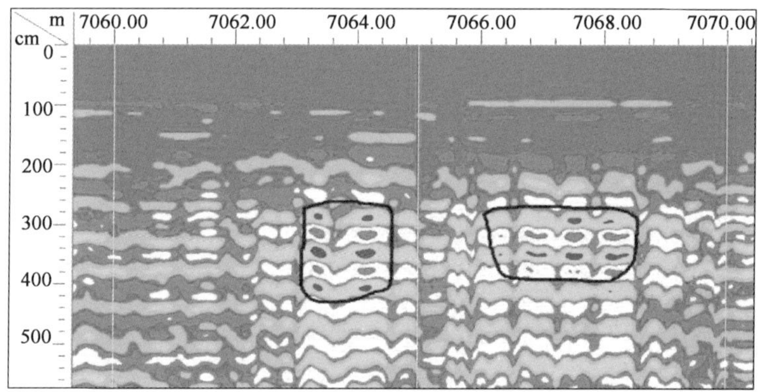

图 9-9　K7 + 063 ~ 064.2

图 9-10 中疑是不密实或空洞，深度约为 3.2m。

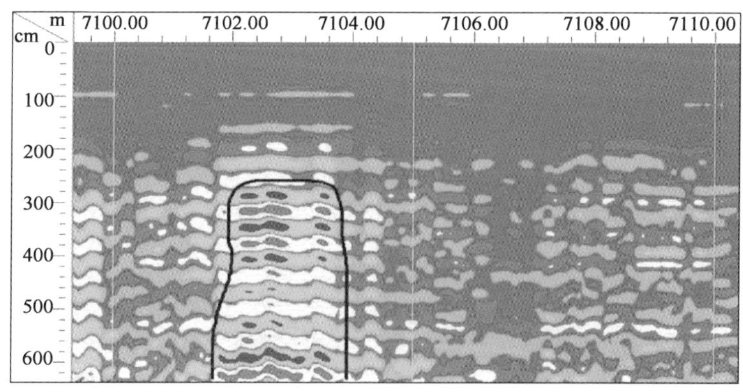

图 9-10　K7 + 102 ~ 103.5

图 9-11 中疑是不密实或空洞,深度约为 3.2m。

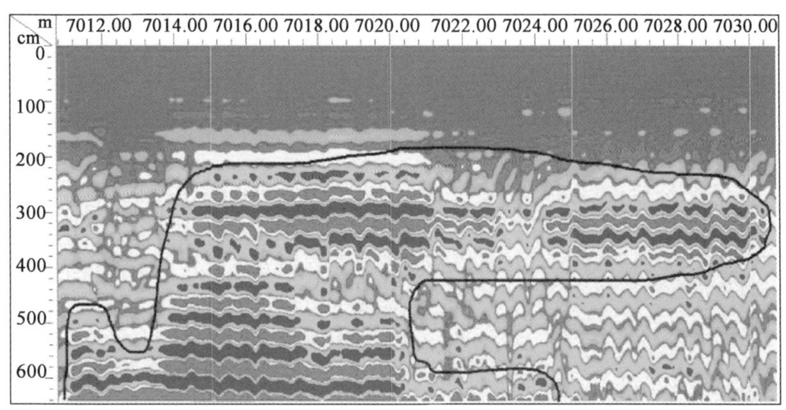

图 9-11　K7 +011 ~ 030

图 9-12 中疑是不密实或空洞,深度约为 3.2m。

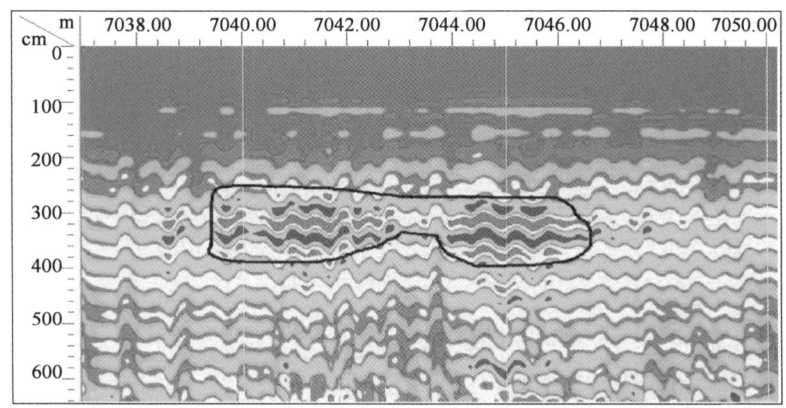

图 9-12　K7 +039 ~ 046

图 9-13 中疑是不密实或空洞,深度约为 5.7m。

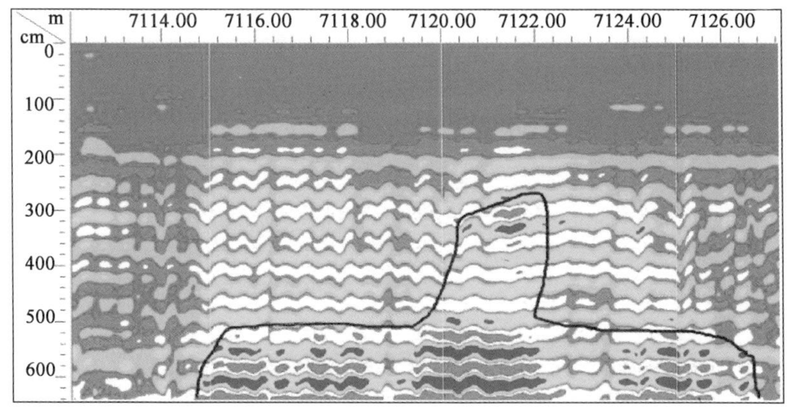

图 9-13　K7 +115 ~ 126

图9-14中疑是不密实或空洞,深度约为4.2m。

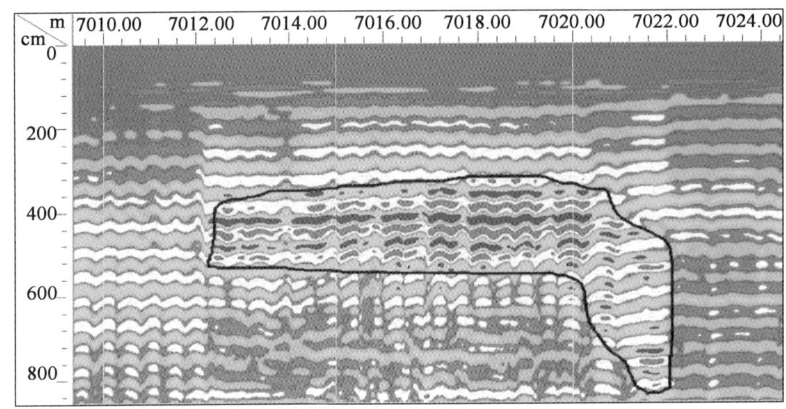

图9-14　ZK7+012~022

图9-15中疑是不密实或空洞,深度约为4.2m。

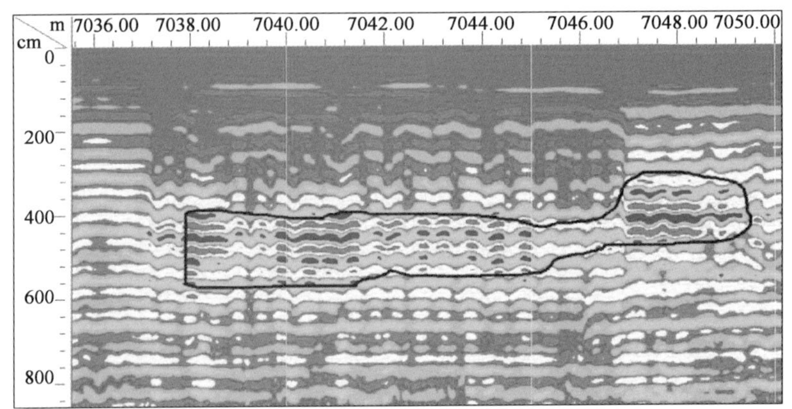

图9-15　ZK7+038~049

图9-16中疑是不密实或空洞,深度约为4.2m。

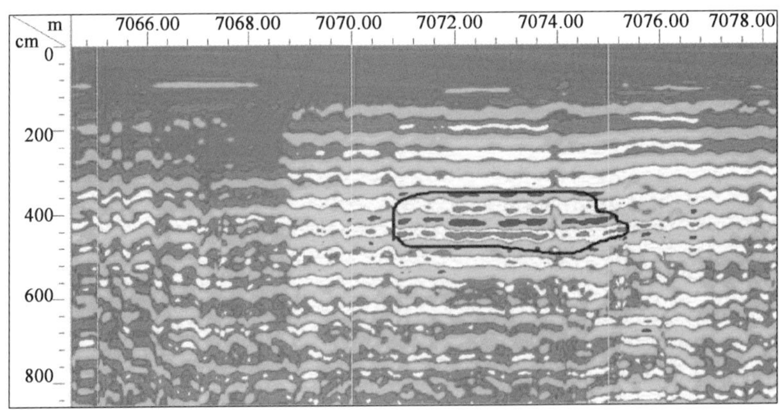

图9-16　ZK7+071~074.5

图 9-17 中疑是不密实或空洞,深度约为 4.2m。

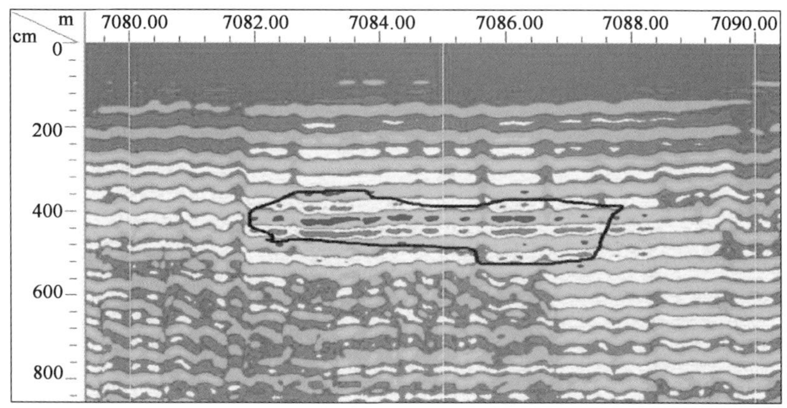

图 9-17 ZK7 +082 ~087

图 9-18 中疑是不密实或空洞,深度约为 4.2m。

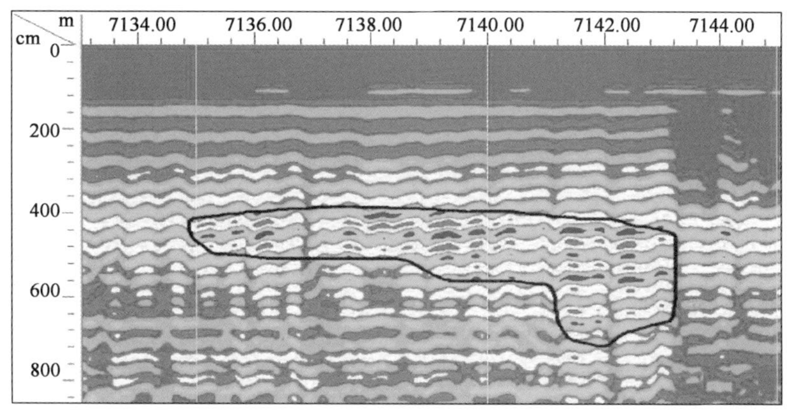

图 9-18 ZK7 +135 ~143

图 9-19 中疑是不密实或空洞,深度约为 4.7m。

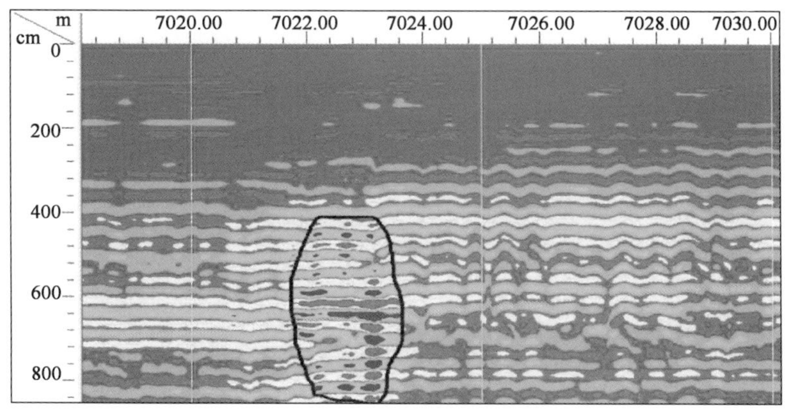

图 9-19 ZK7 +022 ~023

图 9-20 中疑是不密实或空洞，深度约为 4.5m。

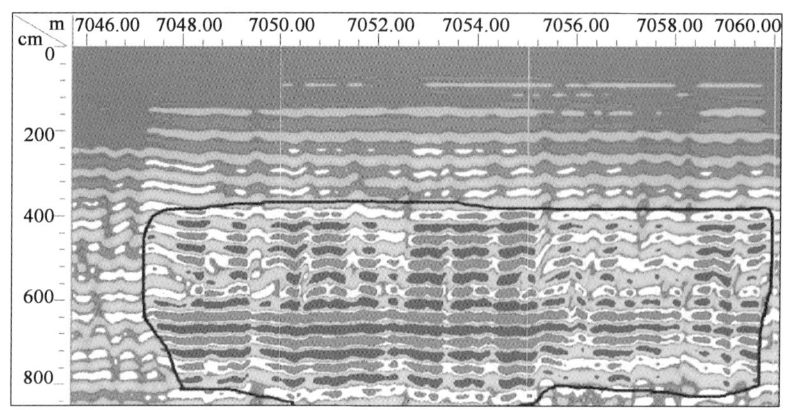

图 9-20　ZK7 +047 ~ 059.5

图 9-21 中疑是不密实或空洞，深度约为 5.2m。

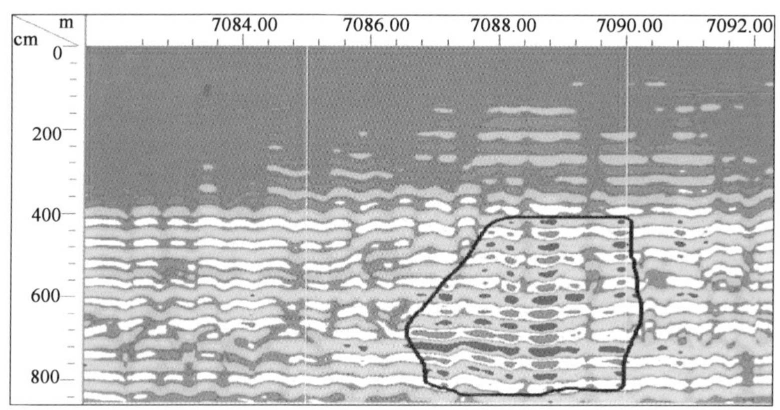

图 9-21　ZK7 +087 ~ 090

图 9-22 中疑是不密实或空洞，深度约为 6.0m。

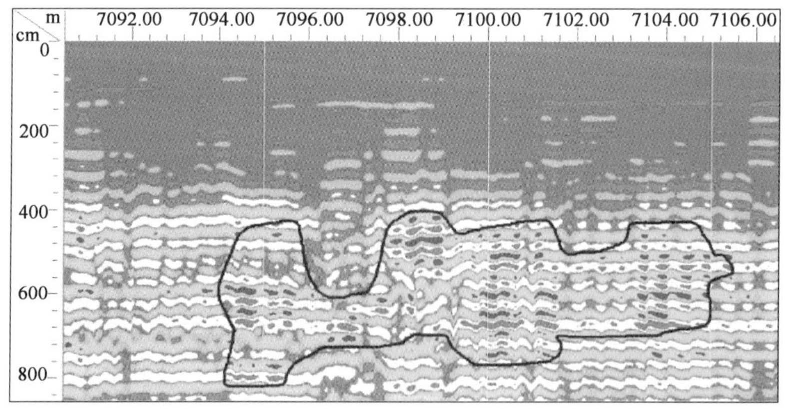

图 9-22　ZK7 +094 ~ 105

图 9-23 中疑是不密实或空洞，深度约为 4.2m。

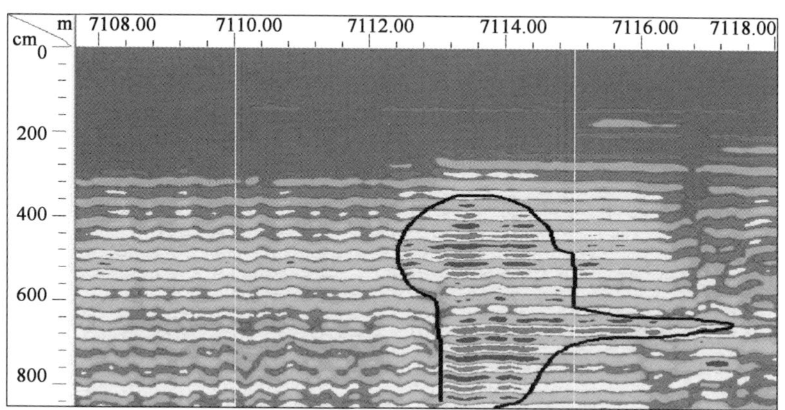

图 9-23　ZK7 + 113 ~ 115

图 9-24 中疑是不密实或空洞，深度约为 6.2m。

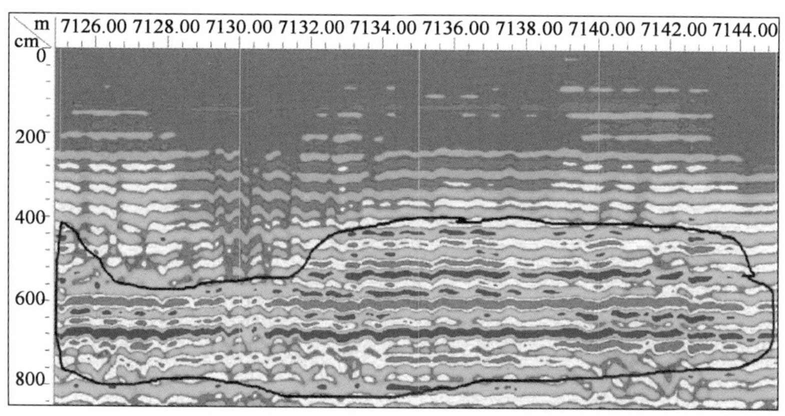

图 9-24　ZK7 + 125 ~ 143

图 9-25 中疑是不密实或空洞，深度约为 5.4m。

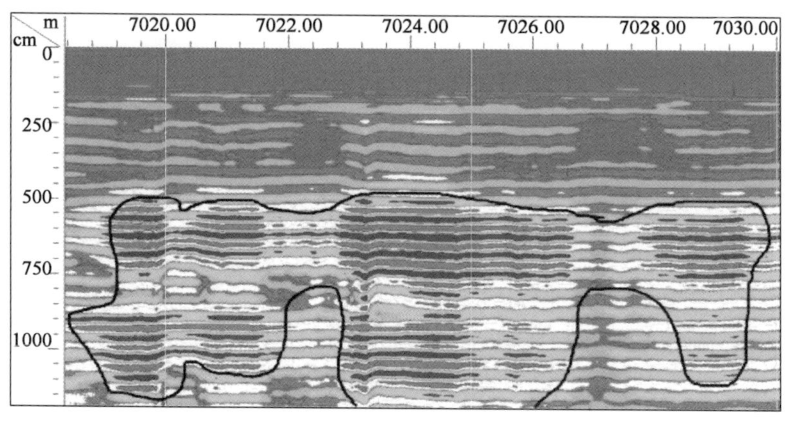

图 9-25　ZK7 + 019 ~ 030

图 9-26 中疑是不密实或空洞，深度约为 5.5m。

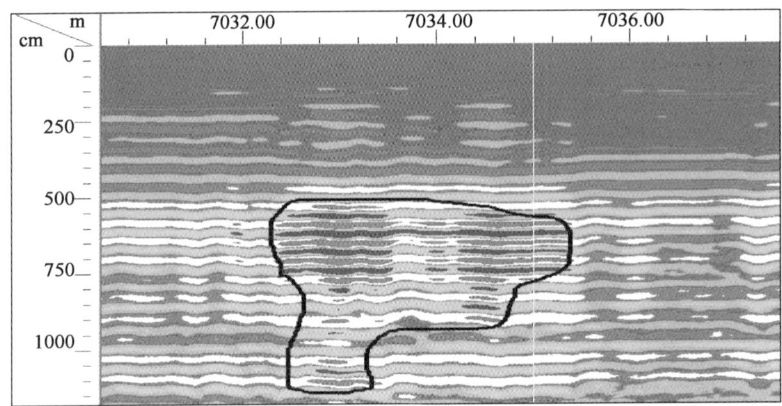

图 9-26　ZK7 +032.5 ~035.5

图 9-27 中疑是不密实或空洞，深度约为 5.0m。

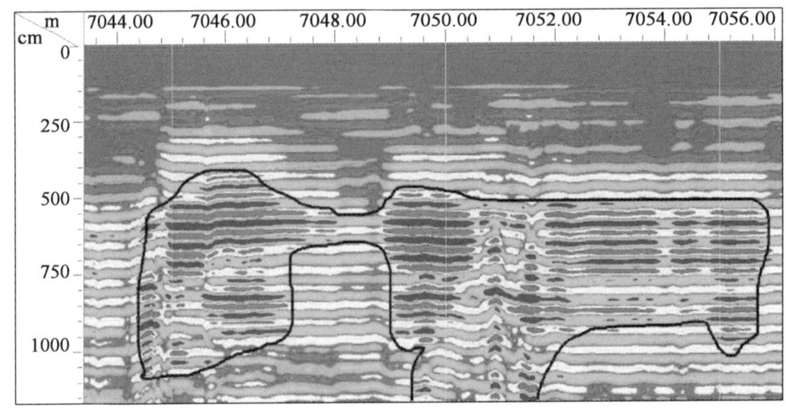

图 9-27　ZK7 +045 ~056

图 9-28 中疑是不密实或空洞，深度约为 5.0m。

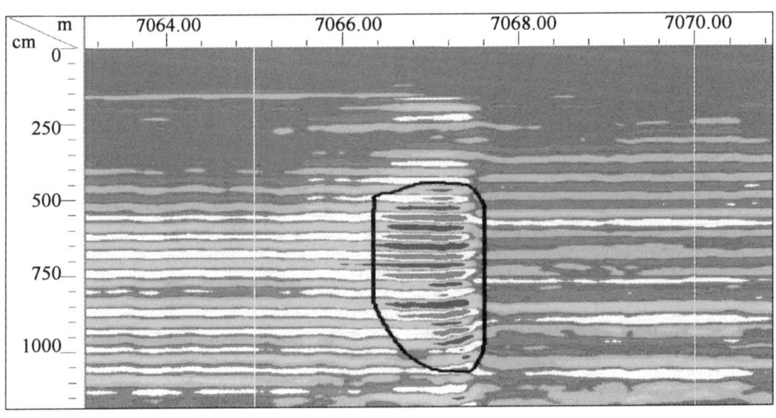

图 9-28　ZK7 +066.5 ~067.2

图9-29中疑是不密实或空洞，深度约为3.7m。

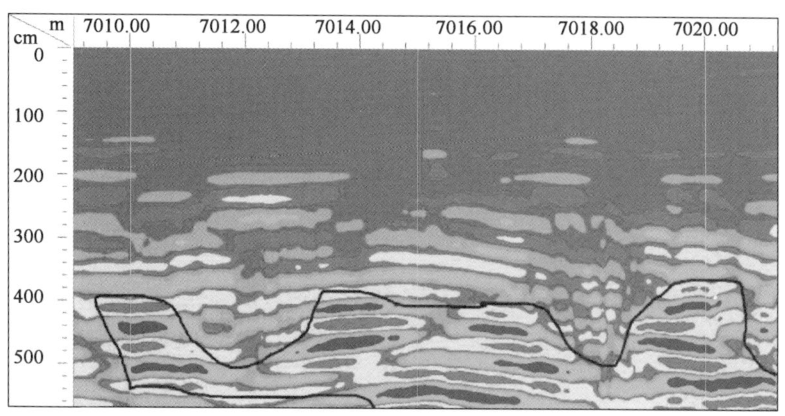

图9-29　K7+009～021

图9-30中疑是不密实或空洞，深度约为4.0m。

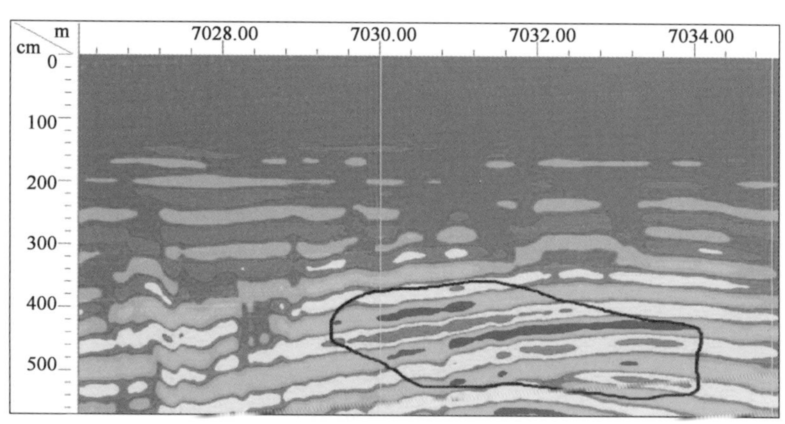

图9-30　K7+029～034

为进一步查明路基病害类型、成因、分布范围、发展趋势和危害程度，并为后续病害处治方案提供路基各土层的岩土技术参数，项目对路基疑似病害断面进行地质勘探钻孔检测，最大钻进深度10.0m，期间采用钻孔成像仪对各钻孔孔壁土质情况进行观察，发现其中K7+060～K7+080段钻孔中存在较为明显空洞和基层脱空现象（图9-31）。

图9-31　孔内成像检测

9.4 黄土路基有损检测

9.4.1 钻探测孔选取

线路所在场地属于典型的黄土沟壑区,检测范围内分布有两条黄土冲沟,基岩面埋藏较深,且起伏变化较大,冲沟范围内水文地质条件复杂,可能存在不良地质作用,因此,判别该路段工程地质条件为复杂。

结合地质雷达法检测结果,对该路段路基缺陷区进行钻探检测,勘探孔深度以能够控制路基主要受力层及判定路基病害可能性为依据,勘探孔布设及孔深如图9-32所示。

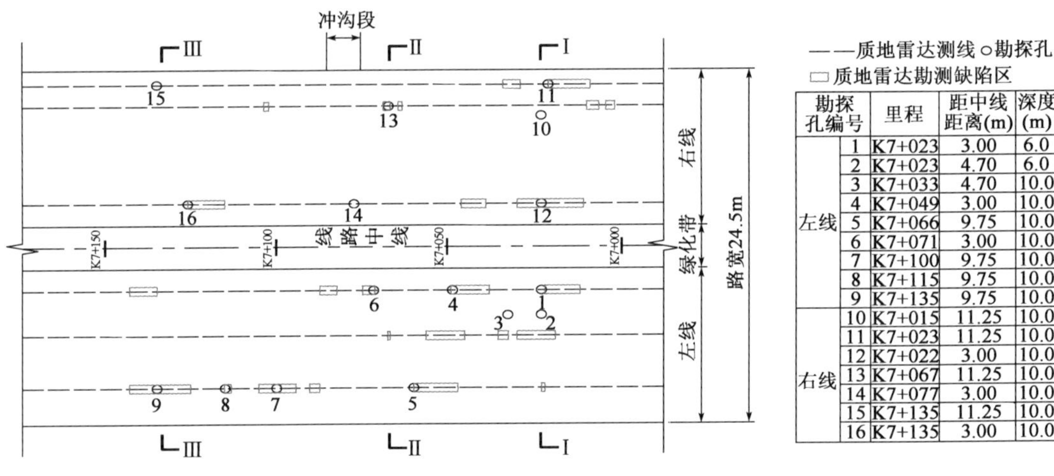

勘探孔编号		里程	距中线距离(m)	深度(m)
左线	1	K7+023	3.00	6.0
	2	K7+023	4.70	6.0
	3	K7+033	4.70	10.0
	4	K7+049	3.00	10.0
	5	K7+066	9.75	10.0
	6	K7+071	3.00	10.0
	7	K7+100	9.75	10.0
	8	K7+115	9.75	10.0
	9	K7+135	9.75	10.0
右线	10	K7+015	11.25	10.0
	11	K7+023	11.25	10.0
	12	K7+022	3.00	10.0
	13	K7+067	11.25	10.0
	14	K7+077	3.00	10.0
	15	K7+135	11.25	10.0
	16	K7+135	3.00	10.0

图9-32　钻孔布置示意图

9.4.2 检测结果

(1)场地地层分布

本次检测最大钻进深度为10.0m,依据设计文件和钻孔揭露结果,该路段属半填半挖路堤,地基地层结构相对比较单一,以粉土为主;路堤填料也以粉土为主,在路堤2.00~6.00m深度处(局部深度达8.0m左右),土质较不均匀,密实性较差,含水率偏大,局部松散、软化现象较为严重,预估承载力较低,但基本未形成较完整的空洞。钻孔揭露深度范围内未见地下水。

(2)岩土参数的统计和分析

现场采用酒精燃烧法对含水率较大的土样进行了含水率测试,其结果见表9-2。

各孔土层含水率表 表 9-2

钻孔编号	取土深度(m)	含水率(%)
1	2.00~2.15	14.66
	2.50~2.65	12.74
	3.00~3.15	14.26
2	2.00~2.15	14.32
	3.00~3.15	15.56
3	1.50~1.65	12.38
	2.00~2.15	11.31
	2.50~2.65	15.05
	3.00~3.15	11.86
	3.50~3.65	10.93
	4.00~4.15	12.73
	5.00~5.15	9.84
4	1.50~1.65	15.61
	2.00~2.15	11.33
	2.50~2.65	10.87
	3.00~3.15	9.09
	3.50~3.65	11.96
	4.00~4.15	14.72
11	1.50~1.65	11.64
12	3.50~3.65	7.23
5	1.50~1.65	13.63
	2.00~2.15	12.39
	3.00~3.15	11.56
	3.50~3.65	9.83
	4.00~4.15	12.90
	4.50~4.65	11.37
	5.00~5.15	10.79
	5.50~5.65	11.80
	6.50~6.65	12.00
	7.50~7.65	13.82
	8.00~8.15	9.79
	8.50~8.65	9.56
	10.0~10.15	9.73
6	1.50~1.65	14.98
	2.00~2.15	12.35
	3.00~3.15	8.64
	6.00~6.15	13.31
	7.00~7.15	7.68
	8.00~8.15	12.64
	9.00~9.15	10.79

同时,对钻孔揭露的软弱土层进行了室内土工试验分析,得到其物理力学指标见表9-3~表9-7。

各软弱土层物理力学指标(1号孔) 表 9-3

深　度	土颗粒密度	含水率	湿密度	干密度	初始孔隙比	压缩模量	压缩系数
1.50~1.65	2.72	14.15	2.08	1.82	0.50	9.90	0.15
2.0~2.15	2.72	25.30	2.08	1.66	0.63	9.90	0.16
2.50~2.65	2.72	12.75	2.08	1.85	0.49	7.84	0.19
3.00~3.15	2.72	12.12	2.08	1.85	0.46	11.76	0.12
3.50~3.65	2.72	16.21	2.06	1.77	0.46	13.42	0.11

续上表

深　　度	土颗粒密度	含水率	湿密度	干密度	初始孔隙比	压缩模量	压缩系数
4.0 ~ 4.15	2.72	12.45	2.03	1.81	0.55	17.86	0.09
4.50 ~ 4.65	2.72	10.95	2.18	1.96	0.38	15.50	0.09
5.00 ~ 5.15	2.72	15.36	2.11	1.83	0.55	14.18	0.11
5.50 ~ 5.65	2.72	14.13	2.02	1.77	0.53	11.11	0.14

各软弱土层物理力学指标(3 号孔)　　表 9-4

深　　度	土颗粒密度	含水率	湿密度	干密度	初始孔隙比	压缩模量	压缩系数
2.0 ~ 2.15	2.72	11.31	1.84	1.65	0.54	8.33	0.18
3.0 ~ 3.15	2.72	15.25	2.03	1.76	0.54	13.25	0.12
5.0 ~ 5.15	2.72	15.14	2.03	1.77	0.54	19.42	0.08

各软弱土层物理力学指标(5 号孔)　　表 9-5

深　　度	土颗粒密度	含水率	湿密度	干密度	初始孔隙比	压缩模量	压缩系数
1.50 ~ 1.65	2.72	13.63	2.08	1.83	0.72	8.58	0.20
2.50 ~ 2.65	2.72	13.35	1.96	1.73	0.57	8.90	0.18
4.50 ~ 4.65	2.72	13.30	2.03	1.79	0.51	12.82	0.12
6.00 ~ 6.15	2.72	9.43	1.77	1.62	0.68	13.61	0.12
7.00 ~ 7.15	2.72	9.50	1.66	1.51	0.80	20.60	0.09

各软弱土层物理力学指标(6 号孔)　　表 9-6

深　　度	土颗粒密度	含水率	湿密度	干密度	初始孔隙比	压缩模量	压缩系数
1.5 ~ 1.65	2.72	20.96	2.02	1.67	0.51	12.12	0.12
2.0 ~ 2.15	2.72	24.15	1.98	1.60	0.70	9.90	0.17
3.0 ~ 3.15	2.72	19.65	2.12	1.77	0.59	8.70	0.18
4.0 ~ 4.15	2.72	15.36	1.97	1.71	0.72	9.80	0.18
5.0 ~ 5.15	2.72	10.49	1.74	1.58	0.72	12.40	0.14

各软弱土层物理力学指标(12 号孔)　　表 9-7

深　　度	土颗粒密度	含水率	湿密度	干密度	初始孔隙比	压缩模量	压缩系数
1.5 ~ 1.65	2.72	14.69	2.16	1.88	1.68	19.80	0.07
3.0 ~ 3.15	2.72	15.56	1.68	1.46	0.88	13.60	0.14
4.5 ~ 4.65	2.72	17.77	2.11	1.80	0.51	13.51	0.11
5.0 ~ 5.15	2.72	16.35	1.86	1.60	0.67	16.26	0.10

项目通过综合分析以上监测和检测手段得到的数据判断，该路段属半填半挖路堤，地基地层结构相对比较单一，以粉土为主；在路堤 2.00 ~ 6.00m 深度处（局部深度达 8.0m 左

右),土质较不均匀,密实性较差,含水率偏大,预估承载力较低,局部松散、软化现象较为严重,并形成了较完整的空洞区域。预估路基软弱松散区和欠密实区如图 9-33 所示。

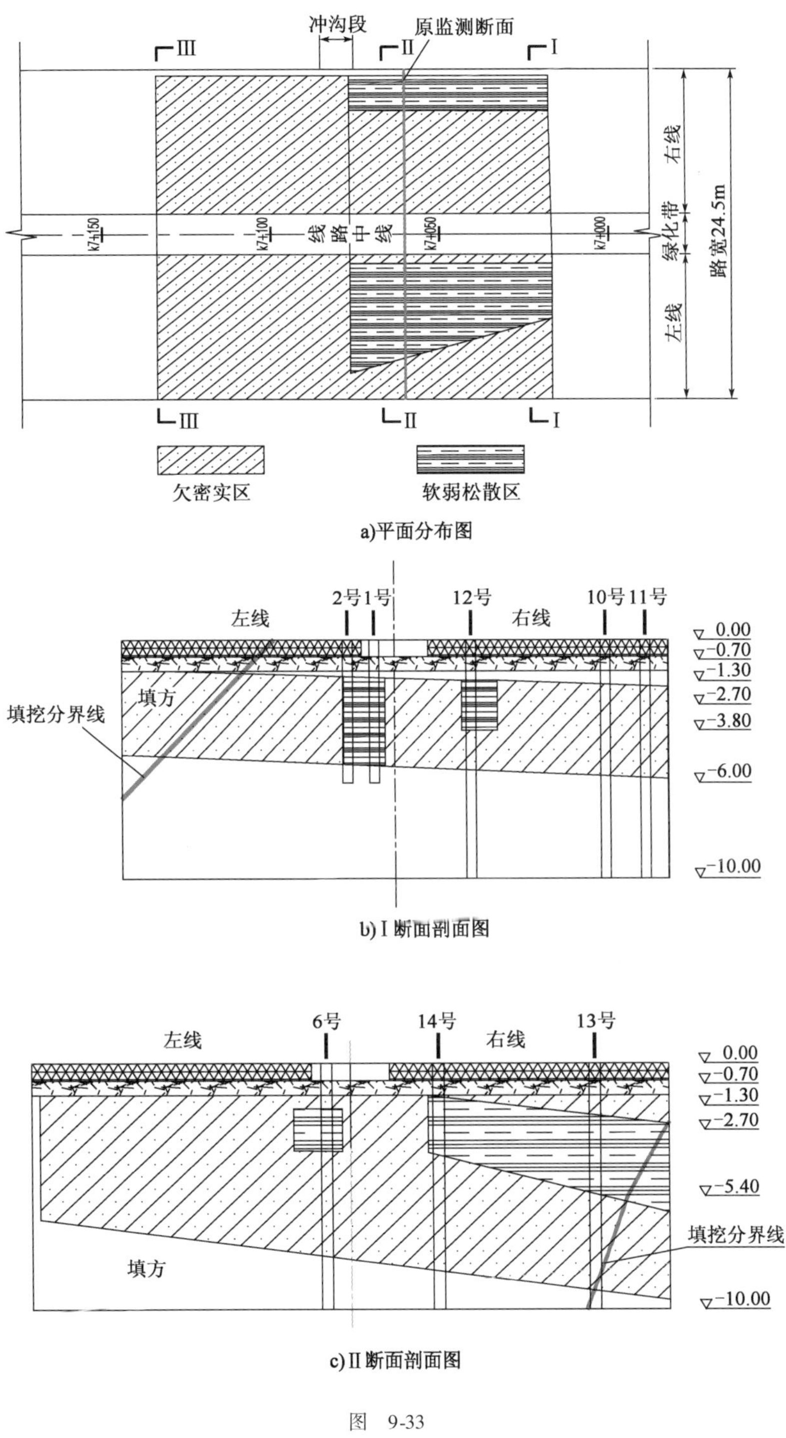

a)平面分布图

b)Ⅰ断面剖面图

c)Ⅱ断面剖面图

图 9-33

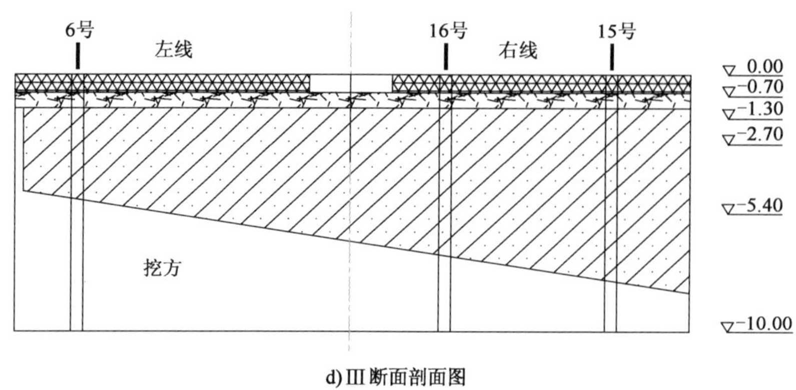

d) Ⅲ断面剖面图

图 9-33　软弱地层分布图(高程单位:m)

对4号、5号孔3.0m深度土样进行了颗分试验分析,结果如图9-34所示。

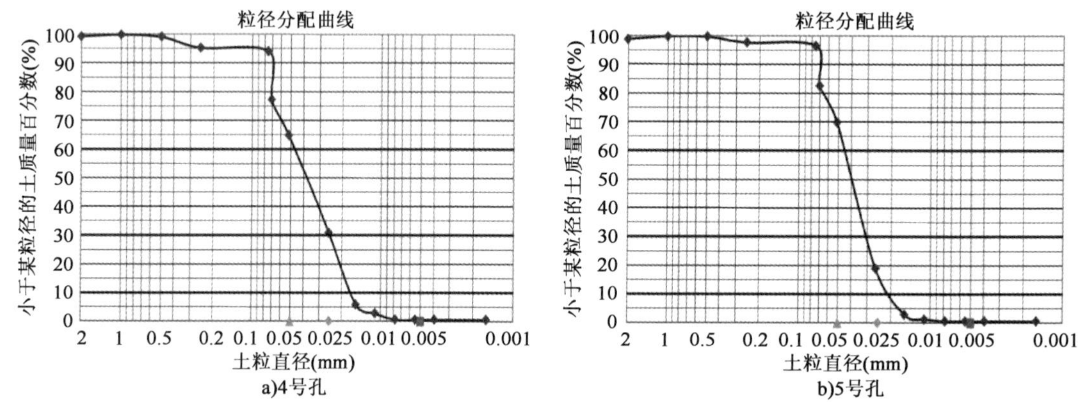

图 9-34　土样级配曲线

4号孔不均匀系数 $C_u = 2.61 < 5$,属均匀粒土,级配不良,曲率系数 $C_c = 0.74 < 1$,其级配不连续;5号孔不均匀系数 $C_u = 2.14 < 5$,属均匀粒土,级配不良,曲率系数 $C_c = 0.95 < 1$,其级配不连续。从两组颗分试验结果可以看出,土样中黏粒含量缺失都较为严重,路堤产生空洞的可能性较大。

9.4.3　检测结果评价及方案优化

(1)检测结果评价

综合雷达和钻探检测结果表明:吉河高速公路K7+000~K7+220段路基检测深度内未发现空洞、塌陷等不良地质作用,除地表揭露杂填土外,未发现其他特殊性土,同时,检测深度范围内也未见地下水分布。

在路基底部1.5~6.0m深度范围内,存在较大范围的软弱松散区,根据室内原状土样的压缩试验结果可以看出,大部分土样属中等压缩性土($0.1\text{MPa}^{-1} \leqslant$ 压缩系数 $a < 0.5\text{MPa}^{-1}$),且含水率较大。其中,以Ⅰ断面~Ⅱ断面之间路基的松散、软化现象最为严重,土质均匀性较差,部分位置含水率达到20%以上,基本接近饱和状态。

考虑到高速公路属于高等级公路，对路基沉降及稳定性要求较高，根据工程钻探结果，建议对路基 K7 +000 ~ K7 +200 段一定深度范围进行加固处理。推荐处理方法有三种：钢管注浆法、高压旋喷桩法、灰土挤密桩法，处理深度都为路基右幅 0 ~6.0m，左幅 0 ~8.0m。

(2)地基处治方案比选

①钢管注浆法

钢管注浆法加固是根据地质条件及特征，在加固区按照一定间距施打钢管，钢管上开注浆孔并焊接倒刺，采用静压法将水泥浆等浆体沿钢管压入土体，使其克服各种阻力渗入土体的孔隙和裂隙中，浆液通过渗透、挤密、填充等方式使得孔隙及松散的土粒胶结，形成相互穿插的脉状结石体，同时，留在土体中的钢管也能发挥一定的竖向增强体作用，从而提高地基承载力。注浆法施工工艺简单，施工速度快，但注浆浆液的可控性较差，不能定向定位，而且在地基土孔隙较小的情况下浆液扩散范围无法得到保障，同时也容易引起地基隆起等问题。

推荐设计处理方案：注浆孔平面上采用等边三角形方式进行布置，成孔直径 110mm，内插直径 48mm 钢花管，核心加固区(K7 +020 ~ K7 +070)注浆孔间距采用 1.5m，其他区域注浆孔间距采用 1.8m。注浆材料为 42.5R 普通硅酸盐水泥浆，水灰比 0.45 ~0.55，每米水泥用量不少于 80kg(具体水泥用量可根据现场试验后确定，路基土质渗透性变化较大时，可以调整浆液的水灰比)，浆液内可掺入适量的速凝剂，使其能尽早凝结。注浆孔深度路基右幅 6.0m，左幅 8.0m，注浆压力为 1.5 ~30MPa。

②高压旋喷桩

高压旋喷桩，是以高压旋转的喷嘴将水泥浆喷入土层，切割冲刷土体，并置换部分土体，与土体混合形成连续搭接的水泥加固体。该处理方法适用于处理淤泥、淤泥质土、流塑、软塑或可塑黏性土、粉土、砂土、黄土、素填土和碎石土等地基，施工占地少、振动小，对原有路基破坏程度小，但容易污染环境，成本较高。

推荐设计处理方案：根据工程要求对路基软弱区进行高压旋喷桩加固处理，经处理后形成的复合地基满足路基承载力及变形要求。高压旋喷桩设计桩径 0.5m，平面上采用等边三角形方式进行布置，核心加固区(K7 +020 ~ K7 +070)桩间距采用 1.5m，其他区域桩间距采用 1.8m，注浆孔深度路基右幅 6.0m，左幅 8.0m。

高压喷射注浆材料采用强度等级为 32.5R 普通硅酸盐水泥，水泥浆液的水灰比为 1.0，注浆过程中注浆压力不小于 25MPa。施工过程中，注浆管的提升速度小于 0.25m/min，桩顶 1.0m 范围内应进行复喷，喷射管旋转速度小于 20r/min。

③灰土挤密桩

灰土挤密桩法是在基础底面形成若干个桩孔，然后将灰土填入并分层夯实，以提高地基的承载力或水稳性，其适用于处理地下水位以上的湿陷性黄土、素填土和杂填土等地基，具有造价低、施工工期短、工艺简单的优点，但在施工过程中会对原有路基造成较大的破坏。

推荐设计处理方案：灰土挤密桩平面上采用等边三角形方式进行布置，桩间距采用 1.0m，桩径 0.6m，处理深度路基右幅 6.0m，左幅 8.0m。桩孔填料采用 3∶7 灰土分层夯实，压实系数不得小于 0.97。

经比较，注浆法技术成熟，对路面结构破坏小，浆液固化后无毒、环保，止水效果良好，且施工不受季节、天气限制，施工工艺简单易行，施工速度快，综合费用低，因此本次设计采用注浆法进行路基沉陷病害处治。

9.5 黄土路基养护及病害优化处治

9.5.1 设计原则

(1)在满足加固要求的前提下,尽量减少对路面结构层的破坏。

(2)封层应位于石渣换填垫层以下。

(3)浆液配比、注浆量与注浆压力等注浆设计参数可根据地基条件和试验性注浆适当调整。

9.5.2 设计方案

本次注浆范围根据地质雷达勘测结果确定,注浆方式采用埋管注浆加固,注浆孔间距3~4m,孔径95mm,孔深10m,通过室内配比试验确定水泥浆液水灰比控制在0.5以下,并加入2.5‰~3.0‰的铝粉作为微膨胀剂,水泥强度等级为32.5MPa的硅酸盐水泥。水泥浆液配比试验结果如图9-36所示。

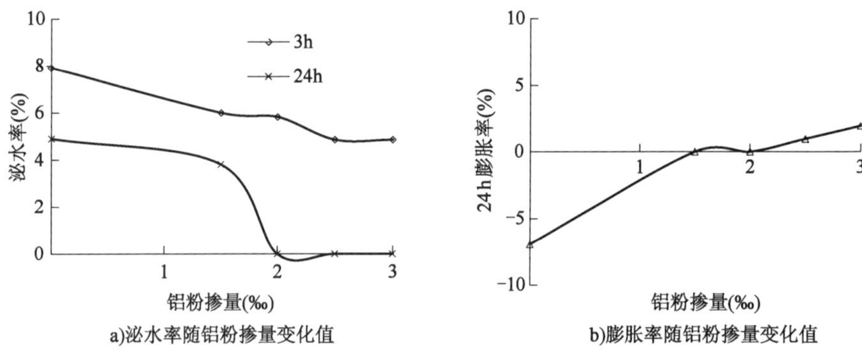

图9-35 水灰比0.5时水泥浆液指标与铝粉掺量的关系

9.5.3 处治施工工艺

(1)按设计要求放置孔位,采用干钻法钻孔至设计深度并封孔。

(2)根据水灰比称取对应重量的水泥,并边搅拌边加入水泥,搅拌时间大于3min,浆液无明显的沉淀即可进行注浆。

由图9-36至图9-38可看出,随着铝粉掺量的增加,3h及24h泌水率均减小,24h膨胀率迅速增大。

(3)由于注浆压力与土的重度、强度、孔隙率、孔深,及注浆次序等因素有关,而这些因素又难以确定,本工程注浆压力通过试验和地区经验确定,注浆压力应不小于5MPa。单孔注浆结束标准为,注浆压力大于10MPa,或水泥浆从相邻孔中冒出方可终止注浆。

(4)注浆过程中,发现冒浆、漏浆时,应根据具体情况采用表面封堵、低压泵送、浓浆间歇注浆等方法进行处理。

(5)注浆完成后进行回填封孔,封孔应严密填实。

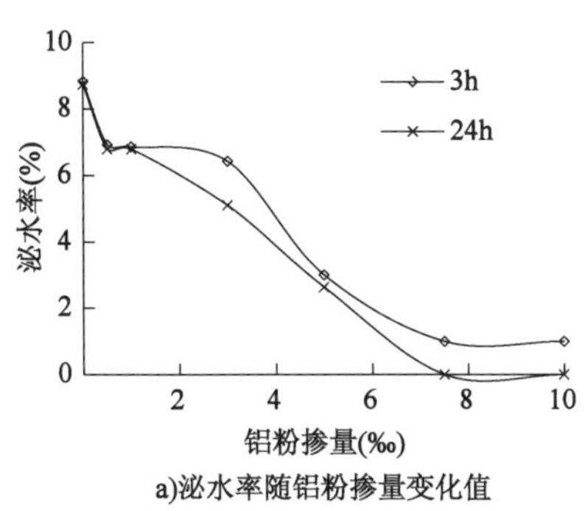

a)泌水率随铝粉掺量变化值

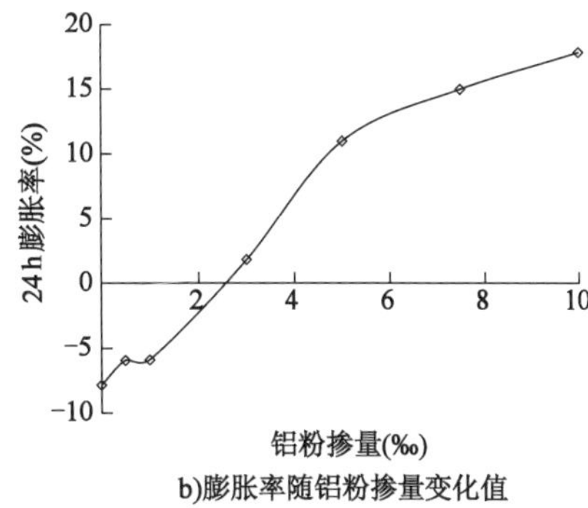

b)膨胀率随铝粉掺量变化值

图 9-36 水灰比 0.6 时水泥浆液指标与铝粉掺量的关系

图 9-37 水泥浆液泌水试验

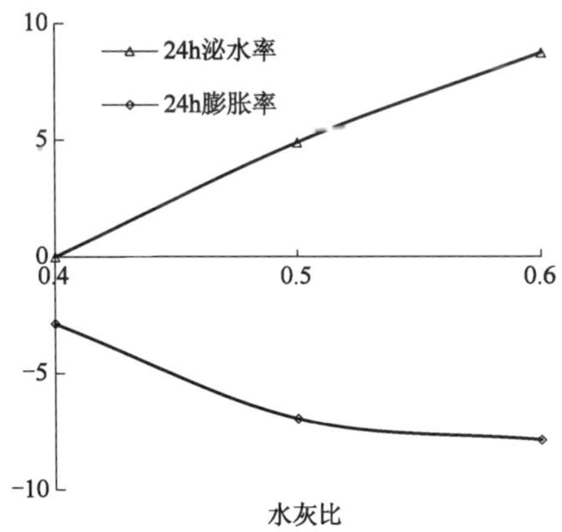

图 9-38 水泥浆液泌水率和膨胀率随水灰比变化规律

9.5.4 处治效果评价

(1)工程完成情况

2015 年 12 月 27 日完成全部注浆工作,工程共钻孔 190 个,消耗水泥 537t,除个别注浆孔发生串孔、边沟和边坡冒浆现象外，其余注浆孔全部达到注浆压力。如图 9-39 所示为注浆现场。

图 9-39　注浆现场

(2)处治效果评价

2016 年 2 月 15 日，山西省交通科技研发有限公司对 K7 +000 ~ K7 +280 段范围内的路基注浆处治效果进行了地质雷达检测(图 9-40)，在左、右线各布设 3 条测线，每条测线长度为 280m，共 1680m。

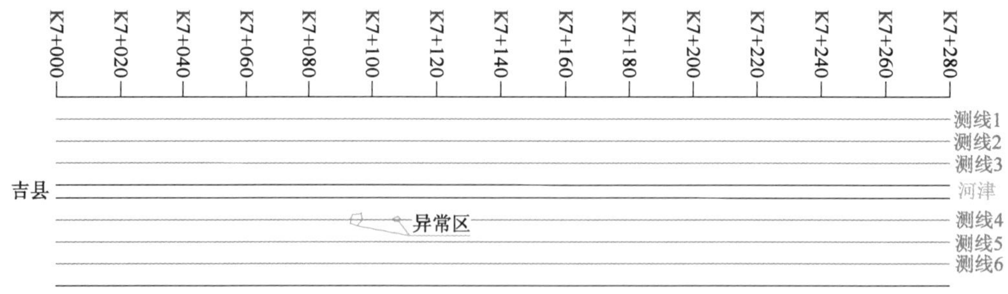

图 9-40　吉河高速公路 K7 +000 ~ K7 +280 段测线布置示意图

根据地质雷达探测结果推断：右线 K7 +093 ~ K7 +097 段路基表面以下 1.5m 处雷达电磁波反射较强，预计该处存在轻微脱空现象；K7 +106.5 ~ K7 +107.5 段路基表面以下 2.5m 处雷达电磁波反射较强，反射信号近似双曲线，预计该处存在空洞或空洞松散区；其他位置雷达电磁波反射正常,未发现明显的异常。

(3)建议

①对探测结果中有异常的位置进行钻探验证,确认路基病害后及时对其进行加固治理,防止影响范围进一步扩大,造成安全隐患。

②该段路基位于半填半挖段,且汇水面积较大,为防止路基沉陷病害的再次发生应将隔水、排水设计放在第一位。

③公路黄土路基受到浸水冲刷后极易形成空洞,采用常规检测方法很难在空洞形成初期将其发现,而目前常用的无损检测技术又难以满足检测精度要求,因此建议在特殊路基中设置一些沉降观测装置,及时掌握路基高差变化情况,并对可能发生的病害做出预警和预防性养护。

④压实黄土路基孔隙率小,对水泥浆液的扩散有一定的影响,而压力注浆过程以及浆液中水分对黄土结构性造成的破坏还有待进一步验证。

9.6 本章小结

本章采用钻探、开挖等有损检测技术对路基性能指标进行系统研究,深入揭示黄土地区公路路基路面长期性能演化规律,结果表明:

(1)项目对路基疑似病害断面进行地质勘探钻孔检测,最大钻进深度 10.0m,期间采用钻孔成像仪对各钻孔孔壁土质情况进行观察,其中 K7 +060 ~ K7 +080 段钻孔中存在较为明显空洞和基层脱空现象。

(2)公路黄土路基受到浸水冲刷后极易形成空洞,采用常规检测方法很难在空洞形成初期将其发现,而目前常用的无损检测技术又难以满足检测精度要求,建议在特殊路基中设置沉降观测装置,及时掌握路基高差变化情况。

(3)压实黄土路基孔隙率小,对水泥浆液的扩散有一定的影响,而压力注浆过程以及浆液中水分对黄土结构性造成的破坏还有待进一步验证。

参 考 文 献

[1] 刘祖典.黄土力学与工程[M].西安:陕西科学技术出版社,1997.

[2] 张炜.黄土力学性质试验中的若干问题[J].工程勘察,1995,000(003):6-12.

[3] 张苏民,张炜.减湿及增湿时黄土的湿陷性[C]//中国土木工程学会土力学及基础工程学术会议.1991.

[4] 党进谦,李靖.非饱和黄土的强度特征[J].岩土工程学报,1997,19(2):59-64.

[5] 党进谦,李靖,张伯平.黄土单轴拉裂特性的研究[J].水力发电学报(4):44-48.

[6] 邢义川,谢定义,李永红.非饱和黄土湿陷过程中有效应力变化规律[J].岩石力学与工程学报,2004,23(7):1100-1100.

[7] 郭敏霞,张少宏,邢义川.非饱和原状黄土湿陷变形及孔隙压力特性[J].岩石力学与工程学报,2000.

[8] 栗润德,张鸿儒,白晓红,等.不同含水量下原状黄土动强度和震陷的试验研究[J].工程地质学报,2007,15(05):694-699.

[9] 田堪良.黄土的结构性及其动力特性研究[D].咸阳:西北农林科技大学,2003.

[10] 王兰民,刘红玫,李兰,等.饱和黄土液化机理与特性的试验研究[J].岩土工程学报,2000,22(1):89-94.

[11] 袁中夏,王兰民,等.黄土液化机理和判别标准的再研究[J].地震工程与工程振动,2004,24(4):164-169.

[12] 张振中,段汝文.黄土震陷研究与震害[J].西北地震学报,1987,9(增):14-18.

[13] Hyodo M, YASUHARA K. Analytical procedure for evaluation pore water pressure and deformation of saturated clay ground subjected to traffic loads[J]. Numerical Methods In Geomechanics,1988,6(1):653-658.

[14] 周健斌,魏金霞,李国强.交通动荷载模拟试验成果分析[J].公路与汽运,2005,(04):32-34.

[15] 牛录彩.路基工作区深度与路基压实控制的分析[J].路基工程,2010,(06):74-76.

[16] 牛玺荣,韩萍,张晓燕.车轮荷载下路基和基底竖向应力计算[J].长安大学学报(自然科学版),2010,(10):100-104.

[17] 汤连生,林沛元,吴科.交通荷载下路基土中动应力响应特征分析[J].岩土工程学报,2011,11(11):1745-1749.

[18] 赵俊明, 刘松玉, 石名磊.交通荷载作用下地路堤动力特性试验研究[J].东南大学学报(自然科学版), 2007,(05):921-925.

[19] 卢正,姚海林,胡梦玲.基于传递-反射矩阵法的层状公路结构动力响应研究[J].岩土力学,2012,12(12):3767-3774.

[20] CHEN D H, ZAMAN M M, LAGURO J G. Resilient moduli of aggregate materials variability due to testig procedure and aggregate type[J]. Transportation Research Record, 1994, 1462:57-64.

[21] PING W V, YANG Z. Experimental verification of resilient deformation for granular subgrades[J]. Transportation Research Record,1998,1639:12-22.

[22] Fujiwara H, et al. Consolidation of alluvial clay under repeated loading[J]. Soils and Foundations,1985, 25(3):19-30.

[23] Kutara K, Miki H, Mashita Y, Seki K. Settlement and countermeasures of the road with low embankment on soft ground[J]. Tech. Rep. of Civil Engineer, JSCE, 2000, 22(8):13-16.

[24] Sakai A, Samang L, Miura N. Partially-drained cyclic behavior and application to the settlement of a low embankment road on silty-clay[J]. Soils and Foundations,2003,43(1): 33-46.

[25] 魏星,黄茂松.交通荷载作用下公路软土地基长期沉降的计算[J].岩土力学,2009,30(11):3342-3346.

[26] 刘兆平,李宜锋.土基回弹模量与压实度及含水量的相关性研究[J].公路与汽运,2010,03:78-81.

[27] 李贵顺.室内模拟回弹模量法确定土基回弹模量的研究[J].山西交通科技,1997,(4):29-32.

[28] 武彦林,王选仓,王朝辉.对陕西公路土基强度控制指标相互关系研究[J].路基工程,2009,(1):40-41.

[29] 赵明华,张常耀,肖鹤松.路基土回弹模量 E_0 和野外承载比 CBR 研究[J].湖南大学学报(自然科学版),1993,(5):107-111.

[30] Mendez A, et al. Application of embedded optical fiber sensors in reinforced concrete buildings and structures[J]. SPIE,1989,1170:6-69.

[31] Nanni A, Yang C C, Pan K, et al. Fiber-optic for concretes train/stress measurement[J]. ACI, Mat. ,Jor. ,1991,88(3):257-264.

[32] Ansari F and Chen Q. Fiber-optical refractive index sensors for use in fresh concrete [J]. Applied Optics, 1991, 30(28):4056.

[33] Holst A, Lessing R. Fiber-optical intensity-modulated sensors for continuous observation of conerete and rock fill dams[J]. Proe. lst European conference on smart structures and materials,Glasgow,1992:223-226.

[34] PoPe C, Wu S P, Chuang S L, et al. An integrated fiber optic strain sensors[J]. SPIE, 1992,1779:113-121.

[35] Fuhr P L, Huston D, Spillman W B. MultiPlexed fiber optic pressure and vibration sensors for hydroelectric dam monitoring[J]. SPIE,1992,1798:247-252.

[36] Rossi P, Lemaou F. New method for detecting cracks in concrete using fiber opties[J]. Materias and struetures, Research and testing(RILEM),1989,22(132):437-442.

[37] Bin Shi. The 2nd international workshop on opto-electronic sensor-based monitoring in geo-

engineering (2nd OSMG-2007) [C]. Nanjing University, Nanjing, China. October 18-19, 2007.

[38] Xiaoyi Bao, Chunshu Zhang, WenhaiLi, et al. Using distributed brillouin sensor to predict pipe deformation with carbon coated fibers [J]. The 2nd international workshop on opto-electronic sensor-based monitoring in geo-engineering (2nd OSMG-2007) [C]. Nanjing University, Nanjing, China, October 18-19, 2007.

[39] LIU Haowu. Distributed optic-fiber sensing monitoring of craeks and its application to lineal struatural engineering [J]. The 2nd international workshop on opto-electronic sensor-based monitoring in geo-engineering (2nd OSMG-2007) [C]. Nanjing University, Nanjing, China October 18-19, 2007.

[40] Jian-Hua YIN, Hong-Hu ZHU. Performance evalution of electrical strain gauges and optical fiber sensors in field soil nail pullout tests [J]. The 2nd international workshop on opto-electronic sensor-based monitoring ing eo-engineering (2nd OSMG-2007) [C]. Nanjing University,Nanjing,China,Oetober18-19,2007.

[41] 武胜军,王宏力,敖红奎. FBG 传感器在隧道锚杆支护结构监测中的应用研究[J]. 传感器与微系统,2007,26(12):31-33.

[42] 崔天麟,肖红渠,魏广庆. 广州地铁小北站暗挖隧道 FBG 监测技术研究[J]. 现代隧道技术,2007,44(4):25-31.

[43] BinShi. The 3nd international workshop on opto-electronic sensor-based monitoring in geo-engineering (3nd OSMG-2010) [C]. Nanjing University, Nanjing, China, October 18-19,2010.

[44] 马水山,王志旺,李瑞有. 光纤传感器及其在岩土工程中的应用[J]. 岩石力学与工程学报,2001,20(增):1692-1694.

[45] 王思敬. 工程地质学新进展[M]. 北京:科学技术出版社,1991:34-43.

[46] 陈明东,王兰生. 边坡变形破坏的灰色预报方法[A]. 全国第三次工程地质大会论文选集(下)[M]. 成都:成都科技大学出版社,1988:1226-1240.

[47] 晏同珍. 滑坡动态规律及预测应用[A]. 全国第三次工程地质大会论文选集(下)[M]. 成都:成都科技大学出版社,1988:707-713.

[48] 张倬元,黄润秋. 岩体失稳前系统的线性和非线性状态及破坏时间预报的"黄金分割法"[A]. 全国第三次工程地质大会论文选集(下)[M]. 成都:成都科技大学出版社,1988:1233-1240.

[49] 崔政权,李宁. 边坡工程:理论与实践最新发展[M]. 北京:中国水利水电出版社,1999.

[50] 李天斌,陈明东,王兰生. 滑坡实时跟踪预报[M]. 成都:成都科技大学出版社,1999:4-11.

[51] 秦四清,张倬元,黄润秋. 滑坡灾害预报的非线性动力学方法[J]. 水文地质与工程地质,1993,5:1-4.

[52] 廖小平. 滑坡破坏时间预报新理论探讨[J]. 地质灾害与环境保护,1994,5(3):25-27.